Elizabeth Hamilton

Und immer plappert der Papagei
Zen als Lebenskunst

Elizabeth Hamilton

Und immer plappert der Papagei

Zen als Lebenskunst

oder

wie es Ihnen gelingen kann,
das nimmermüde Tierchen zu zähmen

Aus dem Amerikanischen
von Elisabeth Pitzenbauer,
überarbeitet von Bettina Wehner

Arbor Verlag
Freiamt im Schwarzwald

Für Helen und Clint Hamilton
und Mutter Rosa Parks

© 2007 Elizabeth Hamilton
© 2009 der deutschen Ausgabe: Arbor Verlag GmbH, Freiamt,
by arrangement with Shambala Publications, Inc., 300 Massachusetts Avenue,
Boston, Massachusetts 02115 USA

Die Originalausgabe erschien unter dem Titel:
Untrain your Parrot and other no-nonsense instructions on the path of Zen

Alle Rechte vorbehalten

1. Auflage 2009

Titelfoto: © 2009 plainpicture/Johner
Lektorat: Bettina Wehner
Gestaltung: Anke Brodersen
Druck und Bindung: Westermann, Zwickau

Dieses Buch wurde auf 100 % Altpapier gedruckt und ist alterungsbeständig.
Weitere Informationen über unser Umweltengagement
finden Sie unter www.arbor-verlag.de/umwelt.

www.arbor-verlag.de

ISBN 978-3-936855-84-5

Inhalt

Vorwort		7
Einleitung		9

Teil 1   Die Vorgehensweise — 15
1. Was ist am wichtigsten? — 17
2. Die fünf Dimensionen des Herzgeistes — 27
3. Die Samen des erwachenden Herzgeistes — 35
4. Umfassende Zen-Praxis — 45

Teil II   Die physische Dimension des Herzgeistes — 57
5. Der Körper — 59
6. Ruhiges Sitzen in Stille — 73
7. Achtsamkeit beim Tun — 79

Teil III   Die Dimension des offenen Gewahrseins des Herzgeistes — 87
8. Seins-Bewusstsein — 89

Teil IV   Die mentale Dimension des Herzgeistes   99
9   Dekonditionieren Sie Ihren Papagei   101
10   Finger, die auf den Mond zeigen   113

Teil V   Identität: eine Unterkategorie in der mentalen Dimension des Herzgeistes   123
11   Die vielen „Ichs" der Identität   125
12   Die Standardeinstellung   139

Teil VI   Liebende Güte: Die Samen des Herzgeistes erwecken   147
13   Liebende Güte   149

Teil VII   Die emotionale Dimension des Herzgeistes   155
14   Die Begegnung der emotionalen Dimension mit der Meditation   157
15   Wut und Angst   169
16   Entmutigung   181
17   Der innerste Schmerz   191

Teil VIII   Die voll-leere Dimension des Herzgeistes   207
18   Versöhnung, Sühne, Vergebung   209
19   Eins-Sein leben   223
20   Die Praxis des Dienens   233
21   Illusion ist Erleuchtung   245

Danksagung   251
Verzeichnis der Übungen und Checklisten   257
Über die Autorin   261

Vorwort

Elizabeths von Herzen kommende Worte und Meditationen auf unseren Zusammenkünften und bei öffentlichen Vorträgen in Mexiko und Kanada, in Detroit und Los Angeles haben uns allen bewusst gemacht, wie notwendig es ist, uns selbst weiterzuentwickeln und jegliche Vielfalt wertzuschätzen. Elizabeths Präsentationen spiegeln die Menschenliebe und die Ermächtigung wider, die für unsere Jugendlichen und uns alle so notwendig sind.

Diese Bemühungen sind die Grundlage, auf der unsere Fähigkeit, dem Leben zu dienen, beruht. Elizabeths ständige dienende Leitung und ihre ehrenamtlichen Bemühungen dienen unserer fortwährenden Anstrengung, das zur Entstehung zu bringen, was Dr. King als die „geliebte Gemeinschaft" bezeichnet hat. Führen Sie diese großartige Arbeit fort!

ROSA PARKS

*Voll ist leer, das ist wahr,
du bist ich und ich bin du.
(Full is empty, this is true,
You are me and I am you)*

M.T. Head

Einleitung

*Wenn Sie Ihren Papagei dekonditionieren,
ist das der direkte Weg zum un-bedingten Leben.*

M.T. HEAD

Als ich vor dreißig Jahren Zen-Schülerin wurde, hoffte ich in meiner Naivität, dass die weite Leerheit des Zen das ideale Heilmittel für mein existentielles Missbehagen sein würde. Was ich erwartete, war, offen gesagt, dass ich mich weiterhin als das alte Ich fühlen würde, nur ohne einige meiner offensichtlicheren Unzulänglichkeiten. Deshalb war es ein Schock für mich, als das Selbst, das ich in Ordnung bringen wollte, auseinanderzufallen begann, manchmal auf subtile Weise, manchmal wie ein ausbrechender Vulkan.

Vieles von dem, was ich an mir selbst für einzigartig gehalten hatte, erwies sich als Versponnenheit eines gut dressierten Papageis, als tief eingefahrene, konditionierte Sichtweisen, die ich mir wie jeder andere im Laufe des Versuchs angeeignet hatte, ein *Jemand* zu sein. Das ist nichts Schlimmes; aber dummerweise klammern wir uns an dieses Evangelium vom eigenen Selbst wie an ein Rettungsboot. Wir erkennen vielleicht gar nicht, wie viele Probleme es uns selber und anderen schafft, wenn wir ein Verhalten an den Tag legen, das häufig mit Begriffen aus der Vogelwelt beschrieben wird: Federnrupfen, Hühnergehacke, Gockelverhalten und Hackordnung.

Unsere Entschlossenheit, uns verschiedene Identitäten zuzulegen und anzutrainieren, erinnert mich an die Zeit, als ich in der dritten Klasse war und mein Vater, gerade aus dem Koreakrieg zurückgekehrt, vierzig Papageien mit nach Hause brachte und sie im Hinterhof in einer riesigen Voliere unterbrachte. Das Bild von all diesen Vögeln und ihrer unendlichen Zahl von Nachkommen erinnert mich an unseren eigenen virtuellen Vogelkäfig voller Identitäten, von denen eine jede ihr ganz eigenes Federkleid und ihre eigenen Rufe hat. All dieses Gekreische macht es uns schwer, den leisen Gesang zu hören, der zart aus dem Kern unseres Wesens aufsteigt.

Wir sollten die Ausdauer unseres Papageis niemals unterschätzen. Ein Teil des Erwachensprozesses besteht darin, die vielen Identitäten zu erkennen, die wir uns zugelegt haben. Gelegentlich bin ich immer noch versucht, mich als professionelle Musikerin zu bezeichnen, weil ich vierzig Jahre lang als Cembalo-Spielerin aufgetreten bin. Ebenso rufen drei Jahrzehnte der Zen-Praxis in mir den Drang hervor, mir das Mäntelchen einer „Persönlichkeit des Zen" umzuhängen. Wie oft haben Sie nicht schon gefragt: „Was machen Sie beruflich?", wenn Sie jemanden neu kennen gelernt haben? Könnte es sein, dass unsere Begeisterung für den Erwerb von Identitäten auf unseren Unwillen hinweist, in die Grenzenlosigkeit des Unbekannten einzutreten?

Nun, da meine „große Zukunft" hinter mir liegt, hat das Sammeln des Materials für dieses Buch meinen gut dressierten Papagei, der normalerweise eher ein Kuscheltier als ein Plagegeist zu sein scheint, zu dem Versuch gebracht, seine Illusion von Kontrolle wiederherzustellen. Eine alte Lieblingsmelodie von mir, die lautet: „Achte darauf, immer so zu klingen, als wüsstest du Bescheid", hat sich jetzt in neuer Form wieder präsentiert als: „Stelle sicher, dass du alles, was nicht nach Zen klingt, an irgendeinen unanfechtbaren klassischen Zen-Lehrsatz knüpfst." Der Ego-Papagei hat keine

Hemmungen, sich auch die Sprache der Achtsamkeit anzueignen. Wenn er dabei ertappt wird, wendet er das Segel und sagt: „Das solltest du doch inzwischen besser wissen!" Glücklicherweise ist uns ein Sinn für Humor mitgegeben, und es werden hohe Dosen davon nötig sein, wenn wir sehen, was wir angestellt haben, und wie vieles noch zu lernen und wieder zu ver-lernen ist.

Zen erinnert uns daran, dass unser Vorhaben nicht in einer erneuten Konditionierung besteht. Es besteht darin, dem Nicht-Bedingten zu begegnen, dem unbeschreibbaren Wesen der Existenz, das allen gemeinsam ist. Dieser Prozess, der mit Hilfe von angewandter Achtsamkeit ganzheitlich geschieht, bildet mit Übungen, die sich auf das breite Spektrum der menschlichen Wahrnehmung und des menschlichen Funktionierens beziehen, den größten Teil dieses Buches. Übung im Zen ruft automatisch Angst und Widerstand hervor. Aber das einzige, was bei unserer Reise auf dem Pfad des Erwachens wirklich aufgelöst wird, sind unsere unvollständigen und unrichtigen Sichtweisen der Dinge; der Leim, der unsere Programmierung zusammenhält. Und raten Sie mal, was dann geschieht! Wenn alles wegfällt, bekommen wir paradoxerweise alles zurück. Das ist ein Teil der Zen-Botschaft vom Einssein, von der Verwobenheit aller Existenz.

Wir fühlen uns vielleicht, als ob wir in Treibsand feststecken würden, wenn wir zum ersten Mal die unentwegten Erinnerungen des Zen hören, dass es kein Selbst und nichts als das Selbst gäbe. Aber solche Sätze betrachtet man am besten als Koans, in die man hineinspringt, so wie Bashos berühmter Haiku-Frosch, der vor Jahrhunderten in einen Teich gesprungen ist. Während wir uns um Ichlosigkeit bemühen, werden wir einstweilig ein Gefühl von einem Ich für das praktische Leben brauchen. Dieses einstweilige Selbst oder dieses Selbst der relativen Welt braucht aber unsere unbeschreibbare Natur nicht einzuschränken.

Bei unserer Untersuchung wird es um die fünf Dimensionen des Herzgeistes und um die Samen des Erwachens gehen – Begriffe, die Ihnen vielleicht noch nicht vertraut sind. Was diese bedeuten, wird aber erkenntlich, wenn sie vorgestellt werden. Aus der Einsicht heraus, dass wir jede Hilfe brauchen können, die uns verfügbar ist, habe ich dieses Buch angefüllt mit hoffentlich hilfreichen Werkzeugen, Übungen und Meditationspraktiken, die die formalen Zen-Lehren im Alltag erfahrbar machen sollen.

Übrigens, auch wenn der größte Teil meines formalen Trainings im Rahmen des Zen stattgefunden hat, bin ich doch auch tief beeinflusst von der Gemeinsamkeit, die aus verschiedenen spirituellen Traditionen aufleuchtet. Ich hoffe, dass dieses Buch das religionsübergreifende Wesen und die Universalität widerspiegelt, welche durch viele Traditionen hindurchscheinen. Es richtet sich an Menschen aller Glaubensrichtungen und an solche ohne einen bestimmten Glauben.

Unsere Sprache zu verwenden, um über Zen zu sprechen, ist ein heikler Balanceakt. Wenn sich grammatikalische Gepflogenheiten und Inhalte begegnen, welche sich auf das alles durchdringende, verflochtene Wesen der Existenz beziehen, ist Umsicht geboten. Seit Jahren versuche ich, die Anzahl der Possessivpronomen und die linguistische Subjekt-Prädikat-Objekt-Struktur zu minimieren, welche die Illusion von „Haben" und „Machen" verstärken, wie z. B. in dem Satz: „Wenn *ich* eine Meditation ‚mache', achte ich auf *meinen* Atem". Dennoch wird das Auslassen von „Ich" und „mein" das Ego nicht davon überzeugen, seine herrischen Ansprüche fallen zu lassen. Außerdem habe ich festgestellt, dass eine nicht-dualistische Sprache das Schreiben gespreizt, hohl und sogar befangen werden lässt. Ich hoffe, dass die konventionellen grammatikalischen Strukturen hier nicht als Einladung ausgelegt werden, *Zen zu machen* anstatt *Zen zu sein*.

Wenn ich von Wörtern wie Koan, Zen, Sesshin und Chi-kung spreche, die in den allgemeinen Sprachgebrauch aufgenommen worden sind, so werde ich dabei den Gepflogenheiten des allgemeinen Sprachgebrauchs folgen.

Eine Warnung: Glauben Sie nichts, was Sie auf diesen Seiten lesen. Ich möchte nur als Lotse fungieren, und wenn ich mich in irgendeiner Weise als Zen-Lehrerin definiere, dann als Praktizierende, als Lernende und als gelegentliche Reiseleiterin oder Beraterin bei der Praxis. Des Weiteren sollte alles auf diesen Seiten, was nach einem Glaubenssystem klingen könnte, eher als eine

Hypothese betrachtet werden, die die Funktion eines Experiments im Labor des Erwachens hat. Gelehrte, Historiker, Übersetzer und Philosophen werden erkennen, dass ich nichts davon bin. Meine laufende Forschung findet in erster Linie auf einem Meditationskissen und bei der angewandten Praxis im täglichen Leben statt, gesteuert vom Verlangen, die Wirklichkeit zu durchdringen und von ihr durchdrungen zu werden. Ein jeder von uns besitzt die Voraussetzungen, um dies zu tun.

Alle Verständnisfehler liegen bei mir. Ich entschuldige mich bei den spirituellen Vorfahren in den erwähnten Traditionen aufrichtig für jegliches Fehlverständnis, das mir in Bezug auf die Botschaft, die sie vermitteln wollten, unterlaufen sein sollte. Ich setze mein Vertrauen in den Leser bei unserer Reise durch die Sphären der fünf Dimensionen des Herzgeistes und der Entdeckung der Samen des Erwachens, die dort schon angelegt sind, unterstützt durch die Zen-Gelübde, möglichst keinen Schaden anzurichten, segensreich zu leben und zu unserem grundlegenden Einssein zu erwachen.

TEIL 1

Die Vorgehensweise

1 *Was ist am wichtigsten?*

Der Herzgeist besitzt die Vollständigkeit des Raumes:
Es fehlt nichts und es gibt nichts darüber hinaus.

SENG-TS'AN, DRITTER ZEN-PATRIARCH, 606 N. CHR.

Als Alfred Nobel einmal die Zeitung aufschlug, war er schockiert, als er seine eigene Todesanzeige sah: „Alfred Nobel, der Erfinder des Dynamits, ist diese Woche verstorben." In Wirklichkeit war sein Bruder verstorben. Die Erkenntnis, dass sein Vermächtnis in der Erfindung des Dynamits bestehen würde, veranlasste Alfred, in sich zu gehen. Seine Überlegungen, was für ihn denn am wichtigsten sei, führten dazu, dass er den Friedensnobelpreis entwickelte. Dadurch konnte er seine tiefsten Werte mit seinen finanziellen Möglichkeiten verbinden, um so die Bemühungen der Menschheit um Weltfrieden und Zusammenarbeit zu unterstreichen.

Würde Ihr Nachruf, wenn Sie heute sterben würden, die von Ihnen vertretenen Werte widerspiegeln, oder würde er auf folgende Aussage zusammenschrumpfen: „Sie hat die wichtigen Dinge schleifen lassen und ist dann gestorben"? Die Frage über den Nachruf ist eine Aufforderung, darüber nachzudenken, ob die Dinge, die wir für die wichtigsten halten, ihr Echo darin finden, wie wir unsere Zeit, unser Geld und unsere Energie einsetzen.

Die Frage lautet nicht: „Was ist mir wichtig?" Dies führt wahrscheinlich zu egoistischen Antworten. Sie lautet: „Was ist von einer umfassenden, auf das Leben oder die Wirklichkeit ausgerichteten Perspektive aus am wichtigsten?" Schließlich richtet sich das Leben auf das Leben und nicht, wie die Menschen, auf ein Selbst aus.

Eine Möglichkeit, zu äußern, was am wichtigsten ist, könnte so lauten: mit ganzem Herzen zur Weisheit und zum Mitgefühl unserer wahren Natur zu erwachen und damit in Einklang zu leben. Das sind viele bedeutungsschwere Worte. *Weisheit* heißt, dem Leben ins Gesicht zu sehen. *Mitgefühl* heißt, in Einklang mit der grundlegenden Verbundenheit zu leben, die die Weisheit uns offenbart und die sich von Natur aus als liebevolle Güte manifestiert. Wir werden von allen Seiten bestärkt und eingeladen zu erwachen. Der griechische Schriftsteller und Philosoph Nikos Kazantzakis beschreibt die unermessliche Weite um uns herum folgendermaßen: „Durch den Himmel und die Erde, in unseren Herzen und im Herzen alles Lebenden weht ein gewaltiger Atem – ein großer Schrei –, den wir Gott nennen."[1]

Die Christen sprechen vom Königreich Gottes im Inneren und vom kommenden Königreich des Himmels.[2] Im Koran heißt es: „Wo immer du dich hinwendest, ist Gott gegenwärtig, denn Gott durchdringt alles."[3] Und der Buddhismus bezeichnet unseren eigenen Körper immer wieder als den Buddha-Körper (des Erwachens) und diese Welt als das Lotusland oder als unser wahres Zuhause.[4] Die Botschaft ist die gleiche, egal wie wir sie nennen – ob Gott, Liebe, Erleuchtung, Einheit oder Paradies: Die Wirklichkeit ist all-umfassend und unbeschreibbar.

Unser Versuch, dies am eigenen Leibe zu erfahren, kann aber nicht unbeschreibbar bleiben, wenn sich die Dinge von einer

---

1 Nikos Kazantzakis, Report to Greco (New York: Simon & Schuster, 1961)
2 Epheserbriefe 5,26
3 Koran 2:115
4 Zen Center San Diego Service Book

abstrakten Philosophie zu einer saftstrotzenden, lebendigen Wirklichkeit hinbewegen sollen. Wir müssen so klar und praktisch wie möglich vorgehen, weshalb man in spirituellen Praktiken gewöhnlich Methoden entwickelt, die auf Sanskrit *Upaya,* „geschickte Mittel" genannt werden.

Es ist Willenskraft, Schweiß und manchmal Verzweiflung nötig, um diese Dimensionen und Samen des Erwachens zu kultivieren und zum Erblühen zu bringen. Glücklicherweise brauchen wir nicht irgendwoandershin zu pilgern, da sich das, was am wichtigsten ist, bereits offenbart – hier vor Ort.

Zen: Den Herzgeist erwecken

Auch wenn für ein Leben in Einklang mit dem, was am wichtigsten ist, keine Geschichtsstudien notwendig sind, könnte ein gewisses Hintergrundwissen über den Zen und über einen seiner Elternteile, den Buddhismus, hilfreich sein. Den Buddhismus charakterisiert, dass er, wie die meisten Weltreligionen, mit Kulturellem, mit Zeremonien, mit Hierarchien und mit einer Geschlechterorientierung sowie mit bestimmten Glaubensvorstellungen wie Karma und Wiedergeburt verbunden ist. Obwohl er als Hinduist geboren wurde, bekam der bekannteste Nicht-Buddhist, Buddha Shakyamuni, seinen Namen, als ihn jemand fragte, wer er sei, und er antwortete, dass er der „Erwachte" sei, was auf Sanskrit *Buddha* heißt.

Bodhidharma, der als der Begründer der Zen- (oder Chan-) Tradition betrachtet wird, war ein buddhistischer Mönch aus Indien, der floh und nach China ging, den Taoisten und den Kampfkünsten begegnete und eine Disziplin entwickelte, die er *Chan* nannte. Das Wort *Chan,* eine Transkription des Sanskrit-Wortes *Dhyana* oder „Meditation um des Erwachens zur Wirklichkeit willen", wurde ursprünglich im Hinduismus verwendet. „Zen", die japanische Entsprechung, ist jetzt in den allgemeinen Sprachgebrauch aufgenommen worden. Bodhidharma nannte den

Chan eine „Form von Anleitung ..., die sich nicht auf Predigten oder Schriften stützt, sondern direkt auf den Herzgeist hinweist."[5] Die traditionelle chinesische Medizin bestätigt, dass als Hauptheilmittel für eine geminderte körperliche, emotionale und spirituelle Vitalität der Herzgeist aktiviert werden müsse.

Wie viele Meditationstraditionen zieht auch der Zen Menschen mit unterschiedlichem Hintergrund an und ist Beziehungen eingegangen zum Judentum, zum Christentum, zum Taoismus, zu den Kampfkünsten, zu Nationalismus, visuellen Künsten, zu Dichtkunst, Wissenschaft und non-konformem Verhalten. Wir alle bringen unsere Vorlieben mit und das ist kein Problem, solange diese bloß die Würze zu unserem Hauptgericht bleiben – nämlich zu dem zu erwachen, was wir bereits sind.

Manchmal fragen Leute, wie das Zen-Zentrum von San Diego (ZCSD), das Meditationszentrum, an dem mein Partner Ezra und ich lehren, *Zen* sein könne, ohne dem Buddhismus anzugehören. Seien die beiden denn nicht das Gleiche? Nicht unbedingt. Viele Zen-Gruppen sind buddhistisch, aber eine ganze Reihe betrachtet sich auch als christlich oder als konfessionslos, wie z. B. das ZCSD, und gehört keiner Religion an. Diese Universalität steht meines Wissens nach in bester Übereinstimmung mit den Belehrungen von Bodhidharma, wenn man bedenkt, dass er den Schriften keinen übermäßig großen Stellenwert beimaß, dass er bereit war, sich mit den Taoisten auszutauschen, und dass er buddhistische Wurzeln hatte. Es scheint, als sei es ihm in erster Linie darum gegangen, seinen Schülern zu helfen, zu unserer gemeinsamen, der Existenz innewohnenden und für alle gleichermaßen gültigen Wirklichkeit zu erwachen.

Einer meiner ersten Lehrer, Taizan Maezumi Roshi, eine der herausragenden Persönlichkeiten unter den japanischen Zen-

---

5   Das chinesische Hsin oder Xin bezieht sich auf den Geist, der seinen Sitz im Herzen hat. Auf Sanskrit ist Bodhicitta das Wort für „das mitfühlende Herz des erweckten Geistes". Beide Begriffe bringen die Notwendigkeit zum Ausdruck, dass unser Kopf und unser Herz miteinander verbunden sein müssen, damit das Mitgefühl des klaren Sehens und der Herzgeist uns begleiten.

Buddhisten, die nach Amerika gekommen sind, leitete die Zeremonie, in der ich die Zen-Gelübde, mitfühlend zu leben, „so als sei ich erwacht", ablegte. Die dazugehörigen Riten waren zwar durch seine japanische Tradition des Zen-Buddhismus vorgeschrieben, dennoch akzeptierte er freundlich meinen Entschluss, eine „Nonne für das Leben" zu sein, anstatt mich zu verpflichten, einem bestimmten Menschen oder einer bestimmten Religion zu folgen. Wenn man solche Gelübde öffentlich ablegt, würdigt man damit eine innere Berufung in ganz ähnlicher Weise, wie eine Eheschließung eine Beziehung bestätigt, die bereits gelebt wird. Ich bin ihm für diese mitfühlende Bestätigung der Universalität unserer Praxis zutiefst dankbar.

Im gleichen Geiste verwendeten wir, als das Zen-Zentrum von San Diego eröffnet wurde und ich die im Zentrum lebende Nonne war, u. a. Texte vom Zen-Zentrum in Los Angeles, vom japanischen Zen-Meister Shunryu Suzuki, von Chögyam Trungpa Rinpoche, einem buddhistischen Lehrer aus Tibet, vom universell ausgerichteten Lehrer und Schriftsteller Stephen Levine und dem katholischen Mystiker Meister Eckhart. Gelegentlich fragten Teilnehmer: „Und wo ist der Zen?". Die Antwort klingt in den Texten selbst an. Ich wurde das erste Mal dazu inspiriert, Zen auf eine Weise zu praktizieren, die über sektiererische Abgrenzungen hinausgeht, als ich eine Rede des katholischen Trappisten-Mönchs Thomas Merton hörte. Er wies darauf hin, dass es im Buddhismus statt um Glaubenssätze und Riten eher darum ginge, sich selbst für die Liebe zu öffnen.

Bestätigen, was wo und wann wahr ist?

Was ist notwendig, um unsere tiefste Sehnsucht (das, was uns am wichtigsten ist) in unserer eigenen Erfahrung zu prüfen und sie dann im Kloster des täglichen Lebens lebendig werden zu lassen? Im Alter von achtzehn Jahren wurde ich mit einem gewaltigen Ruck wachgerüttelt, als mein Großvater, ein geachteter christlicher Prediger, in seinem letzten Lebensjahr in seinem Glauben ins Wanken kam. Er erklärte, dass er nicht mehr an Gott glaube, nicht viel von den Menschen hielte und nicht erwarte, in den Himmel zu kommen, da er jetzt dessen Existenz bezweifeln würde – all das, was ihm am wichtigsten gewesen war. Und dann starb er. Traurigerweise verließ ihn plötzlich gerade dann genau der Glauben, der ihm im Leben Trost gespendet hatte, als er ihn am besten hätte anwenden können. Er hatte seine Predigten nämlich weitgehend auf das Leben nach dem Tode ausgerichtet.

Das Vermächtnis meines Großvaters erwies sich für mich als die Aufgabe, alle meine Annahmen zu hinterfragen. Sein Umschwenken bestätigte, dass Glaube allein nicht genügt, da sich dieser blitzartig wandeln kann. Übrigens: Hätte es nicht katastrophale Konsequenzen, wenn sich der Glaubenswandel eines einzigen Menschen auf die letztendliche Wirklichkeit auswirken könnte? Was sich verändert hatte, war sein Geist, und so ist der Geist – er ändert sich. Wir sind alle schon einmal Zeugen der Auflösung von tief eingewurzelten Glaubenssätzen gewesen.

Die Kontemplation hierüber befreite mich von meinen Sorgen darüber, was mit meinem Opa nach seinem Tode geschehen würde, denn meine Untersuchungen verlagerten sich schließlich von der Spekulation über das Leben nach dem Tod auf das entscheidende Thema des Lebens *vor* dem Tod. In mir wallte Mitgefühl auf für die Menschen, deren Leben so qualvoll zu sein scheint, dass ein Leben nach dem Tod für sie die einzig erträgliche Option ist. Ich war zu dieser Zeit Christin, und gewisse Bibelsätze, die ich bislang ignoriert hatte, begannen meine Neugierde zu wecken. Was bedeutet z. B. der Satz im Matthäus-Evangelium: „Wenn dein Auge gesund ist, dann wird dein ganzer Körper hell sein"?[6] Was ist dieses gesund oder heil gewordene Auge? Was erfüllt den Körper mit Licht? Muss man bis nach dem Tode warten, um das Licht zu sehen? Ich war immer noch auf das fixiert, was nach dem Tode oder unmittelbar davor passieren würde. Diese Ausrichtung auf die Zukunft anstatt

---

6 Matthäus 6,22

auf die Gegenwart ist kennzeichnend für ein tief sitzendes Übel, das uns ein Leben lang quälen kann, das *„Bis dann-und-dann"*: Wir besuchen die Oberschule *bis* zur Hochschule. Wir gehen auf die Hochschule, *bis* wir eine Arbeitsstelle antreten oder heiraten. Wir widmen uns einer spirituellen Praxis, *bis* wir Ergebnisse erzielen. Das „bis dann-und-dann"-Mantra lautet: „Wohin bringt mich das?" *Bis, bis, bis.* Anscheinend schieben wir das eigentliche Leben, sogar während es abläuft, hinaus, *bis* wir sterben.

Jahre nach dem Tod meines Großvaters fragte ich Maezumi Roshi: „Was glauben *Sie* passiert, wenn man stirbt?" Lächelnd sagte er: „Oje, das sollten Sie lieber einen Toten fragen!" Das ist der beste Rat, den ich jemals zum Verstehen des Lebens nach dem Tode bekommen habe. Später sagte er auch noch: „Eine Art und Weise, das Leben und den Tod zu verstehen, besteht darin, das Leben und den Tod des Augenblicks zu verstehen. Laut Dogen Zenji kommt innerhalb von 24 Stunden unser Leben zur Welt und stirbt wieder".[7] Später verbrachte ich einige Monate mit Ram Dass, den man vielleicht am besten als einen humanitären Universalisten beschreiben kann. Bei einem Gespräch lautete seine Antwort auf meine Frage über den Tod: „Wenn du jetzt hier bist, wirst du dann dort sein."

Wenn wir mit Sorgen um Dinge beschäftigt sind, die noch gar nicht passiert sind, ist es schwierig, mit dem in Kontakt zu bleiben, was im Moment am wichtigsten ist. Manchmal ist eine schwere Krankheit oder der Verlust eines geliebten Menschen notwendig, damit wir unsere Prioritäten neu ordnen und unsere Spekulationen über Bord werfen. Doch falls und wenn wir uns dann erholen, kann das große Vergessen schnell wieder einsetzen und unser Anliegen, mit dem in Kontakt zu sein, was im gegenwärtigen Moment am wichtigsten ist, wieder an den Rand drängen.

Anders als Alfred Nobel brauchen wir nicht zu warten, bis uns unsere eigene Todesanzeige damit konfrontiert, über unseren

---

7   Taizan Maezumi, *Appreciate Your Life,* Wendy Egyoku Nakao und Eve Myonen Marko (Boston: Shambhala Publications, 2001)

innigsten Wunsch nachzudenken. Wenn wir die Zeit haben, diese Zeilen zu lesen, müssen wir im Besitz glücklicher Lebensumstände sein, die uns die Zeit gewähren, existenzielle Fragen zu stellen.

Sollen wir in blindem Glauben vorgehen bei dem Versuch herauszufinden, was uns am wichtigsten ist? Nein, nicht in dem Sinne, dass wir Glaubenssätze übernehmen oder etwas blind akzeptieren, das uns gesagt wird. Unsere Aufgabe lautet, präsent zu bleiben, die Dinge zu sehen, wie sie wirklich sind, uns selbst eingeschlossen, und uns mit dem auseinander zu setzen, was dem vollkommenen Erwachen zur gegenwärtigen Situation im Weg zu stehen scheint.

Wir scheinen einen inneren Kompass zu besitzen, der sich auf eine spirituelle Sehnsucht ausrichtet, wie tief diese auch schlummern mag. Das ist nicht das Gleiche wie der Heimflugdrang der Schwalben hier in Südkalifornien, die jedes Jahr zur gleichen Zeit nach Capistrano zurückkehren, ohne dass sie dies erst lernen müssten. Zen versichert uns vielmehr, dass wir schon zu Hause sind. Wir haben es nur noch nicht bemerkt.

Wenn wir schon bei den Vögeln sind: Ich habe viel darüber erfahren, wie sehr meine Achtsamkeit durch meine eigene Programmierung blockiert wurde, als wir unsere Vogeljungen Otis und Little Richard vom Vogelheim nach Hause brachten. Ich wollte ihnen beibringen zu sprechen wie die Vogeljungen, die ich als Kind dressiert hatte, aber sie gingen eine Bindung zueinander ein anstatt zu mir. Schließlich hörte ich auf, ihnen beibringen zu wollen, „Sei hier" zu sagen, und fing an, ihnen zuzuhören. Als ich den Reichtum und die Vielfalt in ihren Liedern hörte, erkannte ich, dass mein Bestreben in etwa so gewesen war, als wolle man John Coltrane und Miles Davis beibringen, eine Popmelodie wie „Johnny One Note" zu singen.

Beim Zen geht es eher darum, sich etwas abzugewöhnen, als etwas einzuüben; dem Nicht-Bedingten zu begegnen anstatt sich neu zu konditionieren. Wenn unser Papagei entwöhnt wird, stellen wir vielleicht fest, dass wir uns bereits in unserem wahren Zuhause befinden, am Ort des Herzgeistes.

Was ist am wichtigsten? Ein Arbeitsblatt

Schreiben Sie kurz Ihre Gedanken dazu nieder, worum es bei der spirituellen Praxis geht, und was Sie – aus einer allumfassenden, lebensorientierten Perspektive – in diesem Moment für am wichtigsten halten.

1. Schreiben Sie jetzt etwa fünf Minuten lang weitere Gedanken dazu auf, was Ihnen am wichtigsten ist, ohne innezuhalten und Ihre Notizen zu bewerten. Die Reihenfolge in der Wichtigkeit spielt keine Rolle. Schreiben Sie nieder, was Ihnen gerade einfällt.
2. Überlegen Sie als Nächstes, welcher der folgenden Beweggründe Ihr Interesse an einem spirituellen Engagement am stärksten anspricht. Kreuzen Sie die Punkte an, die Ihnen am wichtigsten sind:

- der letztendlichen Wirklichkeit zu begegnen
- konstruktiv zu leben
- einen Führer zu Ihrem Vorhaben zu finden
- Mitgefühl in sich zu erwecken
- alten Schmerz zu heilen
- etwas zu finden, woran Sie glauben können
- die Gesellschaft Gleichgesinnter zu finden
- eine Familie oder einen Partner zu suchen
- etwas zu entdecken, das Ihr Selbstverständnis übersteigt
- nach Trost in der Einsamkeit oder Entfremdung zu suchen
- etwas anderes: Schreiben Sie alle anderen Beweggründe auf, die Ihnen einfallen.

3. Kehren Sie mit einem Textmarker in der Hand zu Ihren beiden Listen zurück und markieren Sie diejenigen Punkte, die Ihnen irgendwie wichtig vorkommen. Es ist gleichgültig, ob diese seicht oder nicht passend erscheinen. Es geht hier um Ehrlichkeit. Kaffee und eine Banane stehen ganz oben auf mei-

ner Liste von Beweggründen, da sie mir jeden Morgen helfen, aus dem Bett und in die Meditationshalle zu kommen.
4. Überprüfen Sie, ob sich die Dinge, die Sie als am wichtigsten markiert haben, in Ihrer Lebensweise widerspiegeln und darin, wie Sie Ihre Zeit, Ihre Energie und andere Ressourcen einsetzen. Hier geht es nicht um Lob oder Tadel. Es ist einfach nur eine Gelegenheit zu überdenken, ob Ihre Werte mit Ihren täglichen Aktivitäten in Einklang stehen. Falls einige Antworten Sie schockieren sollten, so ist es gut, wenn Sie sich darüber im Klaren sind.

2 Die fünf Dimensionen des Herzgeistes

Alles ist etwas und etwas ist nichts. Und nichts ist eine Menge – mittags nennen wir es Mittagspause.[8]

M.T. Head, Hiphop-Herzsutra

Die Geschichte „Was lasse ich außer Acht?" von Benediktinerpater Theophane Boyd[9] handelt von einem jungen Mönch, der eines Tages spät in der Nacht in einem Kloster ankommt und dem Abt erzählt, dass er sich inständig nach Erleuchtung sehne. Er weist den Vorschlag des Abtes, sich ein wenig auszuruhen, zurück und bittet ihn um ein Thema, über das er nachts in der Kapelle kontemplieren könne. Der Abt schlägt ihm „Was lasse ich außer Acht" vor und zieht sich zurück, woraufhin sich der aufgeregte Mönch der Meditation widmet und sich auf die Suche nach Antworten macht. Er klopft an die Türen der

---

8 Auf Englisch ist dies ein Reim: „Everythin' ist somethin', and somethin' is nothin', And no-thin' is a bunch – at noon we call it lunch"; Anm. d. Ü.
9 Pater Theophane Boyd: "Was lasse ich außer Acht?" in *Tales of a Magic Monastery* (New York: Crossroads Publishing, 1981)

Mönchszellen und weckt jeden Mönch, um ihn zu fragen: „Was lasse ich außer Acht?" Jeder Mönch antwortet: „Mich." Schließlich fällt er zu Boden und schreit: „Was lasse ich außer Acht?" Der Boden sagt: „Mich." Er läuft in die Nacht hinaus und schreit zum Mond hinauf: „Was lasse ich außer Acht?" „Mich."

Alle diese „Michs" summieren sich, und wir können leicht viele kostbare Menschen, Orte und Ereignisse auf unserer Reise des Erwachens und des Ermittelns dessen, was am wichtigsten ist, außer Acht lassen oder ignorieren. Da es unwahrscheinlich ist, dass das Erwachen von einem Moment auf den anderen eintritt, sondern da es gewöhnlich schrittweise und situationsabhängig eintritt, hilft einem eine praktische Landkarte, die man zu Rate ziehen kann, um sicherzustellen, dass man nichts Wichtiges übersieht. Die Landkarte, die wir bei der Entdeckung dessen, was sich vor unseren Augen befindet, benutzen werden, werden die *fünf Dimensionen des Herzgeistes* sein: die physische, die mentale und die emotionale Dimension, die Dimension des offenen Gewahrseins und die voll-leere Dimension, welche nachfolgend beschrieben sind.

1. *Die physische* Dimension betrifft die Welt der Gegenständlichkeit, der körperlichen Wahrnehmungen, der Sinnesphänomene, der Bewegung, des Chi (der Energie) und der Aktivität.
2. Die *mentale* Dimension besteht aus dem breiten Spektrum der geistigen Funktionen, von klarem Denken bis hin zu offensichtlich getrübtem Denken, von objektiven Beschreibungen bis hin zu subjektiven Meinungen und festen Überzeugungen. Hier finden wir den *sechsten Sinn*, in der buddhistischen Kosmologie der Begriff für das objektive Denken, der das beschreibt, was achtsam wahrgenommen wird.[10]
3. Die *emotionale* Dimension spiegelt Stimmungen, Gemütszustände und Reaktionen auf Ereignisse wider.

---

10 *Shambhala Dictionary of Buddhism and Zen* (Boston: Shambhala Publications, 1991)

4. Die Dimension des *offenen Gewahrseins* hält gleich einem unsichtbaren Bilderrahmen alles, was wir wahrnehmen. Anfangs ist das offene Gewahrsein noch durch eine Empfindung von Getrenntheit eingefärbt. Es ist, als ob etwas von etwas anderem beobachtet würde; ein Überbleibsel unserer alten Gewohnheit, die ungeteilte Wirklichkeit aufzuspalten. Eine nützliche Nebenwirkung hiervon ist, dass es dem *Beobachter,* d. h. dem objektiven Bewusstsein, möglich wird, bewusst zu funktionieren.

   Der Beobachter bietet dem *Erfahrenden* bzw. unserer Fähigkeit der körperlichen Sinneswahrnehmung einen Rahmen. Zunächst scheinen beide voneinander getrennt zu sein, wobei es den Anschein hat, als sei der Beobachter irgendwie in der Umgebung oder außerhalb unseres Körpers, während der Erfahrende auf körperliche Empfindungen beschränkt zu sein scheint. Wenn sich diese beiden Funktionen vereinen, beginnen wir die Weite und unsere Verwobenheit mit der Existenz praktisch zu erfahren.

5. Die *voll-leere* Dimension: *Voll* bezieht sich auf den unermesslichen Umfang und den alles einschließenden Charakter des Lebens, ohne dass Begriffe dafür notwendig wären. *Leer* verweist auf die Abwesenheit jeglicher feststehender Eigenschaft oder Substanzhaftigkeit. Voll-leer ist nicht direkt eine Dimension. Es ist vielmehr die Urnatur aller Dimensionen, durch die alles Seiende in das substanzlose Gewebe der Existenz eingewebt ist. Im Zen werden Ausdrücke benutzt wie „Form ist Leerheit und Absolutes ist Relatives", um auf die Substanzlosigkeit hinzuweisen, die unter dem scheinbar greifbaren Stoff des Lebens liegt. „*Absolut*" ist synonym mit dem leeren Aspekt der Voll-/Leerheit, und „*relativ*" beschreibt die Erscheinungsformen, die sie in der Welt der Formen annimmt. Beide Aspekte sind in der Voll-/Leerheit vereint.

   Die Voll-/Leerheit ist numinos, unbeständig, unergründlich – und sie ist, was wir sind. Aufgrund der Voll-/Leerheit können Zen und andere nicht-dualistische Traditionen in noetischer Überzeugung behaupten, dass es kein Selbst und nichts als das Selbst gäbe. Flüchtige Begegnungen mit dieser Dimension können innerlich erhellend sein und den Pfad des Erwachens unmittelbar von den Lektionen der Selbsthilfe, der Philosophie und der Psychologie unterscheiden. Das Mysterium der Voll-/Leerheit kann sich mit oder ohne spirituelle Praxis flüchtig offenbaren. Man sitzt vielleicht in einem Park und der Gesang eines Vogels schwingt direkt durch den eigenen Körper und verwischt die Linien, die die Dinge getrennt erscheinen lassen. Man taucht in ein unsagbares Staunen ein, bis jemand kommt und verärgert fragt, ob einem dieser blöde Hund gehöre, der da frei herumlaufe. Sofort fällt man wieder in die altbekannte Ich-gegen-die-anderen-Haltung zurück.

Mit nebeligen Landschaften wird in Zen-Gemälden versucht, diese voll-leere Dimension abzubilden. Man kann damit aber nicht die fühlbare, lebendige Wärme vermitteln, die aufblüht, wenn diese Dimension erwacht. Es überrascht nicht, dass es das Ego unter Umständen eher bedrohlich als beeindruckend findet, wenn Hinweise auf die voll-leere Dimension aufzutauchen beginnen. Das Ego erahnt, dass diese Hinweise auf eine andere Möglichkeit, die Dinge zu sehen, die Annahme seiner eigenen Vorrangstellung zunichte machen könnten. Ein Atomphysiker, der meditiert, erzählte mir einmal, dass ein Experiment aufgegeben wurde, als seine Kollegen im Laboratorium erkannten, dass die Substanzlosigkeit der Quantenquarks und der Charms, die sie unter dem Mikroskop sahen, auch sie selbst betraf. Sein Partner im Labor habe ihn gefragt, wie die frühen Mystiker ohne Mikroskop etwas über die Leerheit hätten herausfinden können.

Etwas, womit wir uns nicht beschäftigen werden, sind Fälle von absoluter Leerheit, in denen die relative oder volle Dimension zu fehlen scheint (im Zen als weggefallener Körper und Geist bezeichnet). Solche Fälle könnten zwar erfrischend sein, aber im Moment werden wir unsere Forschungsreise auf die vertrauteren Schauplätze beschränken, denen wir täglich begegnen und mit denen wir leben, und den Hintergrund der Voll-/Leerheit in unserem Rucksack behalten.

Die Erforschung der fünf Dimensionen des Herzgeistes

Der konventionelle Verstand wird bei unserer Untersuchung nicht ausreichen, da wir aufdecken müssen, ob sich diese Dimensionen des Herzgeistes in unseren eigenen Zellen befinden. Machen Sie in einem kurzen Experiment einige normale Atemzüge und nehmen Sie dabei so genau wie möglich wahr, was Sie empfinden. Achten Sie darauf, wie sich alles bei jedem Atemzug dauernd verändert und niemals auch nur einen Moment lang gleich bleibt. Sind die Luft im Raum und die Luft in unserem Körper wirklich voneinander getrennt oder sind sie bereits vermischt? Der dritte Zen-Patriarch Seng-ts'an drückt es so aus: „Das Eine ist nicht verschieden von allem, alles nicht verschieden vom Einen ... Da die Menschen das große Mysterium missverstehen, bemühen sie sich vergeblich um Frieden."[11]

Wenn das verwirrend klingt, ist es gut zu wissen, dass es in einem ehrwürdigen Koan heißt: „Nicht zu wissen ist das Intimste." Dieses Nicht-Wissen ist nicht gleichzusetzen mit Aufgeben oder einfach nicht Verstehen. Es ist vielmehr ein Staunen, das aufsteigt, wenn wir untersuchen, was direkt vor unserer Nase liegt – und auch, was hinter ihr liegt!

Wenn unser perplexer Mönch einen Spickzettel gehabt hätte, hätte er vielleicht verstanden, dass seine Verzweiflung daher rührte, dass er die fünf Dimensionen so gut wie vergessen hatte, sogar die erste Dimension, die physische Realität, die ihm die ganze Zeit über aus jeder Ecke unüberhörbare Botschaften schickte.

Der Weg zu dem Nicht-Wissen, das uns Gleichmut bringt, führt durch die ersten vier Dimensionen in Form des Gegenständlichen, der Gedanken, der Gefühle und der offenen Räume. Wie Soen Roshi, einer meiner ersten Lehrer, zu wiederholen pflegte: „Jeder von uns *ist* diese universelle, durch Gedanken nicht zu erfassende, ungreifbare Welt."

---

11 *The Roaring Stream,* ed. Nelson Foster and Jack Shoemaker (Hopewell, N.J.: Ecco Press, 1996)

Nehmen wir einmal an, dass unser Geist und unser Körper weit über unsere gewöhnlichen, begrenzten Vorstellungen hinausgehen, dass sie die idealen Werkzeuge zum Erwachen zu dem sind, was Soen Roshi „die endlose Dimension, das allumfassende Leben" nannte. Ein Ereignis, das mich in meinem Wunsch bestärkte, zu dieser Wirklichkeit zu erwachen, war ein Neujahrsbesuch mit Soen Roshi am Grab von Nyogen Senzaki, einem Zen-Meister, der schon früh aus Japan nach Amerika gekommen war. Nachdem Soen Roshi mich und einige andere zu einem Tanz im Gras ergriffen hatte, legte er seine eigene Mönchsrobe um den Grabstein und führte ein inniges Gespräch mit dem, was immer er da wahrnahm. Auf dem Grabstein befand sich eine lange Inschrift, die Soen Roshi folgendermaßen übersetzte: „Halte deinen Kopf immer kühl und deine Füße warm." Oder war es das Herz? „Das Herz", sagte Soen Roshi und lachte.

Wenn wir mit den fünf Dimensionen vertrauter werden, kann sich die Bewusstheit von der voll-leeren Dimension sachte einschleichen, wie Morgentau, der auf einem Blatt zittert, herabfällt, auf die Erde trifft und den Durst der Samen des Herzgeistes stillt, die dort verborgen liegen. Wie bei einem Spaziergang durch den Morgennebel entdecken wir vielleicht irgendwann, dass wir ganz und gar durchnässt sind.

Leer und doch sehr verwirrend?

Das paradoxe Zusammenspiel der fünf Dimensionen des Herzgeistes hat Anhänger des Zen schon mindestens seit dem siebten Jahrhundert verwirrt. Zwei rivalisierende Bewerber um die Stellung des sechsten Zen-Patriarchen, Hui Neng und der weniger bekannte Shen Hsiu, wetteiferten in einem Gedicht-Wettbewerb, der zeigen sollte, welcher von beiden reif dafür wäre, der Nachfolger ihres Lehrers Hung Jen zu werden. Shen Hsiu, ein geachtetes Mitglied der Mönchsklasse, schrieb ein Gedicht über die relative oder phänomenhafte Seite der Dinge, den vollen Aspekt der Voll-/

Leerheit, in dem er sagte, der Spiegel oder der Geist müsse durch sorgfältige Praxis geputzt werden, damit er nicht durch Staub oder Täuschungen getrübt werde. Hui Neng, ein ungebildeter Reissortierer, der nicht mit den Mönchen zusammen in die Meditationshalle durfte, musste jemanden bitten, sein Gedicht für ihn niederzuschreiben. Er berief sich auf die leere oder absolute Seite der voll-leeren Dimension und sagte, dass es in Wahrheit keinen Staub, keinen Spiegel und deshalb gar nichts zu putzen gäbe. Wenn solch eine Sichtweise auch einen gewaltigen Schock für unsere gewöhnliche Sicht der Dinge darstellt, so sind das Relative und das Absolute doch zwei Aspekte der gleichen Realität. Wir wollen deshalb die relative Seite, das Gewand, in das die Voll-/Leerheit sich kleidet, nicht ignorieren. Vielleicht könnte man auch sagen: „Kein Spiegel, viel Staub."

Mit Shen Hsiu und Hui Neng als Vorbildern bekommen wir vielleicht Lust, es etwas leichter zu nehmen, anstatt uns Vorwürfe zu machen, weil wir uns dem Pfad des Erwachens vielleicht nicht gewachsen fühlen. Der einzige sinnvolle Schluss besteht darin anzuerkennen, dass wir den Pfad des Erwachens kontinuierlich weitergehen müssen.

Und – der bunte Reigen der fünf Dimensionen des Herzgeistes: eine Checkliste

Ich habe mir überlegt, ob ich mir nicht die fünf Dimensionen in die Hand tätowieren lassen sollte, so dass ich sie immer zur Hand hätte, wenn ich mir ihrer einmal nicht bewusst wäre.

Das Wort *und*, das manchmal als ein bloßes Verbindungsglied abgetan wird, ist hier von Nutzen; *und* ist denn nicht die spirituelle Praxis das ultimative Verbindungsglied?

Die ersten drei Dimensionen, die *physische*, die *mentale* und die *emotionale*, sind uns wahrscheinlich wohlvertrautes Gebiet, und die Dimension des *offenen Gewahrseins* wird sich allmählich zeigen und diese Dimensionen umspannen, wenn wir durch die nachfolgenden Meditationen und Übungen mehr und mehr an Erfahrung gewinnen.

Wie verlockend es auch sein mag, direkt die voll-leere Dimension anzustreben, so erinnert mich das Streben nach den Höhen, noch bevor man mit dem Boden vertraut ist, an den Tag, als mein Partner Ezra und ich in einem Heißluftballon aufstiegen und in einem Baum landeten. Die Aussicht vom Himmel aus war großartig, aber um heil wieder aus dem Baum herauszukommen, mussten wir gerettet werden – der Pilot auch.

In der „und"-Checkliste werden die Definitionen der fünf Dimensionen verwendet.

Es ist hilfreich, sich an das *„und"* zu erinnern, wenn sich die eigene Bewusstheit in einer bestimmten Situation verengt zu haben scheint. Wenn man alle fünf Dimensionen durchgeht, um festzustellen, worauf man nicht geachtet hat oder worauf man zu viel Aufmerksamkeit lenkt, kann man eine allumfassende Einschließlichkeit in sich einladen.

Gehen Sie, wenn Sie verwirrt sind, die Dimensionen durch wie folgt: die physische *und* die mentale *und* die emotionale *und* die offene *und* die voll-leere. Achten Sie, nachdem Sie jedes Wort ausgesprochen haben, darauf, was gegenwärtig ist. Das Wort *„und"* erinnert einen daran, noch einmal hinzusehen. Schauen Sie im Buch nach, wenn Sie sich nicht mehr an die Definitionen und den Inhalt erinnern.

Gehen Sie, um sich nicht festzufahren, nach einigen Atemzügen von einer Dimension zur nächsten über. Etwas gerichtete Aufmerksamkeit lässt mit Hilfe der *„und"*-Checkliste Licht auf alle fünf Dimensionen fallen, *und* wir werden wissen, welche noch im Dunkeln liegen.

3 Die Samen des erwachenden Herzgeistes
Das Feld unserer uns innewohnenden Fähigkeiten bestellen

Welche Samen Sie gießen, das können Sie an dem erkennen, was in Ihrem Garten blüht.

M. T. HEAD

Als ich an meiner Dissertation arbeitete, lebte ich einmal im Sommer auf einer Farm in der Nähe der Universität von Illinois. Nachdem wolkenbruchartige Regengüsse die winzigen Maispflanzen des Nachbarn vernichtet hatten, war dieser bald wieder auf dem Feld, um zu pflanzen. Als ich zu ihm hinging, sagte er: „Sojabohnen." Im nächsten Monat ertränkte eine Überschwemmung die neuen Keimlinge. Als ich den Nachbarn in der Woche darauf wieder pflanzen sah, ging ich zu ihm hinüber und er sagte: „Mais." Das ist Ausdauer. Sie ist in der Landwirtschaft genauso wichtig wie Mais und Sojabohnen, und sie ist von so zentraler Bedeutung für die spirituelle Praxis, dass sie im Buddhismus als eine der „Vollkommenheiten" betrachtet wird, als Teil unseres Geburtsrechts. Wie die anderen Samen zum Erwachen des Herzgeistes ist auch die Ausdauer schon in uns angelegt, so wie ein Desktop-Symbol auf meinem neuen Computer, das verkündet: „Vorinstalliert. Bitte jetzt aktivieren."

Die Samen des Erwachens, die wir bereits in uns tragen, reichen von in erster Linie lebensdienlichen wie der Empathie und der liebenden Güte bis hin zu jenen mit einem lebensbedrohlichen Potential, wie etwa der Wut. Jeder Samen besitzt auch ein paar *Ego-Hybride oder -Kreuzungen*, welche Unzufriedenheit säen. Der Samen des Gleichmuts kann z. B. zu Passivität hybridisieren, wenn das Ego die Couch aufsucht, um stundenlang vor dem Fernseher zu hängen, anstatt die Dinge zu tun, von denen wir wissen, dass sie uns aufbauen.

Wenn man nicht darauf achtet, können die Ego-Hybride die Samen überwuchern, die dem Erwachen dienen. Wir erwähnen die Hybride hier schon so früh, nicht um sauertöpfisch zu erscheinen, sondern weil diese Hybride bereits auskeimen.

Um zur vollen Lebendigkeit heranzureifen, müssen die Samen des Erwachens gepflegt werden, so wie die Samen auf jedem Feld. Einige reagieren auf die hier beschriebenen Meditationen, welche so ähnlich funktionieren wie Lichtschalter, die eine Verbindung zum Strom herstellen, der bereits in der Wand ist.

Die Pflege der Samen erfordert übrigens nicht, dass man Unkraut jätet. Man braucht das Ego oder die Ego-Hybride nicht zu vernichten, denn beide sind lediglich Artefakte unklaren Sehens. Aufmerksamkeit und die Anwendung der hier angebotenen Praxis-Werkzeuge wird die Ego-Hybride auf natürliche Weise zu Mulch kompostieren, mit dem die Samen der Wachsamkeit genährt werden können.

Samen, durch die wir wachsen

Alle Samen des Erwachens sind für die spirituelle Praxis von großer Bedeutung, werden hier aber dennoch nach Wichtigkeit und Ähnlichkeiten zu Gruppen zusammengefasst.

Die ersten vier Samen sind von solch essentieller Bedeutung, dass sie im Buddhismus *Brahma Viharas* oder *unser wahres Zuhause* genannt werden.

1. **Mitgefühl**
   Ein tiefes Bewusstsein vom Leiden anderer und von einem selbst. Toleranz und Empathie sind ebenfalls Ausdruck dieses Samens, wörtlich: „Das Leiden (oder das Gefühl) ganz annehmend, verbunden mit dem Wunsch, es zu lindern." Ego-Hybride sind: Selbstmitleid und mangelnde Sensibilität.
2. **Liebende Güte**
   Das „einfühlsame Erbarmen" wie in den Psalmen der Thora (siehe 17, 25) und in den Philipperbriefen im Neuen Testament (siehe 1,8) ebenso wie ganz normale Freundlichkeit, gütiges Wohlwollen und Sanftmut. Ego-Hybride sind: Unbarmherzigkeit, Stolz darauf, als gütig betrachtet zu werden.
3. **Gleichmut, Leichtigkeit im Leben, Geduld, Gefasstheit**
   Die Fähigkeit, zufrieden zu sein und die Höhen und Tiefen des Lebens mit Würde zu durchleben. Dieser Samen klingt sowohl im Philipperbrief 4,7 an in den Worten „Friede (…), der alles Verstehen übersteigt" als auch im Kommentar von Helen Keller: „Ich möchte nicht den Frieden, der das Verstehen übersteigt, sondern das Verstehen, das Frieden bringt."[12] Gleichmut besitzt viel Raum, auch für Unannehmlichkeiten. Ego-Hybride sind: Faulheit, Gleichgültigkeit, Ungeduld, Resignation und der Versuch, so zu erscheinen, als würde man unberührt über den Widrigkeiten stehen.

---

12 Helen Keller: *Light in My Darkness* (Westchester, Pa.: Chrysalis Books, 1960)

4. **Einfühlsame Gewogenheit, Freude, Anteilnahme, Dankbarkeit**
   Die Fähigkeit, glücklich zu sein, die Fähigkeit, sich über das Glück und das Wohlergehen anderer zu freuen. Ego-Hybride sind: Neid, Undankbarkeit, Leiden unter dem Glück anderer, Schadenfreude.
5. **Einsicht, klares Sehen, richtige Sichtweise**
   Die Früchte des Lernens, auf das Wunder dessen zu achten, was bereits gegenwärtig ist, und zur voll-leeren Natur des Daseins zu erwachen. Ein Ego-Hybrid ist: die hochmütige Annahme, dass wir erwachter seien, als es vielleicht tatsächlich der Fall ist.
6. **Sehnsucht (Aspiration), existentielle Anliegen, Hoffnung**
   Die leise, kleine Stimme unserer wahren Natur, die gern aufgedeckt werden möchte. Das Wort *Enthusiasmus*, wörtlich „das Göttliche im Inneren", spricht von dem uns Innewohnenden dieser Sehnsucht. Ego-Hybride sind: spiritueller Ehrgeiz, Begierde und die Erwartung, dass einen der spirituelle Weg belohnen oder unerwünschte Umstände beseitigen werde.
7. **Inspiration**
   Der Docht in der Kerze der Sehnsucht. Während sich das Wort Sehnsucht, so wie es hier verwendet wird, auf das Erwachen bezieht, kann sich „Inspiration" ebenso auch auf eigene Interessen beziehen. Da unsere Vorlieben unterschiedlich sind, kann Inspiration auf die kreativen Künste, die Natur oder auf Ermutigung durch Menschen bezogen sein, welche durch ihr Vorbild zeigen, dass es möglich ist, in Einklang mit den eigenen Werten zu leben. Ego-Hybride sind: auf die passende Stimmung zu warten, um etwas zu tun; sich impulsiv in die Praxis zu stürzen oder Ausreden zu finden, anstatt kontinuierlich zu praktizieren.
8. **Integrität, Gewissenhaftigkeit, Vertrauenswürdigkeit, richtiges Handeln**
   Die Fähigkeit, bei dem zu bleiben, was wichtig ist, und entsprechend zu leben. Ego-Hybride sind: Selbstgerechtig-

keit, Schuld- und Schamgefühle, die Änderung der von uns vertretenen Werte in Abhängigkeit dessen, was wir gerade wollen.

9. **Lebensunterhalt, tägliche Aktivitäten, unverplante Zeit**
Die Fähigkeit, in Bezug auf unsere Ressourcen und Aktivitäten die Prioritäten so zu setzen, dass sie die von uns vertretenen Werte widerspiegeln. Ein Ego-Hybrid ist: „Tu das, was ich sage, und nicht das, was ich tue" (Tallulah Bankhead).

10. **Entschlossenheit, Ausdauer, Absicht, Fleiß**
Der Sanskrit-Begriff *Virya* umfasst Bemühung, Energie und Motivation und bestätigt die Notwendigkeit geschickter Anstrengung und von Entschlossenheit im Dienste des Erwachens. Ego-Hybride sind: Passivität, Trägheit, die Sucht, ständig beschäftigt zu sein, und aggressives Ringen nach spiritueller Verwirklichung.

11. **Bereitwilligkeit, Willkommen heißen, Gastfreundschaft**
Die Fähigkeit, in Würde und bewusst anzunehmen, was das Leben uns bringt, auch wenn es nicht das ist, was wir wollten. Ego-Hybride sind: egozentrische Eigenwilligkeit (ichbezogene Willenskraft) und deren Kehrseite, die Kraft des Nicht-Wollens bzw. der Widerstand.

12. **Achtsamkeit (oder Sinnesbewusstheit)**
Physisch geerdete Aufmerksamkeit, welche unsere Aktivitäten und deren Umfeld umfasst. Ego-Hybride sind: übertriebene Akribie bis hin zur zeitlichen Unangebrachtheit. (Im Verlaufe von Retreats halten Küchenkräfte Langsamkeit manchmal irrtümlicherweise für Achtsamkeit und müssen daran erinnert werden, schneller zu arbeiten, weil sonst das Mittag- zum Abendessen wird).

13. **Neugierde, Untersuchen, Nachfragen**
Offene Interessiertheit; der Ursprung des englischen Wortes *curiosity*, (Neugierde), das lateinische Wort *caritas*, bezeugt, ebenso wie das Wort *cure* (die Heilung), das potentiell heilsame Wesen der Aufmerksamkeit. Ego-Hybride sind: herumzuschnüffeln oder leicht ablenkbar zu sein, misstrauisch oder argwöhnisch zu sein.

14. **Vernunft, Sachlichkeit, Urteilsvermögen**
 Die Fähigkeit, angemessene Handlungen zu bestimmen und sie konsequent durchzuführen. Ego-Hybride sind: geringes Urteilsvermögen, Ja-aber-Mentalität, pflichtbewusste Plackerei (wie auf dem Gemälde *„American Gothic"*).
15. **Klares Denken, Logik, geistige Objektivität**
 Die Denkprozesse, die uns helfen, unsere Aufgaben oder den Geist selbst klar zu sehen, einschließlich des Beobachters und der objektiven Bewusstheit. Ego-Hybride sind: das Analysieren oder Philosophieren mit spiritueller Praxis oder praktischer Anwendung zu verwechseln; Denk-aholics; mit dem eigenen „klaren Denken" zu prahlen.
16. **Großzügigkeit, Fürsorge, Praxis des Dienens**
 Etwas für unseren erweiterten Körper, die Lebensgemeinschaft im Großen, zu tun. Ego-Hybride sind: gebraucht werden zu müssen; immer so damit beschäftigt zu sein, anderen zu helfen, dass man das Alleinsein vernachlässigt, welches notwendig ist, um ins eigene Herz blicken zu können.
17. **Innerpersönliche Bewusstheit, Bewusstheit in Bezug auf sich selbst**
 Das sokratische „Erkenne dich selbst", das einen Widerhall in Dogen Zenjis Anordnung findet, das Selbst als Voraussetzung für das Erwachen zu aller (oder als alle) Existenz zu studieren. Ego-Hybride sind: sich als Mittelpunkt von allem zu sehen, subjektive Launen das eigene Handeln bestimmen zu lassen.
18. **Umweltbewusstsein, Intelligenz in Bezug auf die Natur**
 Eine sensorische Einfühlsamkeit in Bezug auf Pflanzen, Tiere, die Umwelt und die sogenannten Objekte der fünf Sinne. Ego-Hybride sind: die Natur als spiritueller als andere Umgebungen zu betrachten und die Annahme, Glück würde erfordern, dass man sich viel in der Natur aufhält.
19. **Die fünf Sinne**
 Wahrnehmungstore zum Empfinden unserer Verbundenheit mit der Umwelt. Hierzu gehört das Hören, worauf als Nächstes das aktive Zuhören folgt. Ego-Hybride sind: Völlerei oder das Ausblenden der sinnlich erfahrbaren Welt.

20. **Zuhören**
    Die Fähigkeit, bewusst auf Kommunikation im Inneren und im Außen zu achten (auf Gespräche und Gedankengänge). Ego-Hybride sind: Interesse an dem vorzutäuschen, was jemand sagt, während man sich gleichzeitig bereits eine Erwiderung zurecht legt.
21. **Zwischenmenschliche Aufmerksamkeit, soziale Fähigkeiten**
    Ein echtes Interesse an anderen, so wie sie sind, anstatt auf unseren Geschmack zugeschnitten. Die Fähigkeit zu Nähe und Intimität. Ein Ego-Hybrid ist: andere in einem Ausmaß zu brauchen, dass man dabei ihr Bedürfnis nach Zeit zum Alleinsein vernachlässigt.
22. **Gemeinschaft, Harmonie,**
    Frieden stiften, angemessene Rede
    Die Fähigkeit, förderliche Interaktionen und eine ebensolche Kommunikation zu unterstützen. Ego-Hybride sind: quertreiberische Einstellungen oder Verhaltensweisen, böswillige oder negative Kommunikation.
23. **Humor, Leichtigkeit des Herzens**
    Die Fähigkeit, nicht so hart über sich selbst oder die Schwächen anderer zu urteilen. Ego-Hybride sind: Sarkasmus oder etwas durch verlogenen Humor zu trivialisieren.
24. **Körperliche Ertüchtigung, kinästhetische Vitalität, Chi**
    Die Fähigkeit, die energetische Natur der Körperwahrnehmung und -bewegung zu fühlen. Ego-Hybride sind: übertriebenes körperliches Training in dem Versuch, Unrast, Depressionen, sexueller Begierde oder Völlerei zu entkommen.
25. **Konzentration**
    Die Fähigkeit, sich einsgerichtet zu konzentrieren; die Fähigkeit, geistig konzentriert zu bleiben. Ein Ego-Hybrid ist: eine notorisch verengte Aufmerksamkeit.

Das weite Herz: eine Meditation

Der Rhythmus meines Herzens ist die Geburt und der Tod von allen, die am Leben sind.

THICH NHAT HANH

Wenn es darum geht, mit dem Kontakt aufzunehmen, was am wichtigsten ist, müssen wir da beginnen, wo wir sind, wie Pema Chödrön in ihrem Buch mit dem gleichlautenden Titel sagt. Das ist nicht so leicht. Wir sind vielleicht davon überzeugt, dass wir mit dem Terrain vertraut seien, ohne zu erkennen, dass jeder Schritt ins Unbekannte geht. Es hilft, wenn man Führer hat, und nur Weniges ist für mich so hilfreich gewesen wie die Meditation des weiten Herzens.

Diese Meditation besitzt drei Sammelpunkte für die eigene Achtsamkeit: die Mitte der Brust, die Gesamtempfindung des ganzen Körpers und unsere Umgebung. Das körperliche Zentrum dieser Meditation, die Mitte der Brust, ist erfüllt von den Wahrnehmungen unseres Herzschlages und unserer Atmung. Dieses Gebiet umschließt den Akupunkturpunkt Konzeptionsgefäß 17, der auf der Mittellinie des Brustkorbes liegt. Dieser Punkt wird in so unterschiedlichen Traditionen wie dem christlichen Herzensgebet, den Chakra-Systemen und der traditionellen chinesischen Medizin als ein Tor des Mitgefühls und der Vitalität betrachtet. Die chinesische Medizin sieht diesen Bereich als den Ort sowohl von tiefer Freude als auch von tiefer Trauer, wie zu beobachten ist, wenn sich Freude und Tränen mischen. Wenn wir tief bewegt sind, führen wir vielleicht die Hand zur Brust. Sie können die Stelle finden, indem Sie mit den Fingerspitzen tasten, bis Sie eine empfindliche oder empfindsame Stelle finden. Es ist auch gut, sich einfach nur generell in dieses Gebiet einzufühlen.

Lernen wir jetzt das weite Herz kennen. Nehmen Sie ein paar tiefe Atemzüge und spüren Sie sie von der Nase bis hinab in den Bauch, um dem Körper Energie zuzuführen. Nehmen Sie wahr, dass sich die Bewegungen anfühlen wie bei einem Ballon, der bei jedem Atemzug aufgeblasen und wieder entleert wird. Machen Sie gelegentlich einen tieferen Atemzug, um Ihre Aufmerksamkeit zu beleben.

Dehnen Sie jetzt Ihre Aufmerksamkeit aus und nehmen Sie Ihren Körper in seiner Gesamtheit wahr, einschließlich der Kontaktstellen zwischen dem Körper, der Luft und dem Boden. Spüren Sie diese Bereiche ein paar Atemzüge lang, bevor Sie weitergehen. Lassen Sie Ihre Aufmerksamkeit dann in alle Richtungen in den Sie umgebenden Raum hinausfließen. Baden Sie eine Weile in dem Meer aus lauten und leisen, nahen und fernen Geräuschen.

Lassen Sie Ihre Aufmerksamkeit, während Sie sich Ihres Körpers und Ihrer Umgebung bewusst bleiben, zur Mitte Ihrer Brust wandern. Atmen Sie all das, was Sie wahrnehmen und fühlen, in dieses Energiezentrum ein, als sei es die Öffnung eines Trichters. Behalten Sie die Mitte Ihrer Brust als primären Bezugspunkt und nehmen Sie wahr, wie sich alles – Ihr Körper, Ihre Geräusche und Atemempfindungen – mit den Eindrücken und Geräuschen aus Ihrer Umgebung verbindet. Ruhen Sie dann zum Abschluss in dieser weiträumigen Bewusstheit, so lange Sie möchten.

Wenn Ihnen diese Anleitung zu umfangreich erscheint, dann denken Sie daran, dass die Wahrnehmung Ihres Atems in der Mitte der Brust der wichtigste Teil der Meditation ist. Mir wird immer wieder berichtet, wie schwer lieblose Gedanken über einen selbst oder andere aufrecht zu erhalten sind, wenn man mit der Aufmerksamkeit an diesem Ort verweilt. Ausdrücke wie *von Herzen kommend* und *mit offenem Herzen* beginnen vielleicht sehr lebendig zu werden.

Falls Sie jemals Gitarre gespielt haben, werden Sie erkennen, wie sehr dieses Gebiet dem Resonanzboden (oder Verstärker) dieses Instruments gleicht, wenn man die Intensität der Empfindungen bedenkt, die dort zusammenlaufen und nachschwingen. Wir lernen hier eine der Schlüsselrollen des Körpers kennen, nämlich ein Instrument des Erwachens zu sein und die Sinfonie der Existenz zu spielen.

Diese Meditation kann in verschiedene Schauplätze unseres täglichen Lebens einzuziehen beginnen, z. B. in Pausen an der Kaffeemaschine oder Toilettenbesuche. Einer der besten Aspekte der Meditation des weiten Herzens besteht darin, dass sie nur eine Minute dauert. Wenn unser Geist behauptet, er könne nicht präsent bleiben, kann genau dieser Gedanke unsere Aufmerksamkeit in die Mitte unserer Brust einladen, wo unser Herz immer schlägt und uns nach Hause ruft. Diese Meditation ist nicht nur leicht für Neulinge, sondern kann für jeden hilfreich sein. Die Meditation des weiten Herzens breitet einen Begrüßungsteppich aus, indem sie uns einen verlockenden, fühlbaren Beweis dafür bietet, dass alle Phänomene eng mit allem anderen verbunden sind. Dadurch vereint diese Meditation die wissenschaftliche und die buddhistische Kosmologie.

M. T. Heads Zeichnung am Beginn dieses Buches zeigt uns die wichtigsten Punkte des weiten Herzens: Das Herz mit einem Auge in der Mitte verdeutlicht den Spruch des Lakota-Medizinmannes und Häuptlings Archie Fire Lame Deer, dass wir lernen müssen, sowohl mit dem Auge des Herzens als auch mit den Augen im Kopf zu sehen – d. h. mit dem Herzgeist. Die Erdkugel in M. T.s Bauch erinnert uns daran, dass die Welt unser wahrer Körper ist. Die Wolken, die durch M. T.s Ballonkopf treiben, demonstrieren M. T.s Mantra (das uns freundlicherweise von M. T.s Musiker-Guru Peter Sprague zur Verfügung gestellt wurde): „Behalte immer den Himmel im Kopf." Das Symbol für die Unendlichkeit erinnert uns an das große Ganze.

4 *Umfassende Zen-Praxis*

Angewandte Achtsamkeit in den fünf Dimensionen des Herzgeistes

Die Winde der Gnade wehen immer,
aber du musst das Segel hissen.

Ramakrishna

Meinen ersten Zen-Sesshin (ein intensives Meditationsretreat) machte ich 1975 mit Soen Roshi. Die Teilnehmer hatten einen sehr unterschiedlichen Hintergrund und praktizierten zum größten Teil Konzentration – die Hauptmeditationsmethode, welche von Asien nach Amerika gebracht worden war. Eines Tages tauchte Erdnussbutter zum Lunch auf. Irgendjemand musste Soen Roshi erzählt haben, dass das eine amerikanische Zen-Tradition sei, da unsere Mahlzeiten vorher aus weißem Reis, Tee und Pickles bestanden hatten und ungewürzt gewesen waren. Die Mahlzeiten fanden schweigend statt. Deshalb machte ein Gefährte am Ende der Tafel einige Gesten, um die Erdnussbutter gereicht zu bekommen. Niemand bemerkte es, da wir uns so eifrig konzentrierten! Schließlich brüllte Soen Roshi:

„Wie könnt ihr davon sprechen, den Dharrrrma [die Belehrungen über die Wirklichkeit] zu sehen, wenn ihr nicht sehen könnt, dass ihr die Erdnussbutter weiterreichen sollt?" Dies erschütterte für eine Weile unsere kurzsichtige Sichtweise, dass uns Konzentration allein zum Erwachen bringen würde. Offensichtlich war auch eine gewisse Achtsamkeit – oder auf unsere Handlungen und unsere Umgebung gerichtete Aufmerksamkeit – notwendig. Unsere Hoffnung auf Erleuchtung durch Konzentration, vorzugsweise noch bis Ende der Woche, wurde dadurch aber nicht beeinträchtigt. Ich entdeckte nicht weniger als sieben Exemplare des Buches „The Three Pillars of Zen" (Deutsch: *„Die Drei Pfeiler des Zen"*), eines frühen Bestsellers des Zen-Lehrers Phillip Kapleau, im Schlafraum der Frauen. In einigen davon war der Abschnitt über Erleuchtungserfahrungen aufgeschlagen.

In diesem ersten Retreat hatte ich versucht, Konzentration, einen kleinen Teil der mentalen Dimension, dazu zu verwenden, die Voll-/Leerheit zu durchdringen – nichts Geringeres als die Erleuchtung! In der Landwirtschaft fände das seine Entsprechung darin, dass man sich in einen kleinen Winkel des Bauernhofs setzt, ohne den Boden zu pflügen, zu bewässern oder zu düngen, und eine Ernte erwartet.

Es dauerte eine ganze Weile, bis ich von der Notwendigkeit überzeugt war, dass die Zen-Praxis über die Konzentration hinausgehen und mehr umfassen müsse.

Doch da ich nur langsam lerne, verfiel ich immer wieder darauf, „Konzentration" zur einzigen Zutat des ganzen Zen-Eintopfs werden zu lassen, selbst nachdem ich eingesehen hatte, dass zu einer gründlichen Erforschung sowohl das Mikroskop der Konzentration als auch das Teleskop der offenen Bewusstheit und der Achtsamkeit nötig sind. Gelegentliche Vorstöße ins offene Gewahrsein des Shikan Taza („Nur Sitzen") wurden von meiner Schwierigkeit untergraben, zwischen Weite und persönlicher Abgehobenheit zu unterscheiden.

Schließlich suchte ich, da dies offensichtlich nicht funktionierte, alte Texte durch und fand zahllose Listen, die bestätigen, dass eine Praxis wirklich sehr umfassend sein muss: die „10 dies", die

„4 das" und die „8fachen jene". Seien Sie nicht besorgt, wenn Sie diese Listen nicht gelesen haben, die so gut wie alles enthalten, was man denken, sagen oder tun kann. Diese Listen gaben mir teilweise Antwort auf die oft gestellte Frage: Wenn alles eins ist, warum muss es dann so viele Erschwerungen geben? Können wir nicht einfach nur sitzen, alles loslassen, einfach nur sein und erwachen? Nein. Das Einssein manifestiert sich durch Unterschiede hindurch, die einzeln angegangen werden müssen, wenn wir dem darunter liegenden Einssein begegnen wollen.

Man verfällt leicht in eine „Eine Technik passt für alles" – Mentalität, da verschiedene Techniken unterschiedlichen Traditionen zugeteilt sind: *Vipassana* (eine buddhistische Meditationspraxis) verkörpert Achtsamkeit, Zen strebt Konzentration und direkte Einsicht durch Koans an, einige Hindu- und christliche Gruppen verwenden Andachtspraktiken, und in der Psychologischen Praxis des Psychotherapeuten sind Gefühle und das Denken die spartenüblichen Werkzeuge. Auch wenn in einigen Traditionen ganz bestimmte Modalitäten betont werden, so haben Wörter wie Zen, *Vipassana* und Buddha doch Wurzeln, die auf das Erwachen und die Einsicht hindeuten. Eine umfassende Praxis erfordert, dass wir uns aller fünf Dimensionen des Herzgeistes bewusst sind und Werkzeuge anwenden, die sich der jeweiligen Situation entsprechend auf diese Dimensionen beziehen. Wenn man z. B. scharfe Messer abwaschen will, muss man bei dieser Arbeit Aufmerksamkeit walten lassen, wohingegen massive emotionale Aufregung erfordert, dass man sich den eigenen Gemütszustand ansieht.

Da wir gerade von Emotionen sprechen: Diese scheinen manchmal beim spirituellen Handwerkszeug vernachlässigt worden zu sein, möglicherweise aus der Ansicht heraus, dass Gefühle und Gedanken Einbildungen seien und sich wie Nebel im Sonnenschein auflösen würden, wenn das Licht heraufzieht. Dieser Trugschluss ist leicht zu erkennen. Sehen Sie sich nur einmal um! Die Meditationswelt ist bevölkert von jenen, deren gelegentliche Aha-Momente schnell wieder durch Verwirrung und Verblendung überschattet worden sind. Ist es vielleicht das Wirken des Egos, das hinter der Neigung steckt, eine Klärung der Gefühle umgehen zu wollen? Wie ein Dieb, der mit seiner Beute erwischt wird, weicht das Ego einer Untersuchung aus und sagt: „Schau nicht *mich* an. Schau woanders hin – irgendwoanders hin!"

An Meditation interessierte Menschen haben immer emotionalen Ballast mitgebracht. Ich fand das bei mir selbst während eines Retreats bestätigt, als ich Angst bekam, dass ich nie gut genug sein würde, und zu weinen begann. Da ich aber nicht als Zen-Versagerin betrachtet werden wollte, schlich ich mich aus dem Meditationssaal. Ich eilte zu meinem Gepäck und verschlang praktisch eine ganze Schachtel Weizencracker, die ich mitgebracht hatte, „falls ich einmal zu spät zum Abendessen kommen sollte". Irgendwie schaffte ich es, zur nächsten Meditationssitzung zurückzukommen, voll von Crackern und Selbstanklagen. Genau das, wovor ich hatte weglaufen wollen, hatte mich ganz offensichtlich eingeholt. Wenn das Ego einmal den Verdacht hegt, dass es einer Prüfung unterzogen wird, ist Widerstand unvermeidlich. Es ist das gleiche Phänomen, wie den ganzen Tag damit zu verbringen, den Speicher sauber zu machen, wenn die Steuererklärung fällig ist. Anstatt zu Crackern Zuflucht zu suchen, musste ich lernen, wie man ein Sandwich macht – wobei die körperlichen Empfindungen (das Brot), die meine emotionalen Reaktionen (den Belag) enthalten, von einer Grundlage des Bewusstseins der Umgebung (dem Teller) getragen werden. Ansonsten kommt es mit Sicherheit zu einem Chaos.

Eine umfassende Praxis erfordert keinen Lehrplan aus formelhaften „Einheitsvorschriften". Wie der Jazz-Trompeter Charlie Parker einmal sagte: „Zuerst lernt man mit seinem Instrument umzugehen, dann seine Noten. Dann vergisst man diesen ganzen Kram und bläst einfach." Ja, wir müssen die mechanische Seite unseres Handwerks meistern, aber an irgendeinem Punkt müssen wir dann „diesen ganzen Kram vergessen und einfach blasen", wobei wir alle fünf Dimensionen in ein Ganzes zusammenfließen lassen. Wir achten darauf, dass wir unter einem Wust von Techniken nicht das Wichtigste aus den Augen verlieren.

Das gesamte in diesem Buch vorgestellte Repertoire beruht auf der Grundlage stiller unbewegter Meditation ohne irgendeinen Input durch Lesen, Schreiben, Reden oder Musik. Einen

Schwerpunkt auf die Meditation zu setzen bedeutet aber nicht, dass man zu einem Junkie wird, der sofort zum Meditieren rennt, wenn das Leben schwierig wird. Die Meditation zeigt auf, dass es kein Versteck gibt.

In besondere Zustände geraten oder da erblühen, wo wir hingepflanzt sind?

Meine Entschlossenheit, in diesem ersten Retreat Erleuchtung durch Konzentration zu erlangen, baute auf dem Glauben auf, dass ein neuer Geisteszustand meine alten Wunden heilen würde. Hiermit kommen wir zu einem Dauerthema: Sind zum Erwachen mystische Erfahrungen notwendig? Dieses Thema kann zu einem wahren Morast werden, da wir so leicht in spirituellen Materialismus bzw. in die Anhaftung an außergewöhnliche Geisteszustände verfallen.

Ich hatte eine Phase, in der ich besondere Geisteszustände suchte. Einmal probierte ich etwas aus, worüber ich in einem Buch gelesen hatte: bewegungslos dazusitzen, bis die Schmerzen vom Sitzen verschwinden würden. Stunden später verschwanden die Schmerzen auch und ebenso alles andere. Kein Selbst mehr, nichts. Meine veränderte Wahrnehmung änderte sich aber schnell wieder, und ich konnte nicht mehr aufstehen. Ich musste zum Auto getragen und nach Hause gefahren werden. Am nächsten Tag wurde ich geröntgt, um sicherzustellen, dass ich keinen ernsthaften Knieschaden davongetragen hatte.

Anstatt also zu versuchen, die geistige Verdunkelung durch erleuchtende Augenblicke zu beseitigen, werden wir hier die Betonung auf *das Erfahren* legen, bei dem wir uns, körperlich geerdet, dessen bewusst bleiben, was da ist und sich zeigt, einschließlich unserer Gemüts- und Geisteszustände.

Eine umfassendere Praxis ist die Medizin der Wahl, wenn uns unser scheinbar unerschütterlicher Gleichmut angesichts von Kritik oder widrigen Umständen verlässt. Es genügt nicht, während der Meditation in Zustände tiefer Versenkung (Samadhi) eintreten zu können, wenn man gegen eine Mauer knallt, weil man seine Achtsamkeit falsch ausgerichtet hat. Und man muss einen hohen Preis bezahlen, wenn man achtsam im Umgang mit Teetassen ist, aber nicht im Umgang mit Menschen – den Preis zerbrochener Beziehungen, den Preis der eigenen Lebensgrundlage und schließlich der Isolation.

Umfassende Praxis: eine Analogie zu einem Zopf

Wenn wir die Teile „*now, vow, how und bow*" („das Jetzt, das Gelübde, das Wie und die Verbeugung") aus den Augen verlieren, die den Weg des Erwachens umfassend machen, können wir uns vier in einem Zopf zusammengeflochtene Stränge vergegenwärtigen. Die Stränge, die den Inhalt dieses Buches ausmachen, bilden ein Ganzes, welches das Folgende beinhaltet, aber nicht darauf beschränkt ist:

- „*Now*" („*Jetzt*") bedeutet, unser offenes Gewahrsein zu aktivieren.
- „*Vow*" („*Gelübde*") bedeutet, uns daran zu erinnern, was am wichtigsten ist. Das fängt damit an, dass wir ernsthaft zu dem erwachen, was das Leben wirklich ist, und in jedem Augenblick in Übereinstimmung mit unserer Eingebundenheit leben.
- „*Bow*" („*Verbeugung*") bedeutet, dass wir die Samen des erwachenden Herzgeistes pflegen, um die uns angeborene Fähigkeit zu Dankbarkeit zu erwecken und die Fähigkeit, jegliches – ja vielleicht sogar alles – Daseiende wertzuschätzen.
- „*How*" („*Wie*") bedeutet, dass wir einen Plan für eine umfassende Praxis besitzen, die in den fünf Dimensionen des Herzgeistes gründet.

All das mag vielleicht kompliziert klingen, aber der Zweck besteht darin, die Fähigkeit des reinen Seins zu verwirklichen. Bei jenem ersten Sesshin mit Soen Roshi schien er mir in meinen bewundernden Novizinnen-Augen die Qualität des reinen Seins auszustrahlen. Eines Tages, als viele Leute gekommen waren, die sich nicht zu dem Retreat angemeldet hatten, um seine tägliche Ansprache zu hören, lächelte er und sagte: „Zu kostbar, um zu reden. Lasst uns sitzen." Dann schloss er den Sesshin damit ab, dass er eine kratzige Aufnahme von Beethovens 9. Sinfonie auf einem Kinder-Plattenspieler abspielte. Für meine Geisteshaltung einer „professionellen Musikerin" war es wie eine Offenbarung, zu beobachten, wie er die Musik genoss, ungeachtet der akustischen Mängel.

Wenn wir Menschen begegnen, die uns zeigen, dass es möglich ist, mit solch offensichtlicher Freiheit zu leben, können wir einen von Soen Roshis Lieblingssätzen wertschätzen: „Endlose Dimension, universelles Leben."

Aspiration, Verantwortlichkeit und Vergesslichkeit

Therapeuten scherzen manchmal, dass einige Klienten nach 15 Jahren Therapie eloquent erklären können, warum sie immer noch genauso feststecken. Das kann auch auf spirituellem Gebiet passieren.

Wenn wir denken, wir hätten die Prinzipien der schulischen Ausbildung hinter uns gelassen, wenn wir von intellektuellen und emotionalen Themen zu spirituellen Bestrebungen aufgerückt sind, unterschätzen wir vielleicht die Wichtigkeit der eigenen Verantwortlichkeit. Hausarbeiten bzw. Lebensarbeit sind in den Meditationssälen genauso wertvoll wie in den Hörsälen der Universität. Doch auf den Gebieten, von denen wir behaupten, dass wir sie als die wichtigsten betrachteten – wie etwa hellwach und liebevoll zu leben – lassen wir unsere Verantwortung manchmal schleifen. Wenn wir unser Gebiss oder unsere Autos so behandeln würden, wie wir die wesentlichen Bereiche unseres Seins behandeln (oder misshandeln), wären die Folgen offensichtlich.

Meditation ist unsere vorrangige spirituelle Hausaufgabe und kann durch andere Aktivitäten und Übungen ergänzt werden, die unsere Verantwortlichkeit steigern.

Klingt ganz einfach, nicht wahr? Bestreben, Verantwortlichkeit. Was ist das Problem? Der Gedächtnisschwund. Wir vergessen. Und vergessen. Und vergessen. Wenn Gedächtnisschwund auf dem Gebiet auftritt, das wir für das wichtigste halten, bemerken wir vielleicht gar nicht, dass er die Herrschaft übernommen hat, da Vergesslichkeit ja das Wesen von Gedächtnisschwund ist. Es ist möglich, das wir eine Zeit lang die Praxis überhaupt vergessen oder Meditationssitzungen mit Träumereien oder mit dem Wälzen von Problemen verbringen. Einmal habe ich während eines Retreats einen ganzen College-Kurs durchgeplant. Wenn wir morgens und vielleicht auch abends eine Stunde oder eine halbe Stunde lang meditieren und dann mehr als zwanzig Stunden in einem Zustand von Wachschlaf oder von Dösen verbringen, stehen die Chancen für das Erwachen nicht gut.

Der Gedächtnisschwund bedient sich gerne vernünftiger Argumente, indem er sagt, wir seien oft zu beschäftigt, um unsere Verpflichtungen zur Zen-Praxis einzuhalten. Da „Praxis" aber nur ein Codewort für angewandte Bewusstheit ist, ist alles, womit wir so beschäftigt sind, wie z. B. die Arbeit am Computer oder das Leiten eines Kurses, eine gute Zeit zum Praktizieren. Es dauert gewöhnlich eine Weile, bis wir entdecken, dass es unserem Tag auf seltsame Weise Zeit hinzuzufügen scheint, wenn wir ihn mit einer Meditation beginnen.

Der Gedächtnisschwund verwechselt gerne Ausdrücke wie *wach* und *bewusst*. Wir werden diese auf einer gleitenden Skala verwenden müssen, die von endlich bis unendlich reicht. *Erwachen* und *Bewusstheit* gehen ineinander über, da wir ohne Bewusstheit praktisch im Stehen schlafen würden. Auch wenn *wach* eine zunehmende Bewusstheit in allen fünf Dimensionen bedeuten kann, so ist es doch etwas, das wahrscheinlich nicht sehr oft vorkommt.

Ebenso bedeutet *Bewusstheit* nicht automatisch auch eine Transformation, und sogar Momente von erwachter Wahrnehmung verstärken nicht unbedingt die Bewusstheit. Zen-Anhänger können unachtsame Autofahrer sein, während Spitzensportler mit einer Rundumbewusstheit von 360 Grad nicht unbedingt Mitgefühl und Einsicht, die Früchte eines Lebens in zunehmender Wachheit, demonstrieren. Diese Begriffe müssen offensichtlich vorsichtig gebraucht werden, damit man den Gedächtnisschwund nicht am Ende noch verstärkt.

Gedächtnisschwund und sehnsüchtiges Streben sind in der Spiritualität so zentrale Themen, dass sie mindestens schon seit dem Abidharma aus dem 15. Jahrhundert, dem frühesten meines Wissens nach verwendeten psycho-spirituellen System, erwähnt werden. U. a. sind dort Geistesfaktoren beschrieben, die das bemühende Bestreben fördern, einschließlich des Mitgefühls, der Klarheit, der geistigen Großzügigkeit, des heilsamen Handelns und der Fähigkeit, zufrieden zu sein. Die Schattenseite des bemühenden Strebens besteht aus den hinderlichen Faktoren, die wir Gedächtnisschwund nennen: Eigensinn, Unentschlossenheit, Arroganz, Wut, Bedürftigkeit, Eifersucht, Bedrücktheit, Sich-Sorgen-Machen, Faulheit und Vergesslichkeit, die Haupt-Amnesie. Solche Faktoren können einem helfen, Gebiete ausfindig zu machen, wo gewisse Hausaufgaben für Verantwortungsbewusstsein sorgen und die eigene Bestrebtheit fördern könnten.

Man kann sogar das Ego in den Dienst dieses Prozesses stellen, wie ich es getan habe, als ich in ein Zen-Zentrum einzog. Ich wusste, dass mich ein Leben dort zur frühmorgendlichen Meditation aus dem Bett holen würde, da ich in den Augen meiner Mitbewohner keine Faulenzerin sein wollte. Es wirkte auch etwas Tieferes in mir – eine Aspiration. Dieser Ansatz hat offensichtlich seine Grenzen, wenn bewusstheitsfördernde Aktivitäten fehlen, sonst hätten Organisationen, die sich mit ihrer Disziplin brüsten, die erwachtesten Teilnehmer.

Um es noch einmal zusammenzufassen: Die Sehnsucht erinnert uns an das, was am wichtigsten ist. Die Verantwortungsbereitschaft bietet Wege, den Prozess klarzustellen und zu realisieren. Und sogar Gedächtnisschwund kann wertvoll sein, wenn wir beginnen, unsere eigenen speziellen Versionen davon zu erkennen.

Ein Pfeiler im täglichen Zeitplan des ZCSD ist die Rezitation der „Praxis-Prinzipien", die uns sowohl an den Gedächtnisschwund als auch an unser Bestreben erinnern. Eloquent von dem ZCSD-Mitglied Allan Kaprow formuliert, drücken die folgenden beiden ersten Zeilen den Sog des Gedächtnisschwundes aus: „Im selbstbezogenen Traum (oder dem Traum vom Selbst) gefangen, nur Leiden; an selbstbezogenen Gedanken festhaltend, genau derselbe Traum." Die beiden letzten Zeilen spiegeln unsere Bestrebung wider, uns an das Wichtigste zu erinnern: „In jedem Moment, das Leben, wie es ist, der einzige Lehrer; Sein nur in diesem Moment, der Weg des Mitgefühls." Die beiden letzteren Zeilen werden uns mit größerer Wahrscheinlichkeit im Gedächtnis hängen bleiben, wenn wir verstehen, wie notwendig die Verantwortlichkeit ist, um unser Bestreben voranzubringen. Selbst dann, wenn der Gedächtnisschwund seinen Sirenengesang erklingen lässt, können wir, wenn wir nur tief genug hinhören, das Raunen des leise wispernden Herzgeistes hören.

WIDPIDS-Arbeitsblatt:
Was ist die Praxis in dieser Situation?

Um Verantwortung dafür zu übernehmen, unser Bestreben und den Gedächtnisschwund auseinander zu halten, empfiehlt sich WIDPIDS oder „Was ist die Praxis in dieser Situation?".

Oft ist man zumindest auf einem Gebiet wenig aufmerksam. Die WIDPIDS-Kategorien decken die Hauptarten der menschlichen Wahrnehmung und des menschlichen Funktionierens ab. Auch wenn sich die voll-leere Dimension im Moment noch verwirrend anhört, müssen wir uns ihrer bewusst bleiben, da sie die Natur der Realität ist. Jede Dimension des Herzgeistes enthält eine kurze Beschreibung, gefolgt von einigen Anregungen, wie man die Bewusstheit auf dem jeweiligen Gebiet schärfen kann.

1. Die *physische Dimension*: Das ist das „wer, was, wo, wann" – der an der jeweiligen Situation beteiligte Ort, die Situation, die Menschen, die Dinge, die Handlungen und die Sinnesphänomene. Schärfen Sie die Bewusstheit von dieser Dimension, indem Sie die Empfindungen und Bewegungen Ihres Körpers bewusst wahrnehmen. Achten Sie auf die Geräusche, die sichtbaren Dinge, die Gerüche und die anderen Sinnesobjekte, die der Stoff des Lebens sind.
2. Die *mentale Dimension*: Das sind unsere Gedanken in Bezug auf eine Situation. Schärfen Sie Ihre Bewusstheit in dieser Dimension, indem Sie darauf achten, was für Gedanken Ihnen durch den Kopf gehen.
3. Die *emotionale Dimension*: Das ist unsere Stimmung oder unsere Gefühlslage im Allgemeinen oder als Reaktion auf eine Situation. Schärfen Sie die Bewusstheit von dieser Dimension, indem Sie die verschiedenen Komponenten eines Gefühls zu unterscheiden versuchen – die Gedanken, die körperlichen Wahrnehmungen, Ihr Gefühl von sich selbst und die Intensität, die die Gefühle charakterisiert. Gibt es einen Begriff, der Ihr Gefühl oder Ihre Stimmung beschreibt?
4. Die *Dimension des offenen Gewahrseins*: Das ist der Raum der Umgebung, in welche die Situation eingebettet ist, alles, was in diesem Moment enthalten ist. Schärfen Sie die Bewusstheit von dieser Dimension, indem Sie zulassen, dass die Geräusche und der Raum der Umgebung Ihre Sinne einladen, sich in alle Richtungen zu öffnen.
5. Die *voll-leere* Dimension: Hier begegnen wir dem Wunder im Herzen der Dinge, auch wenn es sich anfangs nur um einen flüchtigen intellektuellen Fingerzeig handelt. Wenn alle Beschreibungen und alle intellektuellen Konzepte über diese Dimensionen wegfallen, was bleibt dann übrig?

Eine Kurzversion von WIDPIDS lautet wie folgt:

Was geschieht gerade?
Was füge ich hinzu?
Was lasse ich außer Acht?
Was weiß ich wirklich?

Teil II

Die physische Dimension des Herzgeistes

5 *Der Körper*

Identität
oder Instrument des Erwachens?

*Ihr alle, die ihr diese tiefe Quelle ausloten möchtet,
ihr müsst die Erforschung im Geheimen mit eurem
ganzen Körper vornehmen.*

HAKUIN EKAKU ZENJI

Die physische Dimension des Herzgeistes umfasst ein gewaltiges Spektrum, von den körperlichen Empfindungen bis zum Input durch unsere Sinne. Wir nehmen hauptsächlich durch die Sinne wahr: Sie sind Antennen, die die physischen Phänomene unserer Umgebung aufnehmen. Mit der physischen Dimension besitzen wir schon Andeutungen, dass keine Dimension für sich alleine existiert, ein Omen der Untrennbarkeit aller fünf Dimensionen: Wo existiert denn eine Trennlinie, die das Hören, das Gehörte und die Luft voneinander trennt?

Der Grund, weshalb wir uns die fünf Dimensionen einzeln ansehen, ist folgender: Wenn wir ihre Aggregate (die Skandhas) untersuchen, die unser ganzes Erleben ausmachen, und dabei unseren eigenen Körper als Untersuchungswerkzeug nutzen, sind wir besser in der Lage, die Realität als Ganzes auszuloten.

Wenn wir uns die physische Dimension ansehen, stellen wir fest, dass das Denken bei den Menschen so vorherrschend ist, dass es alles tun wird, um die durch die fünf Sinne gelieferten Beweise zu vereinnahmen. Besonders deutlich wird dies im akademischen Bereich, wo man sich bis vor Kurzem fast ausschließlich auf die Mathematik und andere Symbolsysteme als vorrangige Lernsysteme konzentriert hat, ohne den Wert der unzähligen anderen Formen von Intelligenz zu erkennen, welche Dr. Howard Gardner von der Harvard University bei seiner bahnbrechenden Arbeit über multiple Intelligenzen entdeckt hat. Die Tatsache, dass Gardner dabei die musische, die kinästhetische und die räumliche (physische) Intelligenz als Schlüsselkomponenten unseres angeborenen Potentials an Fähigkeiten einbezieht, wird besonders von Musikern und Athleten gewürdigt, die immer noch feststellen müssen, dass ihre Bereiche von der Wissenschaft regelmäßig als „bloßes Beiwerk" betrachtet werden.[13]

Als Ergebnis dieser übermäßig verstandesbezogenen Orientierung glauben die meisten von uns, dass wir uns durch verschiedene Situationen „hindurchdenken" müssten. Es fällt uns sehr schwer, die Fülle des Lebens mit den Sinnen zu erfahren oder auch die Sprache effektiv zu nutzen, um uns auf Gebieten zu verständigen, die nicht durch das Denken begrenzt sind. Dies beinhaltet einen großen Teil dessen, was uns am wichtigsten ist.

Ich hatte eine Phase, in der ich eine nicht-duale Sprache als Schulungswerkzeug benutzte, und in der ich die „ich, mich, mein - Sprache" minimierte, um das Ego abzubauen. Aber die Wirkung davon war hauptsächlich die, dass es den anderen auf die Nerven ging, obwohl es das Tempo des selbstbezogenen Denkens tatsächlich herabsetzte. Ich klang nicht so erwacht, wie ich es erhofft hatte,

---

[13] Howard Gardner: *Changing Minds* (Cambridge, Mass.: Harvard Business School Press, 2004)

und es verlieh meinen Vorträgen und Schriften einen gewissen „entkörperten" Tonfall. Wie Sie vielleicht bemerkt haben, habe ich noch nicht alle Spuren dieser Neigung wieder abgelegt.

Da wir so oft übersehen, dass unsere geistige und emotionale Aktivität in eine somatische Natur eingebettet ist, denken wir vielleicht, wir wüssten mehr über die Körperlichkeit, als dies tatsächlich der Fall ist. Ich fand das heraus, als ich mit der Zen-Praxis begann und nach Jahren des Musikmachens, des Tanzens und all der anderen physischen Gegebenheiten des Lebens annahm, dass ich mit den Parametern der physischen Seite des Lebens wohl vertraut wäre. Offensichtlich war ich es aber nicht. Ungefähr zu jener Zeit begann ich mit afrikanischem und brasilianischem Trommeln und Tanzen. Die Verschmelzung von Meditation, Musik und Tanz legte die Mauern, die ich zwischen den Disziplinen errichtet hatte, in Schutt und Asche. Der brasilianische Karneval war der ultimative Kick. Mein Eintauchen in die Vibrationskraft von Hunderten von Trommlern zerschmetterte alte persönliche und musikalische Grenzen zugunsten von Ganzheit.

Auch meine Lieblingstheorien erlitten einige massive Schläge. Das Forschungsprojekt in meinem Sabbatjahr über die Notwendigkeit, Körper und Geist zu vereinen, überholte sich selbst, da der erlebte Beweis bestätigte, dass man Dinge nicht zu verbinden braucht, die ohnehin nicht getrennt sind. Simple Kopfschmerzen hätten mir klar machen sollen, dass der Kopf ein Teil des Körpers ist.

Die Wissenschaft ist ebenfalls dabei, die Epidemie des Denkens anzukratzen, indem sie dem Kopf, oder vielmehr dem Gehirn, dessen vermeintliche Überlegenheit in allen Dingen abspricht. Die Forschung auf dem Gebiet der so genannten Intelligenz des Herzens befindet sich im Aufschwung und schließt so an das alte Interesse der Meditationswelt auf diesem Gebiet an.

Die Meditation hat meine bisherige Aufteilung des Lebens – in Meditation und Nicht-Meditation, in spirituell und weltlich – verschluckt. Die Tage sind gezählt, da wir hoffen, dass die Dinge ordentlich in ihren alten Kategorien bleiben werden. Wenn wir einmal mit der Zen-Praxis beginnen, müssen sich unser Körper und unser Geist, müssen sich unsere körperlichen und unsere geistigen Funktionen gemeinsam mit all den anderen hinaus ins Unbekannte wagen.

Der Körper

Unser erster Stopp in der physischen Dimension gilt dem Körper, unserem ältesten und besten Bekannten. Da wir ihn schon so lange haben, meinen wir vielleicht, ihn gut zu kennen. Und doch birgt er noch unerkannte Talente, die sich ideal dazu eignen, unsere geistigen Türen zu öffnen und zu zeigen, wie die fünf Dimensionen eng zusammenwirken und Verbindungen eingehen, die wir vielleicht nicht vermutet hätten – so wie unsere geistigen und körperlichen Funktionen zusammenwirken, damit wir diese Worte lesen können.

In spirituellen Traditionen wird der Körper auf die gleiche Weise gesehen wie von vielen einzelnen Menschen – nämlich als etwas Schlechtes. Schließlich setzen sich spirituelle Gruppen aus Menschen zusammen – und wie viele Menschen haben Sie schon kennen gelernt, die keine feindselige Beziehung zu ihrem Körper hätten? Die Negativpropanganda gegen den Körper geht mindestens bis zu den ersten spirituellen Gemeinschaften zurück, mit ihren zahllosen Vorschriften, den Körper verhüllt und frei von Verlockungen durch andere interessante – oder interessierte – Körper zu halten. Die Einstellungen dem Körper gegenüber reichen, damals wie heute, von der Ansicht, ihn als direkten Feind zu betrachten, bis zur Tatsache, dass er zu einem Objekt der Selbstverbesserung erklärt wird. Während seiner Eiferer-Phase nannte der heilige Franziskus seinen Körper „armer Bruder Esel" und betrachtete ihn als einen verteufelten, aber unabdingbaren Umstand, damit er in der Welt umherziehen konnte. Wie viele von uns sind in der Zeit, in der wir zur Sonntagsschule gingen, nicht auch zu dem Schluss gekommen, dass die Begriffe *„Körper"* und *„böse"* „Sünd-onyme" seien, so wie *„Sünde"* und *„Sex"*? Als der heilige Franziskus mehr Reife erlangte, schien er zu dem Schluss zu kommen, dass öfter der Geist den Körper an der Nase herumführt als umgekehrt. Ab da begann er seinen Körper „mein lieber Esel" zu nennen, was eine etwas herzlichere Beziehung ausdrückt.

Eine der erstaunlichsten unlogischen Schlussfolgerungen, welche aufrecht zu erhalten uns gelingt, ist die Vorstellung, dass das „Selbst" irgendwie außerhalb unseres Körpers wäre. Diese zweifelhafte Vorstellung ist typisch für eine Lieblingsstrategie des Egos: Unsinn auszuhecken und die Schuld dann jemand anderem zu geben – so als würde man jemanden erschießen und dann das Gewehr dafür verantwortlich machen. Wir bringen sogar die unglaubliche kognitive Dissonanz zustande, unseren Körper gleichzeitig sowohl als uns selbst als auch als etwas anderes zu betrachten: „Ich bin nicht der Körper – ich bin nichts als der Körper." James Joyce beschreibt dies gekonnt in *The Dubliners*: „Herr Duffy lebte in einiger Entfernung von seinem Körper und betrachtete seine eigenen Handlungen mit zweifelnden Seitenblicken."

Dann gibt es da noch die klassischen religiösen Phrasen, die den Körper verleugnen und wie Projektion oder Bauchrednerei klingen: „Der Teufel hat es mich tun lassen" oder „Der Geist ist willig, doch das Fleisch ist schwach."

Bei all dieser Negativität und Verleugnung des Körpers ist es wie eine frische Brise, wenn man einer breiteren Perspektive begegnet, wie in einem Morgengruß, den ich von den Stammesältesten der Cherokee gelernt habe: „Wenn ich am Morgen aufstehe, kleide ich mich in meinen wahren Körper, die Welt." Denken Sie auch an die japanischen Zen-Vorfahren wie Chao Chou (auf Japanisch Joshu) und an Hakuin, die daran erinnert haben, dass unser Körper der Körper des Erleuchteten selbst (des Buddha, der Wirklichkeit) ist.[14]

Trauriger-, aber nicht überraschenderweise können Zen-Praktizierende diese Zeilen immer wieder hören, ohne darüber

---

14 Hakuin: *Song of Zazen*, Zen Center San Diego, Service Book

nachzudenken, in welch starkem Gegensatz sie zu der Aversion stehen, die wir für den Körper empfinden, den wir überallhin mitnehmen.

Unsere Missbilligung des Körpers ist so tief verwurzelt, dass selbst nach kurzen Einblicken in die wunderbare Natur aller Dinge, einschließlich unseres Körpers, ein einziger Werbespot oder ein Kommentar ausreicht, um uns wegen unserer anatomischen Proportionen verlegen zu machen, und schon springt wie das Haupt einer Hydra die Dichotomie des „Ich-gegen-meinen-Körper" wieder hervor.

Wir sind nicht immer so gewesen. Wenn Sie Bilder von sich als Baby haben, dann holen Sie sie hervor und nehmen Sie die ungehemmte, selbstvergessene Unbekümmertheit wahr, die darauf zu sehen ist. Da waren wir, in der ungezwungenen Körperhaltung eines Babys, das gehen lernt – aufrecht, den Kopf wackelnd in die Luft gereckt, mit einem runden Bauch – sehen Sie hin! Und dann – *plumps* – fielen wir hin, vergossen ein paar Tränen, und weiter ging's zum nächsten Abenteuer. Danach kamen wir ins Kleinkindalter mit seiner notwendigen gesellschaftlichen Konditionierung. Kindern wird zwangsläufig beigebracht, dass sie nicht unbegleitet auf die Straße laufen dürfen, und wahrscheinlich gibt es nur wenige, wenn überhaupt irgendwelche Kulturen, in denen dazu ermutigt wird, genau dann zu schlafen, zu essen und sich zu entleeren, wenn der Körper das Bedürfnis danach hat. Wir blenden also körperliche Signale ziemlich bald aus, ungefähr um die Zeit herum, in der uns erklärt wird, dass wir statt der Windeln die Toilette benutzen sollen. Versäumte Hinweise und schmerzhafte Begegnungen mit Treppen, Schaukeln, Straßen, Geschwistern, Eltern und anderen Kindern führen uns zu unangenehmen Schlussfolgerungen in Bezug auf unseren Körper und auf die Tatsache, dass ihm weh getan werden kann. Des Weiteren erhalten wir so genannte konstruktive Kritik im Hinblick auf unsere Körperhaltung und die Nebenprodukte des Körpers: „Steh gerade!" „Zieh den Bauch ein!" „Fass dich nicht an!" „Warst *du* das?".

Am Ende fühlen wir uns in einem Mischmasch aus Einstellungen gefangen, die von der Verunglimpfung des Körpers künden.

Die Lerngeschwindigkeit nimmt beobachtbar ab, wenn Kinder auf die Pubertät zugehen; manchmal wird das der Tatsache zugeschrieben, dass die Nervenbahnen weniger flexibel werden. Das kann aber keine vollständige Erklärung für ein verlangsamtes Lernen sein, da sich die Gehirnrinde gleichzeitig weiterentwickelt, was nahe legt, dass Kinder mit zunehmendem Alter eigentlich schneller lernen müssten. Kann es sein, dass die Lerngeschwindigkeit von zunehmender Gehemmtheit, mangelndem Selbstbewusstsein und Versagensängsten beeinträchtigt wird? Ich bin keine Gehirnforscherin, aber nachdem ich vierzig Jahre lang alle Altersgruppen unterrichtet habe, fasziniert mich dieses Phänomen der sich verlangsamenden Lerngeschwindigkeit sehr. Man sieht wohl kaum ein Kleinkind sich martern, weil es einen Fehler gemacht hat. Doch im Laufe der Grundschulzeit kann man beobachten, wie die Kinder vermehrt versuchen, sich nicht lächerlich zu machen. Es erfordert gewaltige geistige Anstrengungen, um ein Image aufzubauen und es intakt zu erhalten. Wie viel Energie kann da übrig bleiben, um zu lernen und um offen zu bleiben für das, was das Leben bietet?

Noch bevor unser erstes Lebensjahrzehnt um ist, verlagert sich unsere Aufmerksamkeit von der Erforschung des Lebens im Allgemeinen auf den Versuch, so annehmbar wie möglich zu erscheinen, zumindest in den Augen unserer Peergroup. Sehen wir uns einmal den Unterschied im Umgang mit Schmerzen an: Kleine Kinder schreien, wenn ihnen etwas weh tut, wohingegen ältere versuchen, bei geringem bis mittlerem Schmerz möglichst unbeeindruckt zu wirken. Die körperliche Bewusstheit lässt nach, wenn man den Körper nicht beachtet, und als Erwachsene können wir ein Lied davon singen, was geschieht, wenn wir einen Muskel oder eine Sehne ignorieren, die förmlich schreien: „Bitte aufhören! Sofort!".

Die Verleugnung des Körperbewusstseins ist nichts Neues. Vor vielen hundert Jahren fragte ein Mönch mittleren Alters Chao Chou, worum es im Zen ginge, und Letzterer sagte: „Wenn du müde bist, dann schlafe, und wenn du hungrig bist, dann iss." Der erzürnte Mönch erwiderte, dass jedes siebenjährige Kind dies wisse, worauf Chao Chou antwortete, dass er aber keine sechzigjährigen Mönche kenne, die dies täten. Wenn uns jemand als Erwachsene fragt, ob wir hungrig seien, sehen wir auf die Uhr! Stephen Levine, ein Meditationslehrer und Autor, berichtet von hungrigen Mägen, die in die Küche eilen, um Salat zu essen, und auf dem Weg dorthin von einer Schachtel Bonbons abgelenkt werden. Nach fünf Bonbons höhnt der gleiche Geist, der wegen der Süßigkeiten stehen geblieben ist: „Kannst du dich denn nicht beherrschen?" In diesem „Bürgerkrieg" zwischen den „Un-vereinigten Staaten" des Geistes gibt es keine Gewinner.

Am Ende wird die Fähigkeit unseres Körpers, zu spüren und zu fühlen, durch die Funktion, dem Ego als Hilfsapparat oder „Kleiderständer" zu dienen, überschattet. Wenn wir uns unserer Intelligenz brüsten, betrachten wir unseren Körper vielleicht als eine Denkfabrik, die wie ein Unternehmen im Silicon Valley gute Ideen produzieren soll.

Bei unserem Dienst am Altar der Körperverachtung wird unser Credo fast zu einem Werbespot, in dem es heißt: „Möge das neueste Produkt diesen inakzeptablen Körper in einen ordentlichen Zustand bringen." Wenn unser Ego findet, dass unser Körper ein inakzeptabler Wohnsitz sei, wo erwarten wir uns denn dann eine günstigere Umgebung?

Konditionierte Angewohnheiten des Körpers wieder „verlernen"

Der Körper ist ein Spürinstrument, das mit einer zentralen Empfangs- und Wahrnehmungsfähigkeit ausgestattet ist. Fangen wir also an, indem wir einmal rein physisch unsere übliche Körperhaltung wahrnehmen: Spiegelt diese eine verdrehte Haltung dem Leben gegenüber wider? Überall um uns herum sehen wir körperliche Dispositionen – oder vielmehr Indispositionen, bei all den Asymmetrien und Muskelverspannungen. Eine eingefallene Haltung scheint eine geringe Selbstachtung auszustrahlen: „Wahrscheinlich sehen die anderen, was für ein hoffnungsloser Fall ich bin. Deshalb versuche ich lieber, mich unsichtbar zu machen." Dann haben wir da noch die abwehrende „Du-hast-mir-gar-nichtszu-sagen"-Haltung; wandelnde Demonstrationen von Frustration; die zusammengekauerte Haltung des *Denkers* des französischen Bildhauers Auguste Rodin sowie aufgeblähte Fassaden der Macht, die vielleicht genau das Gegenteil vertuschen sollen.

Körperhaltungen sind nicht immer auf bestimmte geistige oder emotionale Zustände zurückzuführen, aber jeder Schauspieler weiß, in welchem Maße sie ein Ausdruck für die Psyche sein können. Versuchen Sie einmal, mit gesenkten Augen in sich zusammenzusacken und achten Sie auf das, was Ihnen sofort durch den Kopf schießt. Nehmen Sie dann eine unbeschwerte, aufrechte Haltung an und achten Sie wieder auf den Kommentar Ihres Geistes. Man spricht nicht umsonst von Posen. Ob wir nun angespannt, aufgeblasen oder unterwürfig wie ein Hund aussehen, der im Kampf um ein Territorium kapituliert hat, stets wirken wir angespannter oder erschlaffter, als es eigentlich nötig wäre.

Es ist sogar möglich, dass wir uns wie nackt fühlen, wenn wir unsere gewohnheitsmäßigen kinästhetischen Fehlhaltungen nicht einnehmen, wie ich in der Anfangsperiode meiner Sitzpraxis feststellte, als die Aufpasser vorbeikamen und meine Haltung korrigierten. Ich hatte keine Ahnung, dass mein Körper nach links geneigt war, nachdem er sich jahrelang an ein durch Kinderlähmung verkürztes Bein angepasst hatte. Warum, so fragte ich mich, brachten sie mich immer wieder in eine vermeintlich schiefe Haltung? Binnen Minuten, nachdem ich korrigiert worden war, zogen mich vertraute Ungleichgewichtsspannungen reflexartig wieder zur Seite, und ich dachte erleichtert: „Ahhh! Wieder gerade. So ist es besser." Oder Sie tanzen vielleicht selbstvergessen und plötzlich lässt ein Gedanke über Ihr Selbstbild Ihre wunderbare Entspannung in eine erschreckte Haltung von verlegener Scham umschlagen.

Wahrscheinlich sollte der Ausspruch „Warum entspannst du dich nicht einfach" als schlechtes Benehmen betrachtet werden. Wir würden es ja tun, wenn wir es könnten. Ein Körpertherapeut sagte einmal zu mir, dass er, solange es Zen-Schüler gäbe, ein gutes Auskommen haben würde! Fotos aus meinen ersten Meditationsjahren, als ich fleißig Abbildungen aus Zen-Büchern nachahmte (die sich überwiegend als Bilder von Statuen erwiesen), belegen das. Mit bis zu den Ohrläppchen hochgezogenen Schultern und zusammengepressten Händen sah ich aus, als ob ich versuchen würde, nicht auseinander zu fallen.

Ewig so weiterzumachen erfordert zu viel Kraft. Hier sind ein paar Tipps, die Ihnen vielleicht helfen werden, wenn Sie irgendwann bereit sind, den Kampf gegen Ihren Körper aufzugeben:

- Löschen Sie von Zeit zu Zeit besitzanzeigende Fürwörter, indem sie den Ausdruck „mein Körper" durch „dieser Körper" ersetzen – aber nicht laut. Vielleicht entdecken Sie überrascht, wieviel Anspannung mit den Vorstellungen von einem Besitzer und einem Macher einhergeht, die in dieser Sprache widergespiegelt werden.
- Geben Sie Ihren üblichen Haltungen Namen – sowohl den körperlichen als auch den geistigen, die erstere beeinflussen. Einer der meinen lautet „Miss Demeanor" *[Wortspiel; wörtl. übersetzt „Fehl-Haltung", aber auch „Fräulein Haltung"]*. Wenn wir vorhersehbaren negativen Gedanken über den Körper einen Namen geben, werden wir uns unserer körperlichen Verhaltensweisen erheblich bewusster. Wenn wir diese verzerrenden Gedanken nicht in ihrem Entstehen bemerken, werden sie sich in Schraubzwingen verwandeln und Sehnen, die bereits übermäßig angespannt sind, buchstäblich überdehnen. Zwei weitere Charaktere, auf deren regelmäßiges Auftreten ich mich verlassen kann, sind die „hochmütige Hortensia", die ihre wichtigtuerische Lehrmeisterei mit erhobenem Zeigefinger unterstreicht, und „Schwester Basilica", die sehr spirituell zu sein glaubt, nicht aufpasst, wo sie hinläuft und in Schlaglöcher tritt. Sie ist nicht daran interessiert, das Koan „Stolz kommt vor dem Fall" zu knacken. Mit einem solchen Sprachgebrauch ist keine Umprogrammierung beabsichtigt, sondern eine Hinlenkung der Aufmerksamkeit auf eine bereits vorhandene Programmierung.
- *Halten Sie* von Zeit zu Zeit ein paar Atemzüge lang *inne*, um Ihre Körperhaltung zu erspüren.

- Nehmen Sie eine ausgewogene, geschmeidige Haltung ein – ob Sie nun stehen, sitzen oder liegen. Spüren Sie dann, wie schnell sich die vertrauten Haltungseigenarten wieder durchsetzen. Können Sie die Stimme des Paten hören? „Gerade dachte ich, jetzt wäre ich frei, und schon ziehen sie [die Marotten] mich wieder zurück."

Wenn wir vertrauter werden mit unseren körperlichen Empfindungen, stellen wir fest, dass sich die langjährigen Abwehrhaltungen, die unseren Körper in seiner alten Haltung festgehalten haben, als weniger statisch erweisen als gedacht. Wahrscheinlich gibt es aus erster Hand keinen besseren Beweis für die Vergänglichkeit als unsere eigenen körperlichen Empfindungen. Während sie sich von Moment zu Moment verändern, können wir spüren, wie sich ihre körperliche Hülle mit in den Strom von Sinneseindrücken des jeweiligen Moments hinein begibt.

Körperliche Bewusstheit macht uns auf einige wichtige Tatsachen aufmerksam: Körper fühlen; sie bewegen sich; sie verdauen, atmen, vibrieren und singen. Und wie bei jedem Instrument fördert ein angemessener Gebrauch ihr optimales Funktionieren. Wie bei einer Stradivari-Geige, die auf einem Dachboden gefunden wird, so müssen auch die natürlichen Fähigkeiten des Körpers regelmäßig gestimmt werden, damit sie brillieren können. Und das beste Cembalo verfällt, wenn ihm nicht liebevolle Hände sein Lied entlocken.

Es kann eine Weile dauern, ehe alte Vorstellungen, dass unser Körper allein unsere Identität ausmache, abgebaut und durch das Wissen aus erster Hand ersetzt sind, dass der Körper als Repräsentant und als Wahrnehmender der fünf Dimensionen des Herzgeistes und der universalen Wirklichkeit fungiert. Er ist das optimale Instrument, um zu diesen zu erwachen. Wenn das großmundig klingt, ist es dann nicht noch großmundiger zu behaupten, dass unser persönliches Selbst diese erstaunlichen Fähigkeiten besäße?

Wenn unser Körper im Laufe der Zeit Schrammen bekommt und nicht mehr so funktioniert, wie er es sollte, werden wir glücklich sein, wenn wir durch eigene Erfahrung bestätigt finden, dass unsere wahre Identität weit mehr umfasst, als wir zugeben wollten, und engstens mit anderen Menschen, der Erde und der Luft verbunden ist – dass sie ein nicht aufspaltbares Ganzes ist, ein gestaltloses weites Feld.

Die Atmung – Kopf, Herz und Hara

Die Atmung ist diejenige Körperfunktion, die mit vielen spirituellen Traditionen am stärksten in Verbindung gebracht wird. Sehen Sie sich nur an, wie reich der spirituelle Wortschatz an Ausdrücken ist, die mit dem Atem zusammenhängen: *Inspiration*, *Aspiration*, *Pneuma* und *Spiritualität* selbst. Dennoch wären die meisten von uns tot, wenn unser Leben davon abhinge, dass wir uns unserer Atmung bewusst sind. Die Unachtsamkeit, mit der wir auch dem Atmen begegnen, ist ein Mikrokosmos des allgemeinen Mangels an Aufmerksamkeit, den wir in einem großen Teil unseres Lebens walten lassen. Für unser Überleben ist es ein Glück, dass die Atmung ein Teil des autonomen Nervensystems ist und immer weiterfließt wie der Ol' Man River, auch wenn wir mit Dingen beschäftigt sind, die gar nicht passieren.

Atemmethoden gehören zu den bekanntesten physiologisch erdenden Übungen. Dazu gehören u. a. das Zählen der Atemzüge oder das Anhalten des Atems, das Atmen auf Töne und die Konzentration auf den Atem in bestimmten Bereichen des Körpers. Atemtechniken konzentrieren sich manchmal auf den Kopf, auf das Herz oder auf das *Hara*, ein japanischer Begriff für den Unterbauch, der in das Vokabular der Spiritualität und der Kampfkünste eingegangen ist. Sich des Atems im Kopf und in den Nasenlöchern bewusst zu sein ist nützlich, wenn man generell körperliche Bewusstheit und Konzentration entwickeln möchte und um wacher zu werden, wenn Schläfrigkeit einsetzt. Die auf die Brust- oder Herzgegend konzentrierte Atmung wird manchmal mit ganz bestimmten Samen des Erwachens in Verbindung gebracht und kommt in den Meditationen des weiten Herzens und der liebenden Güte vor. Die Bauch- oder *Hara-A*tmung ist besonders beliebt, wenn man Kraft, Stabilität und Energie entwickeln möchte, was sie zu der bevorzugten Atmung bei vielen körperlichen Übungen und Aufgaben macht, und sie ist nützlich für die Arbeit mit Wut.

Gewöhnlich versucht man besser nicht, etwas zu verändern wie etwa die Atmung – ehe man es nicht so erlebt hat, wie es *gerade ist*. Ich empfehle hier eine unveränderte, einfache Atmung als grundlegenden Zugang zur allgemeinen Meditation.

Wenn wir uns auf den schlichten Vorgang des Atmens konzentrieren, hat das Ego manchmal das Gefühl, es hätte nichts mehr zu tun. Deshalb sind wir versucht, uns den Atem vorzunehmen und ihn länger, tiefer, langsamer, gleichmäßiger werden zu lassen – den Atem zu gängeln, als wäre er ein Hund an der Leine. Versuche, die Atmung zu manipulieren, führen gewöhnlich nur dazu, dass sie durcheinander gerät, wie ich in meiner Kindheit bei meinem Asthma lernen musste. Auch Lampenfieber wirkt sich stark auf die Atmung aus, eine Tatsache, die öffentlichen Rednern, Sängern und Spielern von Blasinstrumenten wohlbekannt ist. Wenn ein Musiker unregelmäßig atmet, wird es ihm schwer fallen, eine Melodie lebendig fließen zu lassen, und die Darbietung wird im wahrsten Sinne des Wortes uninspirierend sein – was die Verbindung zwischen Atmung und Gemütszustand bezeugt.

Wenn Menschen starke Emotionen empfinden, hyperventilieren sie manchmal, halten den Atem an, keuchen oder atmen kaum mehr. Dies sind Beispiele dafür, dass ein angstüllter Geist nicht unterscheiden kann zwischen tatsächlichen Lebensbedrohungen und nur *eingebildeten* Bedrohungen des eigenen Selbstbildes. Infolgedessen können unsere emotionalen Reaktionen für unser Wohlergehen genauso gefährlich sein wie die Situationen, die die Reaktionen hervorrufen. Das Ego kann auch ohne eine Waffe töten.

Warum laden wir den kleinmütigen Geist und den Herzgeist nicht ein, sprichwörtlich miteinander zu konspirieren – d. h. gemeinsam zu atmen – und den Atem im Detail kennen zu lernen?

Die Atmung so zu erleben, wie sie ist, das bietet uns einen Vorgeschmack auf das Nicht-Tun und das Sein-Lassen, welche sich durch die Lehren des Zen hindurchziehen. Der Atem ist ein freundlicher Begleiter, der die Aufmerksamkeit, wenn sie abgewandert ist, immer wieder zur Rückkehr einlädt. Dazu ist keine Anstrengung nötig, nur Bewusstheit. Die Atmung erfordert nicht, dass man einen Mechanismus aufzieht oder einen Stecker einsteckt. Sie ist ein Geschenk. Sie *ist* in der Tat *das Präsent und das Präsens, das Geschenk* und *die Gegenwart.* Wenn sich unsere Aufmerksamkeit auch nur ein paar Momente lang auf den Atemstrom richtet, finden wir einen lebendigen Beweis für die Einheit des Lebens, für ein Wunder, das sich von unserer ersten Einatmung oder Inspiration bis zu unserer letzten Ausatmung hinzieht. Nehmen Sie sich jetzt einen Augenblick Zeit, um das Strömen des Atems zu fühlen, zu empfinden, und schauen Sie, ob sich irgendwelche Grenzen finden.

6 *Ruhiges Sitzen in Stille*

Eine Meditation auf die fünf Dimensionen des Herzgeistes

Ein schneller Weg zur Klarheit? Versuchen Sie es mit den Begriffen: sitzen, zur Ruhe kommen, schweigen, alleine sein, konzentriert sein.

M. T. HEAD

Unbewegte Sitzmeditation in Stille stellt eine gemeinsame Linie in vielen spirituellen Traditionen dar und nimmt im Zen, der das Sitzen immer als entscheidend für das Erwachen zum Herzgeist betrachtet hat, eine zentrale Stellung ein. Tatsächlich lautet der japanische Begriff für die Sitzmeditation *Zazen* – „sitzender Zen". Eines der zahllosen Paradoxe, die die Landschaft des Zen durchziehen, besteht darin, dass das Stillsitzen und das Nichts-Tun als Schlüsselkomponenten beim Erwachen zu unserer wahren Natur betrachtet werden.

Machen Sie sich aber keine Sorgen, wenn Ihnen das hier beschriebene Sitzen aus gesundheitlichen Gründen schwer fällt oder unmöglich ist. Der Begriff *Sitzen* bezieht sich hier auf weit mehr als nur auf eine Körperhaltung. Körperliches Gleichgewicht und Stabilität sind zwar wertvoll, aber die eingenommene Haltung ist bei weitem nicht so wichtig wie das Gefühl von Präsenz, das uns erfüllt. In Büchern, Videos und in Meditationskursen können wir Haltungen gezeigt bekommen, die für die unbewegte, schweigende Meditation günstig sind und bei denen man ein Kissen, einen Stuhl oder eine Bank als Unterstützung verwendet. Am stillen, schweigenden und aufrechten Dasitzen an sich ist noch nichts Edles, auch wenn diese Attribute oft als Ausdruck unserer inneren Würde und Ganzheit dargestellt werden.

Paradoxerweise kann ein bewusstes, offenes Sitzen in stillem Alleinsein das ganze angestaute Leid, welches die Menschen regelmäßig zum Meditieren bringt, besonders hervortreten lassen. Die gelegentlichen Schmerzen in den Beinen, die wir vielleicht während der Meditation bekommen, sind unbedeutend im Vergleich zu dem Unbehagen, das unser Geist oftmals hervorbringt und das wir fast nicht bemerken – d. h. bis wir schweigend dasitzen.

Es wird offensichtlich, auf welche Weise wir uns – körperlich, geistig und emotional – hin- und herwinden, was aber, vielleicht zu unserer Überraschung, ein wichtiger Teil des kurvenreichen Weges zu Gleichmut und Gelassenheit ist.

Die Länge der Sitzzeiten ist unterschiedlich, aber dreißig Minuten sind das Übliche. Es ist besser, das zu versuchen, was einem möglich und was praktikabel ist, als möglicherweise entmutigende Ideale anzustreben. Die folgende Feinabstimmung des Sitzens ist eine Variante des Zen-*Shikan-Taza*. Sie enthält spezifische Kontrollpunkte, anhand derer sich überprüfen lässt, ob man zuverlässig eine umfassende Achtsamkeit aufrecht erhalten kann.

Die Feinabstimmung des Sitzens: eine Meditationsanleitung

Die in der folgenden Beschreibung schräg gedruckten Begriffe dienen als körperbezogene Erinnerungshilfen an das, was man während der Sitzperioden *wahrnehmen* und *fühlen* kann. Ich werde sie für den Moment durchnummerieren, um dem Lernprozess eine gewisse Reihenfolge zu verleihen. Die meisten Punkte beziehen sich auf die körperlichen Aspekte des Sitzens. In einigen werden Themen erwähnt, die wir noch besprechen werden, wie etwa die Konzentration, das Zählen der Atemzüge und der Umgang mit Gedanken. Diese dienen dazu, die Linse der Bewusstheit fokussiert zu halten.

1. Das Sich-Hinsetzen

Spüren Sie beim Hinsetzen, wie sich Ihr Gewicht von den Füßen auf den Sitzplatz *verlagert*. Verteilen Sie Ihr Gewicht in aufrechter Haltung gleichmäßig auf eine dreieckige Basis, die von der Basis Ihres Rückgrats und den beiden Knien oder Füßen gebildet wird.

2. Gleichgewicht und Ausrichtung

Geben Sie Ihr Gewicht an den Boden ab. Lassen Sie Ihren Kopf und Ihren Rumpf in Richtung Himmel steigen, so als befände sich ein mit Helium gefüllter Luftballon in Ihrem Kopf. Wenn Sie Ihr Gewicht zur Erde *sinken* und den oberen Teil Ihres Körpers zum Himmel *schweben* lassen, sind Sie besser in Harmonie mit der Schwerkraft. Der Körper kann sich strecken und weich in eine gute, aufnahmefähige Haltung kommen.

3. Kaum merkliches Schwanken des Körpers

Spüren Sie gelegentlich, wie sich der Körpers unmerklich *hin- und her-, vor und zurück bewegt,* ähnlich wie bei Tang unter Wasser, der im Meeresboden verwurzelt ist und dessen Zweige sich locker mit der Strömung hin- und herbewegen. Wenn man sich dieser minimalen Hin-und-her-Bewegung bewusst ist, wirkt das Starrheit und schon lange vorhandenen Verspannungen entgegen. Selbst Wolkenkratzer schwanken unmerklich.

4. Kopf und Augen
Halten Sie Ihre Augen in einem Winkel von etwa 45 Grad leicht gesenkt, mit einem ungezwungenen, nicht fokussierenden Blick, so als *sähen Sie durch die Welt hindurch*, anstatt etwas Bestimmtes anzuschauen. Achten Sie darauf, dass Ihr Kopf in Verlängerung der Wirbelsäule aufrecht bleibt. Das Kinn ist weder eingezogen noch vorgestreckt; beides fördert nämlich die Neigung, einzunicken oder ins Grübeln zu verfallen.

5. Die Hände
Die Hände liegen ineinander gelegt im Schoß oder sie ruhen auf den Beinen.

6. Die Atmung
Atmen Sie natürlich und leise durch die Nase, fühlen Sie, wie sich Ihr Rumpf *mit Luft füllt* und die *Luft wieder entlässt*, wie ein Airbag oder ein Akkordeon. Denken Sie an Sätze wie *Luft im Körper*, d.h. das Atmen, und an *Körper in der Luft*, d.h. die Haltung, um Ihr Bewusstsein von Ihrer Atmung, Ihrer Körperhaltung und der Allgegenwart der Luft zu verstärken. Spüren Sie ab und zu den Strom Ihres Atems, wie er durch Sie hindurchfließt und wie er sich mit der Luft im Raum vermischt, und machen Sie sich so die Verbundenheit von Körper und Umgebung bewusst.

7. Konzentration
Zu Beginn einer Meditationssitzung können Sie Ihre Atemzüge zählen, um Ihre Aufmerksamkeit zu sammeln. Dabei zählen Sie beim Ausatmen von eins bis zehn, um bewusst und aufmerksam zu bleiben.

8. Benennen der Gedanken
Wenn irgendwelche Ihrer häufig auftauchenden Gedanken Ihre Aufmerksamkeit auf sich lenken wollen, nehmen Sie sie wahr und wiederholen Sie sie im Stillen wortgetreu wie ein Echo, so als säße ein Papagei auf Ihrer Schulter, und schicken Sie dem Gedanken das Etikett *Denken* voraus.

9. Ihre stärkste körperliche Empfindung
Spüren Sie während einiger Atemzüge Ihre intensivsten körperlichen Empfindungen, ohne zu versuchen, sie zu verändern.

10. Umgebungsgeräusche
Beziehen Sie, wenn Ihr Bewusstsein offener wird, auch Geräusche aus der Umgebung mit ein, und spüren Sie den Sie umgebenden Luftraum.

11. Hin- und herwandern
Lassen Sie Ihre Aufmerksamkeit zwischen den körperlichen Empfindungen und Ihren Sinneswahrnehmungen hin- und hergehen.

12. Sein-Lassen
An diesem Punkt ist all das oben Genannte ins Bewusstsein einbezogen, ohne dass Sie sich auf etwas Bestimmtes konzentrieren. Dieses umfassende, offene Gewahrsein ist die Pforte zu den fünf Dimensionen des Herzgeistes, ein erster Schritt in das langsam aufgehende Bewusstsein, dass wir, während wir uns in den Moment hinein entfalten, gleichzeitig von ihm umfasst werden. Dies ist das Sein-Lassen, welches dem Zen so am Herzen liegt.

13. Der Körperlichkeit den Vorrang geben
Da körperliches Bewusstsein konkreter ist als unsere kopflastigen Gedanken, ist es der bevorzugte Fokus beim Sitzen.

14. Wenn alles andere nicht hilft, folgen Sie den Anweisungen!
Man kann von dem alten Geist nicht erwarten, dass er großes Interesse an der Einfachheit des Seins hat. Wenn ein Gewitter an Gedanken auftritt, kann ein kurzes Zurückkehren zum Gedanken-Etikettieren etwas Klarheit bringen.
Der einzige Ort, an den wir gelangen wollen, ist genau hier. Es ist verlockend, die Teile zu überspringen, die langweilig oder schwierig klingen, aber sie erweisen sich als schmackhaft, wenn wir nicht aufhören, daran herumzuknabbern.

15. Kontrollpunkte für Ihre Verantwortlichkeit
Werfen Sie, wenn Ihre Aufmerksamkeit abschweift, zur Orientierung einen Blick auf die schräg gedruckten Begriffe und die nummerierten Überschriften. Es sind wesentliche Elemente, die in die Aufmerksamkeit integriert werden müssen und Sie an Ihre Verantwortlichkeit erinnern, wenn Vergesslichkeit einsetzt.

16. Sich an das Wichtige erinnern
Man kann sich leicht in den mechanischen Details von Sitztech-

niken verlieren und den wichtigsten Punkt vergessen: die Samen des Erwachens und die fünf Dimensionen des Herzgeistes zum Leben zu erwecken.

17. Wissen, worum es geht

Fragen Sie sich, nachdem Sie das Sitzen eine Weile probiert haben, ob Sie jemand anderem diesen Prozess beschreiben könnten. Das ist eine der besten Möglichkeiten herauszufinden, ob wir wissen, was wir tun, oder nicht. Manchmal erhöht es unsere objektive Bewusstheit sowohl des Prozesses als auch dessen, was wir aufgrund persönlicher Ziele hinzutun, wenn wir schematisch beschreiben, was abläuft. Sie könnten auch darüber nachdenken, was Sie antworten würden, wenn jemand Sie fragen würde, warum Sie meditieren.

18. Beratung bei der Praxis

Es kann nützlich sein, sich mit einem Berater auf dem Gebiet der Zen-Praxis oder einem Lehrer zu besprechen, wenn ein solcher zur Verfügung steht.

7 *Achtsamkeit beim Tun*

Geheimnisvolle Kraft und erstaunliche Aktivität:
Wasser tragen und Feuerholz hacken.

DER LAIE PANG

Achtsamkeit (engl.: *mindfulness*) könnte man auch als Achtsamkeit der Sinne (engl.: *sensefull-ness*) bezeichnen, da sie den Körper, die Sinne, die Umgebung miteinschließt – es ist in der Tat die Allumfassendheit eines offenen Gewahrseins. Auf unseren Reisen nach Australien haben Ezra und ich uns über Schilder auf Fähren und in Zügen gefreut, auf denen stand: „Achten Sie auf Ihren Kopf" (oder „auf Ihre Schritte"), und „Entsorgen Sie Abfall wohl überlegt". Das ist Achtsamkeit.

Wir fragen uns vielleicht, warum Achtsamkeit überhaupt entwickelt werden muss. Denn kommt im Leben nicht schon immer eine Tätigkeit nach der anderen? Der Grund ist der, dass wir auch die Fähigkeit entwickelt haben, uns der Aufgaben, die wir gerade ausführen, kaum bewusst zu sein, oder uns zumindest von ihnen ablenken zu lassen.

Einer der Hauptfaktoren, die zu einem Verlust an Achtsamkeit oder einem Mangel an Aufmerksamkeit führen, ist die große Litanei unserer Erwartungen. Allan Kaprow, ein großer Befürworter des Durchkreuzens von Erwartungen und ein langjähriges Mitglied des Zen-Zentrums von San Diego, hat in den fünfziger Jahren zusammen mit John Cage das sog. „Happening" erfunden. Ein Happening besteht aus all dem, was in einem vorgegebenen Rahmen geschieht, und Allan hatte sich großzügig erboten, in der Anfangszeit des Zen-Zentrums auf dem Black Mountain (nahe San Diego) ein solches Happening zu betreuen. Als die Leute ankamen, wurde ihnen ein Besen oder eine Harke gereicht und sie begannen voller Begeisterung, den Boden zu reinigen, in der Erwartung, dass die Vorstellung dann gleich losgehen würde. Die Begeisterung ließ aber schnell nach und wich in einigen Fällen offener Irritation: *Wo blieb das Happening?* Allan verkündete genüsslich: „Das *ist* das Happening!" Nicht alle waren erfreut. „Das Leben als Kunst" mag vielleicht gut klingen – bis unser Repertoire an Bedingungen hinsichtlich dessen, was Kunst – oder das Leben – ausmachen soll, entlarvt wird.

Erwartungen sind nicht das einzige, was der Achtsamkeit im Wege steht. Wie ist es mit Tagträumen und Langeweile? Da die Achtlosigkeit durch diese Ablenkungen vergrößert wird, sind unsere ersten Versuche, achtsam zu sein, vielleicht so unbeholfen, als lernten wir Fahrrad zu fahren: Weil wir uns auf einen kleinen Teil der Handlung konzentrieren, verlieren wir den Rest aus den Augen und fallen auf die Nase. Als ich während eines Meditationsretreats zum ersten Mal achtsames Gehen praktizierte, konnte ich mir nicht mehr vorstellen, wie ich je zu gehen gelernt hatte. Mit der Zeit entdecken wir, dass unsere Augen, unsere Füße und unsere Gedanken in Wirklichkeit den gleichen Ort bewohnen. Aber bis dahin werden wir verstehen, warum M. T. Head sagt: „Unachtsamkeit führt dazu, dass man keinen Boden unter den Füßen hat."

Nehmen wir einmal achtsames Autofahren als Beispiel. Wenn man bedenkt, wie wir alle fahren, ist es ein Wunder, dass wir noch am Leben sind. Ich fuhr einmal Rosa Parks nach Kanada, damit sie sich am Endpunkt des „Underground Railroad" mit einer Busladung Jugendlicher treffen konnte, und überfuhr ein Stopp-Schild, ehe ich verstand, nach welcher Logik die Schilder in diesem Land aufgestellt waren. Rosa erteilte mir sofort eine energische Lektion über die Achtsamkeit: „Elizabeth, lehrst du nicht Achtsamkeit? Achtsamkeit ist beim Fahren sehr wichtig; sie kann dir das Leben retten!" Ihr Kommentar hat meine Aufmerksamkeit beim Fahren seither radikal gesteigert.

Wenn wir mehr Übung haben, das Leben zu zerspalten anstatt das Brennholz aus dem berühmten Zen-Koan, so kann es eine Weile dauern, ehe wir die wunderbare Aktivität entdecken, die in den Dingen steckt, welche wir als langweilig betrachtet haben. Wenn jahrelange Unzufriedenheit uns in wahre „Unzufriedenheitsfabriken" verwandelt hat, wird eine Portion gezielter Achtsamkeit notwendig sein, um die Frische und die Neugierde wiederzuerwecken, die nahezu alles interessant machen können. Als ich Allan Kaprow kurz vor seinem Tod im März 2006 besuchte, sagte er mit leuchtenden Augen: „Wenn du wirklich aufmerksam auf etwas achtest, zeigt es sich, dass alles interessant ist." Wenn Ihnen nicht klar ist, was Achtsamkeit in einer bestimmten Situation bedeutet, dann fragen Sie sich: „Was ist in diesem Moment meine Hauptbewegung oder -Tätigkeit?" Das ist es, wo die Aufmerksamkeit hingehört. Achtsamkeit hilft uns zu erkennen, dass die gegenwärtige Tätigkeit, ob sie uns nun gefällt oder nicht, genau der Moment ist, nach dem wir gesucht haben.

Bewegungsmeditation und –systeme: Die Fürsorge für unser Tier und seine Fütterung

Meditation in Bewegung ist wie die meisten Meditationsarten in erster Linie ein Weg der Befreiung. Sie gehört schon seit Jahrtausenden zum spirituellen Lehrplan und reicht von einer Reihe langsamer Formen wie Chigong (oder dem Aufbau von Energie) und Yoga bis hin zum blitzschnellen Kung-fu. Das sich gegenseitig durchdringende Wesen von Ruhe und Bewegung, von Körper und

Universum, wird in einigen Zen-Koans angesprochen. Es kann durch die Meditation in Bewegung körperlich erfahren werden.

Geschichten aus dem Zen und Quellen aus dem Taoismus und den Kampfkünsten stimmen darin überein, dass Bodhidharma, der Begründer des Zen, als er im 6. Jh. das Shaolin-Kloster in China erreichte, die Mönche körperlich und geistig energielos vorfand. Ihr gewöhnlicher Tagesablauf bestand offensichtlich nur aus stiller, passiver Meditation und dem Studium von Traktaten. Die Legende will es, dass Bodhidharma eine Höhle aufsuchte, wo er neun Jahre lang meditierte und über Möglichkeiten nachdachte, wie er das innere Feuer der Mönche entzünden könne. Zumindest ein Teil dieser Legende muss hinzuerfunden sein, nämlich der Teil, dass ihm von all der Meditation die Beine abfielen. Dieser Teil der Geschichte kann nicht stimmen, wenn Bodhidharma nicht nur das Chigong ins klösterliche Leben eingeführt, sondern auch das Kung-fu erfunden haben soll, durch die die Bewusstheit extrem beschleunigt wird.

Bodhidharma verdient wegen seiner Gewichtung der körperlich aktiven Meditation den Spitznamen Body-dharma (*Körper-Dharma*). In einem Koan erzählte er seinen Schülern, dass einer bis zu seiner Haut, einer bis zu seinem Fleisch, ein weiterer bis zu seinen Knochen, aber nur ein einziger bis zu seinem Mark vorgedrungen sei. Selbst wenn diese Geschichte nur metaphorisch gemeint ist, erinnert sie uns daran, wie wichtig es ist, bis zu den Knochen, zum Mark des Lebens, vorzudringen, so sehr hat Bodhidharma die kinästhetischen Meditationsformen betont.

Lassen Sie uns jetzt die Zeit bis zum achtzehnten Jahrhundert vorspulen. Damals entwickelte Hakuin, zu jener Zeit Japans berühmtester Zen-Meister, ebenfalls eine Reihe von Bewegungsmeditationen. Ein Teil davon ist in der Reihe „Achtsame Bewegungen" des SDZC enthalten (neben einigen Übungen aus Bodhidharmas Chigong-Reihe mit dem Namen „Hand des Erwachens" und einigen traditionellen chinesischen Chigong-Meridian-Übungen). Einige der Bewegungen habe ich von den buddhistischen Nipponzan Myohoji Mönchen gelernt, die zu Fuß die Vereinigten Staaten durchquerten, um eine Friedenspagode erbauen zu können. Ich ging zwar nicht besonders weit mit ihnen, aber von Zeit zu Zeit hielten wir alle inne und machten etwas Chigong, um wieder Energie aufzutanken.

Meditation in Bewegung kann uns helfen, das Chi zu *fühlen*, wenn seine belebende Kraft frei durch den Körper strömt. Vielleicht spüren wir es nicht so leicht, nicht einmal bei einer Bewegungsmeditation, wenn verspannte Muskeln unsere Zellen umklammern und wir uns so belastet fühlen, als hätten wir Sisyphos' berühmten Felsbrocken aus der griechischen Mythologie auf unserer Schulter.

Meine aktive Beschäftigung mit achtsamer Bewegung als Teil des Zen-Trainings begann auf einem Sesshin mit Soen Roshi. Jeden Morgen um drei machten wir im Freien nach etwas *Dharma-Tanz* oder freier Bewegung im Gras spezielle Bewegungen, die von den Worten begleitet wurden: „Alles ist offenbar, so wie es ist – jetzzzzt." Ich war verwirrt: Wenn bereits alles offenbar ist, warum in aller Welt meditieren wir dann zwölf Stunden am Tag, schlafen vier und stehen Stunden vor der Morgendämmerung auf, um Bewegungen zu machen mitten auf einer Straße, auf der eine Banden-Grenze verläuft? (Ein Teilnehmer wurde verhaftet, nachdem er zu einem Polizisten gesagt hatte, er solle ihn nicht anfassen, denn er meditiere gerade.)

Anfangs erkannte ich nicht, dass es zum großen Teil meine angespannte Verfassung war, die alles so anstrengend wirken ließ. Schließlich schien sich Soen Roshi überhaupt nicht abquälen zu müssen. Wenn der Geist in Bewegung die Bewusstheit vom Chi nicht überdeckt, spüren wir die schnurrende, fließende Wellen- und Teilchen-Natur des Körpers.

Das bringt uns zum Thema „Bewegungssysteme" und zu anderen Formen der Meditation, die wegen ihres potentiellen Nutzens für die Gesundheit angepriesen werden. Auch wenn viele Formen von Chigong und Yoga vielleicht solch eine Wirkung haben, müssen wir uns an unseren tiefsten Wunsch erinnern: den Zusammenhang zwischen Gesundheit und Krankheit verstehen zu lernen und die Fähigkeit zu erwecken, bei allem, was uns das Leben bietet, harmonisch zu bleiben. Weder „das Chi zu erfahren" noch „im Fluss zu sein" ist das Gleiche wie wach zu sein. Selbst wenn eine verführerische Glückseligkeit aufkommt, kann diese doch nicht die körperlichen, geistigen und emotionalen Konditionierungen ausschalten, die mit Sicherheit zurückkehren, wenn unsere Endorphine wieder nachlassen. Es ist schön, so gesund wie möglich zu sein, aber wir verstärken dualistische, aufspaltende Vorstellungen, wenn wir uns zwanghaft damit beschäftigen, jeglicher Widrigkeit zu entkommen, und hoffen, dass wir bei allerbester Gesundheit sterben werden.

Das Wichtigste ist immer, dass man achtsam und konzentriert bei dem bleibt, was man gerade macht. Jet Li, eine weltbekannte Koryphäe in achtsamer Bewegung, schrieb vor kurzem auf seiner Website: „Der einzige Weg, wirklich Befreiung zu finden, besteht darin, dass man lernt, an andere zu denken und Liebe und Mitgefühl zu schenken."[15]

Der Weltkörper: eine Gehmeditation

> Wie selten werden wir uns doch der Erde bewusst und wie viel weniger noch sind wir für ihre Existenz dankbar. Wir laufen überall auf ihr herum und erkennen nur selten, dass sie unser eigener Körper, unser Leben selbst ist.
>
> Der Begriff *Weltkörper* bezieht sich auf die in dem Zitat von Chögyam Trungpa Rinpoche widergespiegelte Sichtweise: „Die ganze Welt ist euer Körper. Ihr neigt dazu, euren Körper als euren Privatbesitz zu betrachten. Und aufgrund dessen vergesst ihr den Rest der Welt und den dazu gehörigen größeren Erfahrungsradius. Wenn jemand in eine gute Beziehung zur Welt treten kann, kann er auch eine gute Beziehung zu seinem Körper führen."[16]

---

15 www.jetli.com.
16 Chögyam Trungpa, *Shambhala: The Sacred Path of the Warrior* (New York: Bantam Books, 1984)

Wenn man einige Erfahrung mit schweigender, unbewegter Sitzmeditation hat, kann man die Achtsamkeit auf das Gehen ausdehnen, vorzugsweise erst einmal in den Gehzeiten zwischen den Sitzmeditationen. Eigentlich kann man überall gehen, aber die hier empfohlene Langsamkeit könnte auf der Fifth Avenue oder wenn Ihr Chef Sie gerade angewiesen hat, schnell eine Aufgabe zu erledigen, unerwünschte Aufmerksamkeit auf sich ziehen.

Stehen Sie ein paar Atemzüge lang still, ehe Sie beginnen. Fühlen Sie, wie Ihr Körper weich und weit wird, so als würde er vom Atem durchmassiert. Spüren Sie die doppelte Wirkung der Schwerkraft, die den Körper in Richtung Erde zieht, während der obere Teil gleichzeitig in Richtung Himmel strebt. Die Prinzipien für die Feinabstimmung der Sitzmeditation können auch auf das Stehen und das Gehen angewendet werden.

Heben Sie dann beim Einatmen einen Fuß, strecken Sie ihn etwa eine halbe Fußlänge weit nach vorne und beginnen Sie auszuatmen, während er sich auf den Boden zubewegt, dort aufsetzt und zur Ruhe kommt wie ein Baum, den man in die Erde pflanzt. Lassen Sie Ihr Körpergewicht auf dem Fuß am Boden ruhen. Achten Sie darauf, dass Kopf und Körper aufrecht bleiben und nicht nach vorne fallen, wenn sich Ihr Gewicht an die Erde abgibt. Wenn der nächste Atemzug beginnt, heben Sie den anderen Fuß, bewegen ihn vorwärts und beginnen wie zuvor mit der Ausatmung, wenn sich der Fuß auf den Boden zubewegt; schließen Sie die Ausatmung ab, wenn dieser Fuß in seiner vollen Länge aufgesetzt ist. Es hilft Ihnen vielleicht, wenn Sie zu Beginn begleitend zu den Bewegungen der Füße Wörter benutzen wie „*Heben*", „*Bewegen*" und „*Aufsetzen*". Lassen Sie das Gewicht des Rumpfes und der Glieder immer mehr los und erklären Sie einen Waffenstillstand im ständigen Krieg des Körpers gegen die Schwerkraft.

Halten Sie bei der Praxis der Weltkörper-Meditation ab und zu inne. Bleiben Sie stehen, um das Zusammenspiel von Schwerkraft, Körper und Umgebung zu spüren. Kurze Pausen bieten Ihnen eine Kostprobe davon, wie es ist, wenn sich der Körper in die Fülle des Weltkörpers öffnet. Wenn Ezra und ich Retreats in der Natur anbieten, wo man im Freien umhergehen kann, werden die Geh-Zeiten manchmal von stillen Worten oder einem Vers begleitet, einer Tradition, die wir beide in Retreats mit Thich Nhat Hanh schätzen gelernt haben, lange bevor wir einander kennen lernten.

Hier ist ein Vers, den wir vor kurzem bei einem Retreat im australischen Regenwald benutzt haben: „Während ich gehe, schweift der Geist ab; mit jedem Geräusch kehrt der Geist zurück. Ich atme und mein Herz ist offen; mit jedem Schritt berühre ich die Erde." Als wir langsam durch den Busch wanderten und die nicht dressierten Papageien in den Bäumen die Hintergrundmusik lieferten, begegneten wir einer ziemlich großen Pythonschlange, die sich auf einem Baumstumpf sonnte. Weder den Menschen noch der Schlange war irgendeine Aufregung anzusehen, als wir uns vorbeischlängelten, getragen von dem Vers und dem Wunder der Umgebung – mit Zecken, Blutegeln und allem Drum und Dran.

Warum nicht mit Ihren eigenen Worten experimentieren und in die Verwandtschaft mit der Erde hineinschlendern? Irgendwann finden wir vielleicht die kinästhetische Bestätigung der Worte des Zen-Vorfahren Shih-t´ou Hsi-ch´ien aus „Identität des Relativen und des Absoluten", einem idealen Begleitvers zum Gehen: „Wenn du den WEG nicht siehst, siehst du ihn selbst dann nicht, wenn du auf ihm gehst."

Teil III

Die Dimension des offenen Gewahrseins des Herzgeistes

8 *Seins-Bewusstsein*

Wenn wir irgendetwas einzeln herauszunehmen versuchen, stellen wir fest, dass es mit allem anderen im Universum verbunden ist. Die Sonne scheint nicht auf uns, sondern in uns. Die Flüsse fließen nicht an uns vorbei, sondern durch uns.

JOHN MUIR

Nach dem Korea-Krieg fotografierte mein Vater auf der ganzen Welt und schickte von seinen Reisen viele Filmrollen nach Hause. Sie waren alle leer, da sich aufgrund eines mechanischen Problems seiner neuen Kamera der Objektivdeckel jedes Mal schloss, wenn er ein Foto machte. Die menschliche Entsprechung dieser Fehlfunktion des Objektivdeckels ist das selbstbezogene Denken; das Planen und Phantasieren, die das Bewusstsein verschließen, wenn unsere egoistischen Gedanken die Aussicht blockieren, die uns das Leben in diesem Moment bietet. Gäbe es dieses Phänomen nicht, bräuchten wir vielleicht keine Meditationstechniken, die uns helfen sollen, den Objektivdeckel des Geistes zu öffnen.

Die Übungen aus der körperlichen Dimension helfen uns, den „Erfahrenden" in uns zu aktivieren, eine verkörperte Wahrnehmungsform von Sinnesempfindungen, die sich mit der Dimension des offenen Gewahrseins überlappt. Jetzt können wir den Beobachtenden kennen lernen, der die Fähigkeit hat, einen weiten, objektiven Blick auf alles zu bewahren, was in Erscheinung tritt – vorausgesetzt, der Blick ist nicht durch selbstbezogenes Denken getrübt. Das offene Gewahrsein besitzt etwas Dreidimensionales. Haben Sie schon einmal bemerkt, dass Sie, wenn Sie nicht abgelenkt sind, in jedem Ohr eine unterschiedliche Klangmischung haben, so wie bei Stereolautsprechern?

Wenn der Erlebende und der Beobachtende zu einem Team zusammenwachsen, verschmelzen sie mit einem erhöhten Gefühl von Un-Getrenntheit zum *Seinsbewusstsein*. Unser Identitätsgefühl wird umfassender, wenn eine Veränderung in der Wahrnehmung eintritt: Wir nehmen den Körper und den Geist eher als Teil einer größeren Szene wahr – wir erfahren uns selbst als mehr denn nur als Ego in seiner gewöhnlichen Rolle als Hauptdarsteller auf der Bühne.

Die Leute fragen sich manchmal, warum sich das offene Gewahrsein und das Seinsbewusstsein nicht ganz von selbst einstellen, wenn wir uns in die Natur, die Musik oder die Kunst versenken. Sollte uns deren Erhabenheit nicht mühelos in diesen Zustand versetzen können? Das kann zwar vorkommen, hält aber gewöhnlich nicht lange an. Sonst wären ja Menschen, die dauernd Urlaub machen oder regelmäßig zu Kunstveranstaltungen gehen, schon ziemlich erwacht. Traurigerweise sieht es manchmal so aus, als würden all diese Vergnügen die Menschen erst zum Meditieren treiben! Was, glauben Sie, hat mich, eine professionelle Musikerin und Musiklehrerin, zum Zen gebracht? Ironischerweise halten uns die Erlebnisse, die wir mit guten Gefühlen assoziieren, manchmal eher in geistiger Blindheit fest, als dass sie uns zur Befreiung führten. Es ist kein Problem, wenn wir uns gelegentlich in Dinge versenken, die uns Vergnügen bereiten, so wie ich es manchmal mit der Musik tue, solange wir das nicht mit dem Erwacht-Sein gleichsetzen. Selbst wenn die Ich-Bezogenheit einmal eine Weile nicht vorhanden ist, ist das Ego noch lange nicht überwunden.

Es wird bald wieder da sein und sich wieder betätigen wollen, so wie ein kleines Kind, das aus dem Mittagsschlaf erwacht.

Im Zen wird uns seit tausend Jahren versichert, dass es, wenn die Illusionen wegfallen, zu einem Übergang vom Selbst-als-Person über die Bewusstheit-vom-Selbst zum Selbst-als-Bewusstsein kommt. Auch wenn wir dies als Arbeitshypothese nehmen, dürfen wir nicht vergessen, dass all das nicht auf einmal geschieht. Es wird sich wohl noch eine ganze Weile eher um einen Zustand handeln, dem wir einen Besuch abstatten, als um unseren endgültigen Wohnsitz.

BBSTSBB: ein Palindrom

BBSTSBB ist ein Palindrom, das aus den Anfangsbuchstaben von sieben [englischen] Wörtern besteht, die unsere Bewusstheit anregen, sich zu öffnen: balance, breathing, sensations, touch, senses, boundary und boundlessness (deutsch: Gleichgewicht, Atmung, Empfindungen, Berührung, Sinne, Grenze und Grenzenlosigkeit). Wir bewegen uns von einem Gefühl der Begrenztheit, einem Gefühl des Eingeschlossenseins innerhalb der Grenzen unserer Haut, hinaus in die *Grenzenlosigkeit* unserer Umgebung und des offenen Himmels.

Diese sieben Aufmerksamkeitsgebiete können unserer Bewusstheit etwas Abwechslung bieten und den schnell gelangweilten Geist dazu bringen, ein bisschen länger präsent zu bleiben, als er es sonst vielleicht während der Meditation tolerieren würde – und letztlich in unserem ganzen restlichen Leben.

1. *Gleichgewicht*: Spüren Sie Ihren Körper, der von Luft umgeben ist. Werden Sie sich Ihrer Haltung und Ihres Gleichgewichtes gewahr.
2. *Atmung*: Spüren Sie beim Atmen die Luft in Ihrem Körper und die Bewegungen Ihres Rumpfes, wenn er sich füllt und wieder leert.

3. *Empfindungen*: Gehen Sie Ihren Körper auf intensive physische Empfindungen hin durch und nehmen Sie diese ein paar Atemzüge lang so wahr, wie sie sind.
4. *Berührung*: Spüren Sie den sanften Druck oder die Eigenart des Kontaktes zwischen den Füßen und dem Boden, zwischen den Händen und dem Schoß.
5. *Sinne*: Öffnen Sie Ihr Bewusstsein in die Welt des Hörens, des Sehens, des Riechens und des Schmeckens (sogar die Mundhöhle hat einen Geschmack).
6. *Körpergrenze*: Spüren Sie Ihre gesamte körperliche Gestalt oder Präsenz, auch den Umriss des Körpers und alles, was darin ist.
7. *Grenzenlosigkeit*: Lassen Sie sich, während diese Erfahrungen ineinander übergehen, von der alles umfassenden Grenzenlosigkeit des Lebens erfassen.

Sie können sich einzeln, nacheinander oder gleichzeitig auf die Anhaltspunkte konzentrieren. Wenn es Ihnen zu schwierig erscheint, alle sieben Aufmerksamkeitsgebiete zu beachten, so praktizieren Sie auch schon Präsenz, wenn Sie sich nur ein einziges auswählen, auf das sie achten wollen.

Innen und Außen simultan erleben: zu unseren Sinnen finden

Vor vielen Jahren fuhr ich einmal die amerikanische Zen-Pionierin Flora Courtois durch die Wüste von New Mexico. Nach langen Stunden des Fahrens erlebte ich eine Phase des *reinen Sehens* – eine makellose Pracht, die nicht durch die üblichen Trennungen und Verzerrungen beeinträchtigt war. Es war, als würde ich Innen und Außen als Eines erleben, aber in Wirklichkeit trafen die Vorstellungen von Innen und Außen nicht mehr zu. Die altbekannten Konzepte von Raum und Zeit schlichen sich jedoch sehr bald wieder ein, und ich wagte zu fragen: „Flora, wusstest du, dass man sehen kann, ohne zu denken?" Flora antwortete: „Meine Liebe, wie kann man denn wirklich *sehen*, wenn man am Denken ist?" Diese prägnante Bemerkung brachte die Denkmechanismen, die ich mir ein Leben lang angewöhnt hatte, auf Hochtouren. Meine Gedanken rasten dahin, während mein Ego versuchte, die Kontrolle übers Steuer wiederzuerlangen. Seine Sirene heulte: „Wenn du nicht zum Verstand zurückkehrst, verlierst du am Ende noch den Verstand!"

Erfahren, wie es hier verwendet wird, bedeutet nicht „Erfahrungen machen", d. h. Momente zu erleben, in denen sich der Schleier der Getrenntheit verflüchtigt. In diesem Falle bedeutet *Erfahren* eine empirische, körperbasierte Sinnesbewusstheit – den Hauch einer Ahnung von der Unendlichkeit eines Lebens ohne Grenzen. Wenn unsere Sinnesfunktion aus dem Schlummer erwacht, erleben wir die veränderlichen Formen, Geräusche und Stoffe des Lebens als Energie und als Empfindung – nichts Kosmisches, sondern etwas ganz Gewöhnliches. Der Körper kann sich durchlässig anfühlen wie ein Stück Fliegengitter, durch das die Luft ungehindert hindurchströmen kann. Gelegentlich bleiben aber auch Wespen im Gitter hängen. Eine solche Wespe war für einige unserer Teilnehmer an dem noch nicht lange zurückliegenden Regenwald-Retreat in Australien das Geräusch von Kreissägen einer nahen Baustelle, das sich eines Morgens mit den natürlichen Rufen von Papageien und Kookaburras vermischte. Maschinengeräusche in prächtiger Natur können uns wie ein sträfliches Verbrechen vorkommen, bis wir uns daran erinnern, dass unsere Irritation viel schlimmer ist als die Geräusche selbst.

Die Wahrscheinlichkeit, Innen und Außen als Eins zu erleben, nimmt zu, wenn sich unsere Sinne neu beleben. Uns vorher rätselhaft erscheinende Ausdrücke – wie Sein-Lassen, Nicht-Tun, Sich-Ergeben und Stille – beginnen wortwörtlich „Sinn zu machen". Während die Wirklichkeit hinter diesen Ausdrücken immer vorhanden ist, können Worte nur darauf hinweisen. Die Wirklichkeit ist nicht zu greifen. Sie ist kein Es. Sie hat kein Ich. Sie kann nicht in Flaschen gefüllt und nicht verkauft werden. Man kann kein

Diplom und keinen Titel in ihr erwerben. Man kann sie nicht einmal verschenken. Dennoch könnte nichts realer sein.

Gewöhnlich ist der Prozess, bei dem wir „zu unseren Sinnen kommen" oder ohne Grenzen erfahren, nicht so dramatisch wie bei jenem Beispiel aus der Wüste. Frühe Erfahrungen damit erscheinen uns manchmal außergewöhnlich intensiv, weil sie mit den dämpfenden Scheuklappen, die unsere Sicht so oft einschränken, so lebhaft kontrastieren. Schließlich ist die Welt der Sinne immer vorhanden. Wir neigen aber zu insulärer Aufmerksamkeit. Das beginnt schon im Kleinkindalter, wo wir auf erahnte Freuden zukrabbeln und uns, Amöben gleich, vor Unangenehmem zurückziehen. Diese frühen Manöver gehen instinktiv vor sich: „Wenn Anfassen aua macht, dann nicht tun." Mit zunehmender Entwicklung des Gehirns kommt das Ruder des Intellekts hinzu, mit dem wir unser kleines Boot in schwierigen Zeiten in einen sicheren Hafen zu rudern versuchen. Die unbändige Vitalität, die dem direkten Kontakt mit dem Leben entspringt, stirbt langsam ab.

Eines der Opfer von Unbewusstheit im Sinnesbereich ist der *gesunde Sinn und Verstand*, eine Verbindung aus geistiger Klarheit und Pragmatismus, die sich auf die sinnliche Wahrnehmung stützt. Ohne gesunden Sinn und Verstand ist eine Menge Un-Sinn garantiert. Als ich Mitte zwanzig war, machte ich einmal einen Persönlichkeitstest, in dem ich null Punkte in der Kategorie *Sinneswahrnehmung* bekam. Das bedeutete wohl, dass ich kaum wahrnahm, dass ich auf dieser Erde lebte. Der Tester sagte zu mir: „Wenn Sie hieran nicht arbeiten, werden Sie bald von einem Lastwagen überfahren werden." Ich bemühte mich, es zu ändern, und lieh mir für ein paar Wochen den Hund einer Freundin aus, schnüffelte, wo er schnüffelte, und neigte den Kopf, um Geräusche zu hören, die er hörte. Als ich den Test vier Monate später noch einmal machte, hatte sich mein Testergebnis von null auf fünf erhöht – bei fünfzig möglichen Punkten. Die materielle Welt hatte mich nicht erreicht. Ich versuchte einfach nur eifrig, mich durchs Leben zu denken.

Hier ist ein Koan (im Sinne einer Frage, die eher eine erfahrungsmäßige als eine intellektuelle Antwort erfordert), das einem helfen kann, die eigene Bewusstheit hervorzulocken: „Wenn

Gedanken von Getrenntheit nicht entstehen, wo kann Getrenntheit dann existieren?" Die Tatsache, dass Dinge unterschiedlich aussehen, bedeutet nicht, dass sie getrennt wären. Das Heraufdämmern offener Bewusstheit führt eine Vitalität herbei, die wir seit unserer Kindheit nicht mehr gekannt haben.

Wir können auch die Begrenzungen in Frage stellen, die wir Wörtern und Vorstellungen wie *Stille* auferlegt haben. Anstatt Stille auf die Abwesenheit von Geräuschen oder Gedanken zu beschränken, können wir auch diejenige Stille bedenken, die da ist, wenn der unaufhörliche Kommentar des Egos verstummt, wenn die schrille Begleitmusik des Verstandes die tatsächlichen Geräusche des Lebens nicht mehr übertönt. Wenn die Klänge der Stille wispern und rufen, weiten sich die Sinne und können nun wahrnehmen, dass das zarteste Klingen ein Sprungbrett in unser ganzes Wesen hinein ist.

Die Meditation des dualen Gewahrseins: zwei Bereiche der Achtsamkeit, eine Wirklichkeit

> *Im Dharma-Reich der wahren Wirklichkeit gibt es weder selbst noch anderes. Um sofort damit in Einklang zu kommen, sage nur: „Nicht zwei!"*
>
> SENG-TS'AN

Von all den Techniken in unserem Bewusstheitswerkzeugkasten ist die Meditation des dualen Gewahrseins eine der besten, um uns gleichzeitig des Körpers und der Umgebung bewusst zu sein. Indem wir den Beobachtenden und den Erfahrenden, die wir ja bereits kennen gelernt haben, miteinander vereinen, besitzen wir eine praktische Brücke von unserem Meditationskissen auf die Straße, und, indem die beiden Achtsamkeitsbereiche die Bewusstheit dazu bringen, zur *einen* Wirklichkeit zu verschmelzen, auch zu dem „nicht zwei" des dritten Zen-Patriarchen.

Duales Gewahrsein: die Meditation
Finden Sie die für Sie stimmige Körperhaltung und lassen Sie sanfte Hin- und Herbewegungen Ihres Körpers zu, um geschmeidig zu bleiben. Spüren Sie, während Ihr Gewicht zur Erde sinkt, wie Ihr Kopf und Ihr Oberkörper frei schweben. Spüren Sie mehrere Atemzüge lang, wie sich Ihr bewegliches Rückgrat dehnt und entspannt.

Unterbinden Sie während dieser Meditation zu Beginn *Gedanken rigoros*. Das schlagen wir nur selten vor. Aber damit Gewahrsein auf der sinnlichen und der körperlichen Ebene einsetzen kann, werden wir zumindest im ersten Teil der Meditation Gedanken zur Seite stellen.

Konzentrieren Sie sich jeweils einige Atemzüge lang auf Folgendes:
- auf die Atmung im Bereich des Kopfes – auf die Kühle der Luft, die in Ihre Nase eintritt, und auf die sanfte Beschaffenheit des Atems beim Ausatmen
- auf die Atmung im Bereich der Brust – auf deren Sich-Heben und -Senken und auf die leichten Bewegungen Ihrer Schultern und Ihres Rückens
- auf den Atem im Bereich des Bauches – auf die ausdehnenden und zusammenziehenden Luftströme Ihrer Atmung
- auf das Gesamterlebnis des Atmens: auf die Atemempfindungen im Bereich des Kopfes und der Nase, der Brust und des Bauches, auf alle zusammen, während einiger weiterer Atemzüge.

Lenken Sie jetzt Ihre Aufmerksamkeit auf Ihre Atmung in der Mitte des Rumpfes, und nach ein paar Atemzügen
- weiten Sie Ihre Aufmerksamkeit auf die Atmosphäre in Ihrer Umgebung aus,
- lassen Sie Ihre Aufmerksamkeit zwischen Ihren Atemempfindungen und der Umgebung hin- und herwechseln,

- versuchen Sie, wenn möglich, die Kombination von Atmung – Umgebung – Luft – Geräuschen als eine Einheit zu erleben,
- lassen Sie all das oben Genannte zu einem „Hintergrund" werden, dem etwa ein Viertel Ihrer Aufmerksamkeit gehört, wobei die Atmung im Mittelpunkt steht und der zentrale Anker für Ihre Aufmerksamkeit ist.
- Wenn Geräusche nach Ihrer Aufmerksamkeit heischen, horchen Sie mit Ihrem ganzen Körper, nicht nur mit den Ohren, und spüren Sie, wie sich ihre Schwingungen sanft in Ihrem ganzen Körper ausbreiten.
- Lauschen Sie dem fast tonlosen Geräusch Ihres Atems und den Geräuschen zwischen den Geräuschen.
- Nehmen Sie eventuell auftretende Gedanken und Gefühle im Moment einfach nur wahr und kehren Sie zur dualen Bewusstheit zurück. (Später bekommen Sie weitere Anleitungen dazu).
- Wenn Ihre Aufmerksamkeit abschweift, bringen Sie sie mit der „Rückholstrategie der drei Atemzüge" zurück: mit jeweils einem Atemzug die Empfindungen beim Atmen wahrnehmen, mit einem die Umgebung erspüren und mit einem beides gleichzeitig erfahren. Dann wechseln Sie wieder zwischen den verschiedenen Aufmerksamkeitsgebieten hin und her.
- Versenken Sie sich mit Ihrer Bewusstheit in die alles umfassende Mischung von Empfindungen, Sinneswahrnehmungen und Raum, so lange Sie möchten.

Zusätzlich zu den o. a. Aufmerksamkeitsbereichen können Sie Ihre Achtsamkeit auch auf anderes richten. Achten Sie darauf, dass Sie duales Gewahrsein aufrecht erhalten, indem Sie je eine körperliche Empfindung und eine Beobachtung aus dem Bereich der sinnlichen Wahrnehmungen hernehmen, um die Innen-Außen-Bewusstheit zu aktivieren. Eine wirkungsvolle Mischung ist z. B. die Verbindung Ihrer stärksten körperlichen Empfindung mit der Wahrnehmung der Lufttemperatur.

Das Paradox entschlüsseln

Das duale Gewahrsein hilft uns, einige der schädlichen und schmerzlichen Zwiespalte zu unterminieren, in die wir verfallen sind: Wenn wir einen Raum voller Menschen betreten, geht unser Radar an: Ist der Raum sicher oder nicht sicher? Wir nehmen eine Empfindung wahr: Ist sie wünschenswert oder nicht? Ein Geräusch: Ist es angenehm oder unangenehm? Wir können sogar unser so genanntes Selbst aufspalten in „ich bin etwas Besonderes" und „ich bin nichts wert", oder in beides gleichzeitig, wenn wir geschickt sind. Das duale Gewahrsein gewährt genügend Spielraum für Unangenehmes, das wir ansonsten in der Meditation und außerhalb davon vielleicht nicht zu dulden bereit wären.

Je mehr duales Gewahrsein unser Leben durchdringt, desto eher kann es alles umfassen, was der Tag mit sich bringt: Autobahnfahrten, Schlechtwetter-Tage und Freizeit im Grünen – die Übergänge werden sanfter, wenn das offene Gewahrsein zum gemeinsamen Ort der Begegnung wird. Es bleibt genügend Raum für gelegentliche Solo-Nummern aus den Top-Hits des Geistes, die schließlich auch einen Teil der verwobenen Harmonie des Lebens ausmachen. Aber sie brauchen den Rest der Band nicht länger zu übertönen.

Wenn das duale Gewahrsein das Meer der undifferenzierten Wahrnehmungen erhellt, öffnen wir uns für einen Sprung in das Herz der Zen-Praxis, in das „Nicht-Wissen", von dem seit Jahrtausenden in spirituellen Texten die Rede ist. Wenn wir Neulinge auf diesem Gebiet sind, kann es uns mehr wie ein Stolpern denn wie ein Sprung vorkommen. Und doch, wenn der scheinbar feste Boden unter unseren Füßen schwindet, ist das der beste Weg, um den Himmel zu umarmen.

Teil IV

Die mentale Dimension
des Herzgeistes

9 Dekonditionieren Sie Ihren Papagei

Die entfesselte Kraft des Atoms hat alles verändert außer unsere Denkweisen, und deshalb treiben wir auf eine Katastrophe ohnegleichen zu. ... Wenn ich die Folgen nur geahnt hätte, ich wäre Uhrmacher geworden.

ALBERT EINSTEIN

Ein junges Pärchen war gerade dabei, einen intimen Moment zu genießen. Person A wisperte Person B ein paar süße Nichtigkeiten ins Ohr, woraufhin Person B sagte: „Sei still!" Person A, die sich verletzt fühlte, verstummte und fragte später: „Warum hast du gesagt, dass ich still sein solle?" Person B antwortete: „Du hast mich in meinen Phantasien gestört."

So etwas kann passieren, wenn man pausenlos am Denken ist. Wenn unser Kopf die Vergangenheit, die Zukunft oder – wie in diesem Beispiel – Phantasien sucht, mindert ungezügeltes Denken unsere Freude an den Dingen, die wir gerne tun, wie etwa Spaziergänge in der Natur, Urlaub, sexuelle Aktivitäten oder Besuche bei Freunden.

Das Denken belegt in der spirituellen Welt einen merkwürdigen Platz. Glaubensorientierte Gruppen glauben an Dinge, die man nicht empirisch beweisen kann, und manchen Gedanken räumen sie einen hohen Stellenwert ein. Die Meditationstraditionen tun oft das Gegenteil und gehen häufig so weit, dass sie auf das Denken herabsehen. Der japanische Zen-Patriarch Dogen Zenji aus dem 12. Jahrhundert stach in ein Wespennest, als er sagte: „Denke das Nicht-Denken". Nimmt man noch die berühmt-berüchtigten Zen-Koans hinzu, die den Geist zum Schweigen bringen sollen, sowie Bodhidharmas Anweisung, sich nicht auf Worte und Schriften zu verlassen, so sind das Denken und das Reden hier auf einer niedrigen Stufe der Pyramide gelandet.

Schon zu Lebzeiten Epiktets, eines griechischen Philosophen, ist betont worden, dass es nicht so sehr die Dinge selbst sind, die uns irritieren, sondern vielmehr die Ansichten, die wir über sie haben. Das feine Netz des Denkens mag so zart und ätherisch wie eine Spinnwebe sein, und doch kann es ebenso leicht alle möglichen Dinge mit seinen Klauen einfangen. Das magnetische Feld des Bewusstseins neigt dazu, alle möglichen abgelegten Gedanken ins Bewusstsein heraufzuholen, Dinge, die wir archiviert und vergessen haben, manche davon ziemlich schockierend. Mit dem richtigen Verständnis kann der Geist durch die objektive Beobachtung unserer fragwürdigsten Gedanken und Glaubenssätze dazu beitragen, sich selbst zu klären.

Geistige Wetterlagen mögen vielleicht ebenso wenig Substanz besitzen wie eine Wolkenbank, sie können unsere Sicht aber in gleicher Weise trüben. Wenn wir unsere widersprüchlichen, flüchtigen Gedanken genauer untersuchen, beginnen wir ihre voll-leere Natur zu begreifen, wenn auch zunächst nur intellektuell. Eine kontinuierliche Beobachtung bringt uns allmählich zu folgender Erkenntnis: Das Chaos und die Begrenzungen einer auf Gedanken gegründeten Ego-Struktur können der Tiefe unserer wahren Natur, dem Herzgeist, nicht einmal ansatzweise gerecht werden.

Denkweisen sortieren:
Objektive und subjektive Kategorien

Um das Denken und das aus ihm hervorgehende Reden etwas zu differenzieren, kann man die Palette der Denkweisen grob in die Kategorien des objektiven und des subjektiven Denkens einteilen. Man könnte zwar sagen, dass alles Denken subjektiv ist, da es durch den Filter eines konditionierten menschlichen Gehirns läuft; dennoch soll unsere objektive Kategorie das technische Denken beinhalten sowie Daten, auf die man sich kulturell geeinigt hat, Namen für Gegenstände, Symbolsysteme wie die Mathematik und die Naturwissenschaften und auch den sechsten Sinn, dem wir schon begegnet sind – ein unpersönliches Denken, das erfahrbare Situationen beschreibt und einen Bezug zu ihnen herstellt.

Die subjektive Kategorie soll Meinungen, Glaubenssätze, Spekulationen, Hypothesen sowie die Fähigkeit beinhalten, über Dinge, die uns bewegen, nachzudenken und diese auszudrücken. Ein großer Teil unseres Denkens ist durch die Vorannahmen unseres dressierten Papageis beeinflusst, weshalb wir wahrscheinlich dazu neigen, Beschreibung und Tatsache mit Diagnose und Interpretation zu verwechseln. Hier ist eine verblüffend ironische Tatsache: Obwohl es eine unserer Hauptbeschäftigungen ist, Gedanken zu hegen, widerstrebt es uns auffallend, den Gedanken zu hegen, dass eine spirituelle Schulung die objektive Gründlichkeit des Denkens erfordert. Könnte diese Ungebärdigkeit symptomatisch sein für den Wunsch des Egos, nicht enttarnt zu werden? Zen-Anhängern ist die Schnelligkeit, mit der das Denken die Meditation verdrängt, sehr vertraut: Wir beschließen zu meditieren, und unser Geist galoppiert in zügellosem Denken davon. Und dann macht genau der Geist, der gerade ausgerissen ist, kehrt und schnauzt uns an: „Hör auf zu denken, du sollst meditieren!"

Das subjektive Denken kann nicht das Mittel unserer Wahl sein, wenn wir einen Weg durch diesen Morast finden wollen, denn das wäre, als gäbe man Grundschülern die Zügel über ihr

Klassenzimmer in die Hand. Das objektive Denken stellt eine bessere Wahl dar, weil es ein naher Verwandter des Beobachtenden und des offenen Gewahrseins ist.

Wenn wir lernen, unser unklares, falsches Denken durch Meditation zu beobachten, können wir viel Leid abwenden, weil wir entdecken, dass Gedanken nichts weiter als Gedanken sind. Wir brauchen Gedanken nicht zu bekriegen und nicht zu versuchen, bessere zu haben. Aufmerksames, respektvolles Gewahrsein ist wirkungsvoller. Wenn wir lernen zu lauschen, ist die Wahrscheinlichkeit größer, dass wir zuerst achtsam nachdenken werden, ehe wir uns Hals über Kopf in diejenigen Handlungen oder Meinungen hineinstürzen, die unsere Gedanken uns aufdrängen.

Verwirrtes Denken: ein Arbeitsblatt

Verwirrtes Denken rückt das Denken an sich in ein schlechtes Licht. Eine Pflanze namens Kuzu verstopft den Wasserlauf des Yazoo Flusses in Mississippi so sehr, dass auf ihm fast keine Schiffe fahren können. Die Redewendung „Kuzu auf dem Yazoo" ist zu einem Synonym für alles geworden, was so verschlungen ist, dass fast nichts mehr hindurchdringt. Ein weiterer Aspekt verwirrten Denkens ist das kognitive *Abschalten*, zu dem es manchmal nach einem emotionalen Schock kommt. Unser Geist schaltet sich ab, so wie sich manchmal nach einem physischen Schock bestimmte körperliche Prozesse abschalten, und wir verlieren den Kontakt zu der ursprünglichen Intelligenz, die uns normalerweise zur Verfügung steht. Wir stehen blank und verwirrt da. Diese Faktoren bilden einen großen Teil der Dressur unseres Papageis, und wenn sich das Gedankengewirr in unserem geistigen Repertoire einnistet, bildet es einen Filter, der unsere Fähigkeit verdrängt, die Dinge unmittelbar wahrzunehmen.

Untersuchen Sie, welche Arten von Gedankenverwicklungen zu Ihren bevorzugten gehören. Einige der folgenden Kategorien überschneiden sich, so wie man das bei einem Wirrwarr ja auch erwarten würde.

Denken an die Vergangenheit (Erinnerung): Wenn man über Ereignisse aus der Erinnerung nachgrübelt, auch solche, die nie geschehen sind, zumindest nicht so, wie man sie im Gedächtnis hat.

Denken an die Zukunft (Planen): Wenn man versucht, den nächsten Moment vorwegzunehmen. Ein gewisses Maß an Planung ist sinnvoll, aber nicht in der Art, als wolle man mit einem Flugzeug starten, das noch gar nicht auf der Rollbahn steht.

Novokain-Denken: Wenn man das Denken benutzt, um unangenehme Empfindungen oder Emotionen, ja sogar unerwünschte Gedanken, auszublenden – wenn man z. B. über einen Berufswechsel nachdenkt, um Gedanken über das Versagen zu betäuben.

Falscher Grund: Wenn man annimmt, dass man genau wüsste, was die Ursache für etwas sei. Dabei werden Faktoren ignoriert, die ebenfalls mit hineinspielen. Es ist eine mächtige Kontroll-Strategie, die schwer zu durchschauen ist, bis sie zusammenbricht.

Kranker Körper = kranker Geist: Ein Beispiel für das Denken an eine *falsche Ursache*, das so beliebt ist, dass es eine eigene Überschrift verdient. Der Glaubenssatz geht so: Wenn man körperlich krank ist, muss das bedeuten, dass man vor etwas die Augen verschließt, oder dass der eigene Geist oder die eigenen Gefühle aus dem Gleichgewicht seien. Jetzt hat man zwei Krankheiten: kranken Körper *und* kranken Geist!

Phantastereien: Wenn man seine Zeit mit Tagträumereien, Phantasien und Hirngespinsten verbringt.

Der *„Chat-Room"*: Wenn man sich auf persönliche Unterhaltungen fixiert – online und zwischen den eigenen Ohren.

Ansichten, die sich als Tatsachen maskieren: Wenn man annimmt, dass die eigenen Überzeugungen Tatsachen seien. Das ist leicht an anderen zu beobachten, insbesondere wenn wir anderer Meinung sind. Denken wir nur an den Sport, an die Politik oder an die Religion.

Meine Wahrheit: Wenn man eine Unterkategorie des oben Erwähnten glaubt: „Meine Wahrheit ist, dass du unsensibel bist."

Gefühlsmäßig gefärbtes Denken (Gefühle als Tatsachen): Wenn man Gefühle und Denken verwechselt. Wenn jemand sagt: „Ich habe das Gefühl, dass du …", weiß man, dass jetzt eine Meinung kommt, nicht ein Gefühl oder ein Faktum. Es ist einfach, unsere Sicht der Welt oder unseren Lebensstil mit unseren subjektiven Gedanken zu begründen: „Ich weiß, dass es stimmt. Ich fühle es einfach."

Beschwerde-Sucht: Wenn man Fehler sucht; wenn man sich auf das fixiert, was nicht in Ordnung ist.

Herabsetzen: Wenn man bewusst oder unbewusst Kommentare abgibt, die eine Person oder eine Situation abwerten.

„Und das ist schlecht": Wenn man nach einer Meinungsäußerung ein häufig unausgesprochenes negatives P.S. im Raum stehen lässt.

Vorschnell Urteile fällen: Wenn man Entscheidungen auf der Grundlage von wenigen oder gar keinen Beweisen trifft.

Vorurteile: Wenn man buchstäblich im Voraus urteilt. Wenn man die Verunglimpfung von Individuen oder Gruppen rechtfertigt oder diesen negative Züge zuschreibt, manchmal ohne jemals einen solchen Menschen getroffen zu haben.

Keine Mitte finden: Wenn man an extremen Ansichten festhält wie „Wenn du nicht für uns bist, bist du gegen uns". Die Ego-Version ist ein Hin und Her zwischen den Gefühlen der Überlegenheit (oder der Besonderheit) und der Wertlosigkeit: „Ich bin nichts; ich bin etwas Besonderes."

Doppelte Maßstäbe: Wenn man andere auf Gebieten zur Verantwortung zieht, auf denen man für sich selber Entschuldigungen findet: „Ich bin locker; du bist faul. Ich bin durchsetzungsfähig; du bist rechthaberisch. Die Leute sollten nicht so verrückte Sachen machen. Ich mache auch manchmal verrückte Sachen, aber ich kann nicht anders; es liegt an meiner Kindheit."

Annahmen und Erwartungen: Wenn man Hintergedanken und unausgesprochene Erwartungen hat, die man erst bemerkt, wenn sie nicht erfüllt werden. Gängige Versionen in spirituellen Kreisen sind unter anderem die folgenden:

Der wahre Anhänger: Wenn man meint, man brauche eine Autoritätsperson oder eine Gruppe, die einem sagt, was man glauben (oder tun) soll.

Magisches Denken: Wenn man glaubt, dass bestimmte Gedanken, Worte oder Taten ein ersehntes Resultat herbeiführen werden. „Wenn ich treu und brav meditiere, wird mir Gutes widerfahren." Wenn andere magisches Denken betreiben, nennen wir es Aberglaube. Wenn wir selbst es tun, nennen wir es Glaube oder Wahrheit.

Falsche Hoffnungen – falsche Hoffnungslosigkeit: Wenn man erwartet, dass die spirituelle Praxis, dass Beziehungen oder Jobs einem etwas bieten, was sie nicht bieten können, z. B. die Lösung für ein Problem oder das Erlangen von grenzenlosem Gleichmut. Solche Hoffnungen werden an irgendeinem Punkt fast immer ersetzt durch falsche Hoffnungslosigkeit, so etwa: „Praktizieren hilft nicht."

Gedanken lesen, Intuition hartnäckig als Sachwissen vertreten: Wenn man annimmt, man wüsste, was andere über Dinge denken oder fühlen, was nicht durch physischen Beweis oder mündliche Bestätigung belegt ist. Wenn wir unsere Intuition einsetzen möchten, so müssen wir das mit Vorsicht tun.

Plätschernder Bach: Wenn man den Geist mit einem Trommelfeuer scheinbar harmloser Gedanken okkupiert.

Floskelhafte Antworten: Wenn man in „Zen-Sprache" spricht: „Natürlich etikettiere ich Gedanken. Dann nehme ich meine körperlichen Empfindungen wahr. Danach achte ich auf die Umgebungsgeräusche. Ich bin ganz im Hier und Jetzt." Wirklich? Vielleicht haben wir unserem Papagei nur beigebracht, jetzt Zen-Sachen zu plappern?

Gesellschaftlich anerkanntes verzerrtes Denken: Wenn man sich berechtigt und es gerechtfertigt findet, auf bestimmte Weise auf eine Situation zu reagieren. Z. B.: „Ich kann nicht glücklich sein, wenn oder ehe ich nicht eine bestimmte Arbeitsstelle, eine bestimmte Beziehung, eine bestimmte Lebenssituation, annehmbare Kinder oder hinnehmbare Eltern habe", oder: „Mein Leben sollte frei von Schmerz sein".

Totale Abschreibung des Denkens: Wenn man beschließt, dass das Denken voller Illusionen ist, und versucht, Gedanken aufzugeben. Das funktioniert nur mit Hilfe von Unterdrückung oder Anästhesie, denn sonst hätten die Gedanken schon längst aufgehört!

Konzentration

Konzentration erlaubt es dem Geist, sich zu sammeln, so dass sich die Aufmerksamkeit auf einen Punkt konzentrieren kann. Ohne Konzentration wäre es nahezu unmöglich, Fertigkeiten zu erlernen, Informationen zu behalten oder Handlungen auszuführen. Wir würden nicht wollen, dass uns ein Gehirnchirurg am Gehirn operiert und gleichzeitig ein Golfspiel plant. Wir würden wollen, dass er oder sie sich konzentriert – und zwar nur auf unser Gehirn!

Die Fähigkeit, sich zu konzentrieren, ist angeboren, und wie bei den meisten Fähigkeiten sind manche Menschen eher geneigt, sich zu konzentrieren, als andere. Die Tendenz, uns in jedem vorbeiziehenden Gedanken zu verlieren, wirkt sich wahrscheinlich negativ auf unsere Konzentrationsfähigkeit aus. Unsere frühen Versuche, uns zu konzentrieren, lassen klar erkennen, wie entschieden der Geist versucht, sich dem ungezügelten Denken hinzugeben. Einer unserer ersten Schritte wird darin bestehen, die offensichtliche Tatsache zuzugeben, dass es uns oft an Konzentration fehlt. Selbst Menschen, die schon lange meditieren, berichten häufig, dass sie ruckartig zu sich kommen, wenn eine Glocke das Ende einer Meditationssitzung ankündigt, wo sie doch gedacht hätten, sie würden sich in tiefer Konzentration befinden, sich aber vielleicht in Tagträumen oder einem trance-ähnlichen Zustand verloren hatten.

Wie kann das sein? Haben wir nicht gelernt, uns zu konzentrieren, als wir in der Schule für Prüfungen gepaukt haben? Wenn man bedenkt, wie wenig wir davon behalten haben, selbst in Fächern, in denen wir gut waren, dann haben wir uns damals möglicherweise – anstatt Konzentration, einen Samen des Erwachens, zu erlernen – nur auf unsere Fähigkeit verlassen, unter Druck zu funktionieren, schwer gedopt durch Koffein, Zeitdruck und Verzweiflung.

Konzentration hat viele legitime Anwendungsmöglichkeiten, einschließlich des Karottenschneidens, eines beliebten Themas in Zen-Geschichten, und unter Küchenhelfern bei Retreats wohlbekannt. Am besten können wir Konzentration entwickeln, wenn wir Anhaltspunkte benutzen, zu denen unsere Aufmerksamkeit zurückkehren kann, wenn sie abgeschweift ist. Es gibt viele Möglichkeiten, u. a. Mantras, Visualisierungen, Chanten und Veränderungen des Atmens, bei denen man jeweils eine Zahl, ein Bild oder ein Wort mit dem verbindet, was man gerade macht. Es ist von Vorteil, wenn das Objekt der Konzentration uninteressant ist, da wir uns sonst vielleicht zu sehr von ihm faszinieren lassen, anstatt Konzentration zu üben.

Konzentration wird häufig auch missbraucht, denn per Definition kann man mit Konzentration einiges außen vor halten. In der ersten Zeit meines Meditierens habe ich die Konzentration dazu verwendet, Schmerzen in den Beinen auszublenden, wobei ich die Angewohnheit aus meiner Kindheit fortführte, unangenehme Dinge nicht wahrzunehmen, indem ich meine Aufmerksamkeit auf etwas anderes lenkte. Es gelang mir zwar, die Schmerzen in gewissem Maße auszublenden. So etwas hat jedoch Folgen: Erstens kann man sich dadurch verletzen und zweitens festigt sich die Vorstellung, dass Flucht ein gangbarer Weg sei, wenn man die Aufmerksamkeit mit Macht von etwas Unangenehmem abwendet. Diese Methode wird aber versagen, wenn etwas eintritt, vor dem wir nicht weglaufen können, z. B. eine unheilbare Krankheit, der Verlust eines geliebten Menschen oder ein größerer Umbruch im Leben. Wenn wir uns in einem geschwächten oder verletzlichen Zustand befinden, ist es oft schwierig oder unmöglich, uns zu konzentrieren. Wenn wir Konzentration dazu benutzen, das Denken zu blockieren, so können die Gedanken durchaus für eine Weile verschwinden. Sie haben sich aber, anstatt wegzugehen, lediglich in den Keller (Unterdrückung) oder auf den Dachboden (zwanghaftes Nachdenken) verzogen. Wenn wir aufhören, sie zum Gehorsam zu zwingen, kehren sie zurück und reißen unsere Aufmerksamkeit wieder an sich, gestärkt durch ihren Freizeit-Aufenthalt.

Eine weitere zweifelhafte Versuchung, der ich als Meditationsneuling regelmäßig widerstehen musste, bestand darin, mit Hilfe von Konzentration veränderte Bewusstseinszustände oder Versenkung herbeizuführen. Da ich schnell erleuchtet werden wollte, war Konzentration das Mittel meiner Wahl, nachdem ich Wu-Mens Kommentar zum Koan „Wu" oder „Leerheit" (im Japanischen „Mu") gelesen hatte. Darin heißt es: „Möchtest du denn nicht die Schranke durchbrechen? Konzentriere dich mit deinen 84000 Poren in dieses Mu hinein und mache deinen ganzen Körper zu einer einzigen großen Suche."[17] Ich erlebte einige intensive Momente, aber diese verblassten schnell wieder, und danach war der Wirrwarr umso größer.

Konzentration allein ist keine vollständige Praxis, weil sie es uns nicht erlaubt, uns dem Leben als Ganzem zu öffnen, wie Jon Kabat-Zinn bestätigt: „Eine Konzentrationspraxis, wie intensiv und befriedigend sie auch sein mag, ist ohne ergänzende und vertiefende Achtsamkeit unvollständig. Für sich allein ähnelt sie einer Art Rückzug von der Welt."[18]

Nichstdestotrotz ist Konzentration als Bestandteil einer umfassenden Praxis unentbehrlich, angefangen damit, dass sie uns hilft, selbst unter widrigen Umständen im Hier und Jetzt verankert zu bleiben. Wenn man Konzentration mit Methoden zur Entwicklung von Achtsamkeit und Bewusstheit kombiniert, kann sie es uns ermöglichen, mehr vom Leben in uns einzulassen.

---

17 Zenkei Shibayama: *Zen Comments on the Mumonkan* (New York: Harper Collins, 1984)
18 Jon Kabat-Zinn: *Wherever You Go, There You Are* (New York: Hyperion Press, 1994)

Atemzüge zählen: eine Meditation

Das Zählen von Atemzügen ist eines der bekanntesten Mittel zur Entwicklung von meditativer Konzentration. Die verbreitetste Form ist die, dass man die Atemzüge von eins bis zehn zählt. Sagen Sie die Zahl still, wenn Sie ausatmen, und atmen Sie dann einfach wieder ein. Wenn Sie ganz abdriften oder bei 150 ankommen, fangen Sie wieder bei eins an. Die meisten Leute berichten, dass sie selten weiter als bis drei kommen, bevor sie sich in Gedanken verlieren, also fassen Sie Mut! Der Hauptteil Ihrer Aufmerksamkeit sollte bei den Zahlen sein, aber auch in ausreichendem Maße beim Atmen, so dass Sie wissen, wann die nächste Zahl kommt. Das Zählen bietet ein unmittelbares Feedback, wenn Sie mit der Aufmerksamkeit abschweifen; es ist ein Zubringer, der Sie wieder auf die breite Straße der Meditation zurückbringt.

Eine eher physiologisch ausgerichtete Form des Atemzüge-Zählens ist eine, bei der man sich hauptsächlich auf die körperliche Empfindung des Atmens konzentriert. Die Zahlen bilden einen Hintergrund, damit die Aufmerksamkeit konzentriert bleibt. Wenn der Fokus in dieser Weise auf die Empfindungen gerichtet ist, wird der Tendenz entgegengewirkt, „im Takt der Zahlen" zu atmen und die sinnliche Natur des Atmens zu vergessen.

Der größte Vorteil des Zählens der Atemzüge liegt darin, dass es undramatisch und immer möglich ist. Wenn Sie anfangen, mechanisch zu zählen, oder wenn Sie im Geiste einen Roman schreiben könnten, während Sie zählen, und keinen Takt dabei auslassen, dann versuchen Sie, rückwärts zu zählen. Beim Atemzüge-Zählen kann man nichts falsch machen, denn selbst wenn man bemerkt, dass man nicht über drei hinauskommt, ist das schon Bewusstheit. Es gibt keine Wettbewerbe im Atemzüge-Zählen. Anstatt also zu grübeln, welche Form des Atemzüge-Zählens die beste sei, atmen Sie einfach nur ein und sagen Sie beim nächsten Ausatmen „eins".

10 *Finger, die auf den Mond zeigen*

Achtsames Benennen von Tätigkeiten

Man muss sich der gegenwärtigen Situation ganz stellen, sich ihr achtsam öffnen ... Man muss gewillt sein, das Leben selbst zu seinem Lehrer werden zu lassen.

JON KABAT-ZINN

Ein im Zen im Zusammenhang mit einem Haiku von Basho sehr bekannter Aphorismus gemahnt uns, den Finger, der auf den Mond zeigt, nicht mit dem Mond zu verwechseln.[19] Das ist eine mehrschichtige Belehrung, die uns daran erinnert, die Landkarte von der Landschaft selbst zu unterscheiden und uns auf das Wesentliche zu besinnen, nämlich auf die Begegnung mit unserer tiefen Wesensnatur – die das Herz der Landschaft ist. Bei der spirituellen Praxis besteht oft die Gefahr, dass man Zuflucht zu

---

19 R. H. Blyth: *Basho Haiku* (Tokyo: Hokseido Press, 1949)

beschreibenden Worten nimmt und nicht erkennt, dass man das eigentliche Gebiet, auf das die Worte verweisen, nicht erreicht hat.

Im Zen gibt es viele Fingerzeige, die auf das große Bild oder die voll-leere Dimension hinweisen, insbesondere Koans, die den linear denkenden Geist ausbremsen, wie folgendes: „Zeige mir dein Gesicht vor der Geburt deiner Eltern." Solche Hinweise können uns auf die notwendige Distanz bringen. Auf unserem Weg brauchen wir jedoch auch Fingerzeige, die in verständlicher Weise auf die Tiefgründigkeit in alltäglichen, weltlichen Tätigkeiten hinweisen, da wir deren numinose, voll-leere Dimension höchstwahrscheinlich nicht erkennen, wenn wir nicht fest auf dem Boden unter unseren Füßen stehen.

Einer der praktischsten Fingerzeige, die uns dabei weiterhelfen, ist das *achtsame Benennen der Tätigkeiten*, bei welchem wir Begriffe verwenden, um unseren Geist mit der momentanen Handlung in Einklang zu bringen. Bei der knappsten Form von Benennung benutzt man Tätigkeitswörter, d. h. Wörter auf „-en" wie „heben", „gehen" und „kauen". Diese Wörter weisen durch die Zusammenfassung eines Geschehens in einem einzigen Wort auf die Nicht-Dualität hin. Beachten Sie den Unterschied zwischen „Ich fahre mit meinem Auto" und dem einfachen „Fahren", wodurch das „Ich" aus dem Fahrersitz gehebelt wird. Fahren kann in schlichter Bewusstheit ablaufen, ohne dass man das „Ich" betont. Ist es nicht schließlich dieses „Ich", das oftmals die Straßenverhältnisse aus den Augen verliert und manchmal lieber Rache übt, als achtsam zu fahren? „Er hat mich geschnitten, dem werd' ich's zeigen."

Das achtsame Benennen von Tätigkeiten ist kein dem Haiku nachempfundener Ersatz für die normale Sprache. Es ist eine stille, temporäre Praxisstütze, eine Eskorte, die unseren Geist zu unserer gegenwärtigen Tätigkeit zurücklenkt.

Bei Meditationsretreats wird das achtsame Benennen der Tätigkeiten oft während der Geh- und Essenszeiten angewendet, um der Tendenz des Geistes entgegenzuwirken, zu einem Mischmasch aus Ablenkungen abzuschweifen. Während der Mahlzeiten benennen wir unser Handeln achtsam, indem wir still die Wörter auf „-en" sagen, die sich auf das Essen beziehen: heben, kauen, schmecken, schlucken, denken, schneiden, fallen lassen. Bei jedem Wort spüren wir die körperliche Bewegung und die Wahrnehmung, die es widerspiegelt. Wenn Ihnen dieser Prozess zu künstlich erscheint, dann vergleichen Sie ihn mit dem, was der Geist normalerweise während des Essens tut. Wenn es uns zu mühsam vorkommt, im Stillen das Wort „kauen" zu sagen und gleichzeitig zu essen, dann ist unser Gehirn vielleicht gerade in der Mittagspause …

Das achtsame Benennen von Handlungen funktioniert ein bisschen wie ein griechischer Chor: Wenn die Schauspieler auf der Bühne über eine Brücke gehen, tritt der Chor heraus und sagt: „Jetzt gehen sie über eine Brücke." Auch wenn einem das überflüssig vorkommt, so wirkt dieser Prozess doch der Abneigung des Egos entgegen, sich auf einfache Tätigkeiten zu konzentrieren. Manche Leute entdecken vielleicht bestürzt, dass sie nach großem Aufwand, um an einem Retreat teilnehmen zu können, die ganze Meditationssitzung am Vormittag damit verbringen, an das Mittagessen zu denken. Während des Mittagessens richtet sich die Aufmerksamkeit dann auf die bevorstehende Nachmittagspause. Wenn die Pause da ist, benutzen wir sie, um Strategien zu entwerfen, wie wir den restlichen Nachmittag überstehen können. (Eine mir bekannte Person hat sich kürzlich zu einem Retreat angemeldet, nachdem sie ganz vergessen hatte, dass sie am gleichen Wochenende ein Seminar über Achtsamkeit an einem anderen Ort halten sollte!).

Das achtsame Benennen der Tätigkeiten bietet einen Anker, mit dem wir unsere Aufmerksamkeit da festmachen können, wo wir sind. Im Laufe der Zeit hilft es uns, die Tatsache zu verdauen, dass „Essen" nicht gespalten ist in ein *Ich* am schmalen Ende der Gabel und in ein *Nicht-Ich,* den Bissen am anderen Ende. Wenn unsere Bewusstheit dann wiederbelebt ist, können die Wörter auf „-en" ganz von selbst wegfallen wie ein Kokon, der nicht mehr gebraucht wird, und den Schmetterling des Lebens, so-wie-es-ist, frei fliegen lassen.

Gedanken-Echo:
Wie wir unseren Papagei direkt dekonditionieren

Wenn wir nicht versuchen, unseren Papagei, unseren konditionierten Geist, umzutrainieren, was trägt dann dazu bei, dass der Prozess des „Abdressierens" oder „De-konditionierens" möglichst von selbst geschieht? In der Poesie und der Volksweisheit wird betont, wie wichtig es ist, dass wir uns selbst so sehen, wie andere uns sehen. Nun, da das offene Gewahrsein uns geholfen hat, den Beobachter zu aktivieren, und einige Betätigung auf der körperlichen Ebene den Erfahrenden neu belebt hat, macht dieser Zustand auch eine größere objektive Bewusstheit möglich. Jetzt ist es an der Zeit, achtsam auf das zu horchen, was unser Papagei bereits sagt. Das mag unnötig erscheinen, da wir ja die ganze Zeit über denken und reden – aber wie oft hören wir eigentlich wirklich zu?

Eine Möglichkeit, mehr auf das zu achten, was in unserem Geist vor sich geht, ehe er sich durch Rede ausdrückt, besteht darin, *den Gedanken ein Echo zu verleihen*. Indem wir die Gedanken aktiv und präzise wiederholen, hilft uns dies, die Inhalte unseres Geistes zu erkennen. Das macht man in erster Linie in der formalen Meditation.

Mit dem Wiedergeben der Gedanken als Echo beginnen wir, sobald wir bemerken, dass wir in Gedanken abgeschweift sind. Wir hören dem zu, was wir denken, und werfen es im Stillen wortgetreu wie ein Echo zurück in der Art, wie ein dressierter Papagei einen Satz auswendig wiederholt. Dabei schicken wir dem Echo des Gedankens das Wort „Denken" voraus. Wenn der Gedanke lautet „Wird das Gedankenecho nicht bewirken, dass ich noch mehr denke?", dann lautet das Echo: *„Denken* ‚Wird das Gedankenecho nicht bewirken, dass ich noch mehr denke?'"

Als ich mit dem Widerspiegeln meiner Gedanken begann, war ich mir sicher, dass sich die Geschwindigkeit meines Denkens verdoppelte. Aber in Wirklichkeit spiegelte die Wiederholung nur die Gedankenflut wider, die ansonsten unbemerkt vorbeirauschte. Das Echo erhöht nicht etwa das Volumen der Gedanken, sondern es verlangsamt die Denk-Rate, indem es dem ankommenden Gedankenverkehr vorübergehend eine Sperre in den Weg stellt.

Die Praxis des Gedankenechos hat den zusätzlichen Vorteil, dass sie Momentaufnahmen unseres spezifischen Geistesinhaltes liefert. Durch diese spezifische Aufzeichnung unserer Ego-Struktur zeigt sich im Laufe der Zeit wiederum, ob wir in erster Linie zweckbetont und lebensdienlich oder vielmehr eigennützig denken. Das Ego ist immer spezifisch. Der Vorreiterin auf dem Gebiet der Ernährungswissenschaft, Adele Davis, stellte einmal jemand die Frage, ob Aprikosen gesund seien. Da antwortete sie: „Welche Aprikose, wo?" Welches Ego, wo? Die Gedanken werden es uns zeigen.

Das Gedankenecho verhindert nicht nur, dass die Vorstellung vom Ego vage und allgemein wird, es zeigt auch die Widersprüche im Geist auf. Häufig haben Menschen zwei entgegengesetzte Gedanken, an die sie in gleichem Maße glauben, z. B.: „Ich muss das tun, was mir geraten wird", und „ich darf absolut nichts tun, wozu mir geraten wird". „Stereo-Dissonanzen" wie diese führen zu geistigen und körperlichen Knoten. Vielleicht entdecken wir auch mit einigem Unbehagen wahre *Widerlinge* – wirklich unangenehme Gedanken über uns selbst und über andere, Gedanken, deren Vorhandensein wir vielleicht hätten leugnen können, ehe das Echo sie ans Licht gebracht hat. Wenn das Widerspiegeln der Gedanken zu einer gefestigten Fähigkeit geworden ist, können wir damit beginnen, die Gedanken nach Kategorien zu *benennen*: Selbstgespräche führen, tagträumen, uns zurückerinnern, planen und wieder durchkauen.

Anders als das Wiedergeben der Gedanken als Echo erfordert das Benennen der Gedanken zusätzliches Denken. Deshalb sollten wir warten, bis wir mit unseren allgemeinen Gedankenmustern vertraut geworden sind, bevor wir die Gedanken zu benennen versuchen. Wenn wir die Inhalte und die Muster unseres Denkens gut kennen, genügt es manchmal, still „denken" zu sagen, als eine Art Gedankengewahrsam. Dennoch müssen vielleicht das Echo und das Benennen der Gedanken noch für eine ganze Weile zu unserem Repertoire gehören.

Wenn die Gedanken transparenter werden, können wir zum Spaß mit weiteren Formen des Gewahrseins der Gedanken spielen. Wenn Dinge geschehen, über die wir uns aufregen, können wir uns z. B. fragen: „Was ist meine stärkste Überzeugung in dieser Sache?" Weiter könnten wir uns fragen: „Was hätte ich am liebsten gesagt?" oder „Was ärgert mich am meisten an dieser Situation?" Halten Sie dann inne und lauschen Sie einen Moment lang. Eine weitere mögliche Frage wäre: „Wovor habe ich in diesem Zusammenhang am meisten Angst?"

Eine meiner vergnüglichsten Arten, Gedanken zu „hören", kam mir in einem Semester in den Sinn, in dem ich einen Musikkurs unterrichtete. Einmal, als ich das Klassenzimmer betrat, murrten die Schüler gerade über den Mathematikunterricht. Ich sagte zu ihnen, wenn sie sich beschweren wollten, könnten sie ihre Klagen singend vortragen. Das dämpfte das Gemotze, und diejenigen, die auf ihrer Meinung bestanden, wurden aufgefordert zu singen. Ich setzte sogar mit der Begleitung auf dem Klavier ein, und wir hatten eine Blues-Session. Ein paar Schüler gestanden, dass ihnen gar nicht klar gewesen sei, wie heftig sie sich beklagten, bis sie zum Singen aufgefordert worden seien.

Eine Zeit lang teilte ich meinen vorhersagbarsten Gedanken Nummern wie an einem Musikautomaten zu: A2 am Musikautomaten war: „Egal wie sehr ich mich bemühe, sie werden mich immer für unzulänglich halten." Nach Hunderten von Benennungen hatte diese Technik dazu geführt, dass den zehn Spitzenreitern meines Papageis die Luft ausgegangen war. Wenn wir all unsere verschiedenartigen Gedanken wie ein Echo wiedergeben und benennen, werden wir die „schwierigen Kandidaten" erkennen, diejenigen, die für unsere Identität und unsere Sicht der Welt ganz zentral sind. Es wird sich deutlich zeigen, dass nicht die Gedanken das Problem sind. Das Problem ist vielmehr, nicht zu erkennen, dass sie die Führung übernommen haben.

Jetzt, wo wir den „Wiederholenden" aus der mentalen Dimension kennen gelernt haben, kann dieser mit dem Beobachter aus der offenen Bewusstheit und dem körperlich Erlebenden zusammenarbeiten. Es gibt ein altes Sprichwort über eine Mutter, die ihrem Kind beim Spielen mit seinen Spielsachen zusieht: Die Mutter repräsentiert die vereinte Weisheit des Beobachters, des Erfahrenden und des Wiedergebers der Gedanken. Das Kind verkörpert das Ego-Selbst, das die Dinge nicht mehr in so großer Selbstvergessenheit steuern kann. Und die Spielsachen sind die Strategien und Einbildungen, die verhindern, dass unser dressierter Papagei seine wahre Natur entdeckt.

Gedankenbäume: eine Übung

Visuelle Hilfsmittel werden schon, seitdem der Neuplatoniker Porphyrios die aristotelischen Kategorien schematisch dargestellt hat, zu Zwecken der Klassifizierung und Verdeutlichung von Dingen benutzt. In dem, was heute der porphyrische Baum genannt wird, hat Porphyrios die logische, die linguistische und die räumliche Darstellungsweise miteinander vereint.*

Porphyrios' Version gilt als der Vorläufer der modernen Gedankenbäume. Gedanken werden anschaulicher, wenn man sie in visueller Form zu Papier bringt, als wenn man sie wie Blätter im Geistesstrom treiben lässt, und die mentale Dimension wird dabei durch physische Bewusstheit und offenes Gewahrsein bereichert.

Sie benötigen ein Din-A 4-Blatt (oder ein noch größeres Blatt), einen Bleistift und farbige Textmarker, falls Sie künstlerisch arbeiten möchten. Schreiben Sie, wenn irgendein Ereignis eine Lawine an Gedanken auslöst, das Grundthema zuunterst auf das Blatt, sozusagen als Wurzel des Baumes. Notieren Sie dann, ohne lange zu überlegen, Ihre zufälligen Gedanken dazu über das ganze Blatt verteilt, einschließlich aller Empfindungen oder Emotionen, die aufkommen, wenn Sie an die „Wurzel" denken.

Sie hören z. B., dass jemand Sie hinter Ihrem Rücken lächerlich macht. Die Wurzel könnte heißen: „Werde lächerlich gemacht".

Damit verbundene Gedanken, die Sie blitzschnell aufschreiben, könnten z. B. lauten: „Freunde wenden sich gegen mich", „werde nicht geschätzt", „hoffnungslos". Wenn Sie eine Anspannung der Kiefermuskeln, ein übles Gefühl im Magen oder Scham bei sich feststellen, dann notieren Sie auch dies.

Wenn Sie sich später den Baum noch einmal anschauen, fallen Ihnen vielleicht Dinge auf dem Papier auf, die Schwerpunkte sind – der Baumstamm und die Äste. Andere Dinge, die weniger Gewicht haben, stellen die Blätter dar. Um die Struktur aufzudecken, die hinter den scheinbar unzusammenhängenden Notizen liegt, können Sie jeweils verschiedenfarbige Stifte verwenden für das, was als Stamm, Äste und Blätter erscheint. Machen Sie sich keine Gedanken, wenn Ihr Baum Porphyrios' Busch zu ähneln beginnt, sobald Sie anfangen, Linien zu ziehen und Kreise zu malen! Die Verbindungslinien können vielleicht aufdecken, wie die Elemente Ihres Themas verzahnt sind. Das bloße Zeichnen und Schreiben bringen erhöhte Bewusstheit in die Mischung, ohne dass es notwendig wäre, das Warum und Weshalb zu analysieren.

Diejenigen Punkte, die uns bedeutsam erscheinen, beinhalten höchstwahrscheinlich auch die „Hämmer" in unserer Konditionierung, ja sogar die Loch-Ness-Monster, die regelmäßig auf- und wieder abtauchen und dadurch schwer auszumachen sind, während sie sich durch unser Unterbewusstsein schlängeln. Diese Gedanken müssen immer wieder mit der Echo-Methode wiedergegeben werden.

Sie können auch später noch Punkte hinzufügen. Gelegentlich erleben Sie vielleicht einen Aha-Moment, wenn Sie Anzeichen für Ihren dressierten Papagei bemerken. Mit Gedankenbäumen arbeiten wir in der mentalen und physischen Dimension, vor dem Hintergrund der offenen Bewusstheit. Auch die emotionale Dimension leistet ihren Beitrag, und die voll-leere Dimension beginnt sich hereinzuschleichen, wenn wir die Gegenstandslosigkeit oder gar den gegensätzlichen Inhalt einiger Einträge erkennen.

Schreiben, um bewusst zu werden: ein Arbeitsblatt

Das Führen eines Tagebuches verhindert, ebenso wie der Gedankenbaum, dass die mentale Dimension nur zwischen unseren Ohren existiert. Viele Menschen führen ein Notiz- oder Tagebuch. Es ist eine ausgezeichnete Informationsquelle über die Vorgänge in unserem Geist, bei denen Selbstgespräche des dressierten Papageis zwischen die tiefgründigeren Dinge eingestreut sind.

Durch das Schreiben, um bewusst zu werden – das Niederschreiben der „zähen Masse" – können wir einige unserer tief verwurzelten, schwer verdaulichen Gedanken buchstäblich ans Licht bringen. Wir beginnen an einem ruhigen Ort mit einem Tagebuch und einem Stift in der Hand und befolgen die unten angeführten Anweisungen:

1. *Kontemplieren Sie über die „zähe Masse".* Stellen Sie sich die Frage: „Was erscheint mir zur Zeit am unbefriedigendsten?" Das ist die „zähe Masse".
2. *Erstellen Sie eine Liste.* Fügen Sie zu der „zähen Masse", die Sie sich notiert haben, noch weitere Punkte hinzu, die Ihnen in den Sinn kommen. Wiederholen Sie von Zeit zu Zeit die Frage: „Was erscheint mir zur Zeit am unbefriedigendsten?" Die Reihenfolge der Punkte spielt keine Rolle. Schreiben Sie ca. fünf Minuten lang ohne Pause.
3. *Wählen Sie einen Punkt aus.* Suchen Sie sich einen Punkt auf Ihrer Liste aus, der Ihnen besonders ins Auge sticht.
4. *Beobachten Sie.* Legen Sie Stift und Papier beiseite und nehmen Sie eine aufrechte Haltung ein. Spüren Sie sich auf die Umgebung, die Gegenstände um Sie herum und Ihre körperlichen Empfindungen ein.
5. *Betrachten Sie die „zähe Masse".* Sehen Sie sich den ausgewählten Punkt wie ein Wissenschaftler an, der eine Probe unter dem Mikroskop betrachtet. Können Sie ihn so objektiv betrachten, als bezöge er sich auf jemand anderen? Sehen Sie sich den Punkt noch einmal kurz an und gehen Sie dann weiter.

6. *Spüren Sie die „zähe Masse" in Ihrem Körper.* Kommen bei Ihnen irgendwelche unangenehmen Gefühle im Körper auf, wenn Sie an den Punkt denken? Spüren Sie das, was im Moment vorhanden ist.
7. *Spüren Sie die „zähe Masse" geistig und emotional.* Kommen irgendwelche widerwärtigen Gefühle oder Gedanken auf, während Sie weiter auf Ihre körperlichen Empfindungen achten? Gehen Sie nach ein paar Sekunden weiter.
8. *Lassen Sie die „zähe Masse" ruhen.* Die zähen Gedanken, die mit diesem Punkt verbunden sind, stehen jetzt nicht mehr im Mittelpunkt Ihrer Aufmerksamkeit, werden aber auch nicht unterdrückt.
9. *Verdauen Sie die körperlichen Empfindungen.* Kehren Sie zur physisch greifbaren Beschaffenheit der Gegenwart zurück, zu Ihrem körperlichen Gefühl von Präsenz, zu der Schreibfläche und zur Liste der „zähen Masse".
10. *Lassen Sie alles sein, wie es ist.* Sie können in offenem Gewahrsein verweilen oder zu Ihren Tagesgeschäften zurückkehren.

Teil V

Identität: eine Unterkategorie in der mentalen Dimension des Herzgeistes

11 Die vielen „Ichs" der Identität

Vom Ego
zum Instrument des Erwachens

> *Den Weg des Erwachens zu studieren bedeutet,*
> *das Selbst zu studieren. Das Selbst zu studieren*
> *bedeutet, das Selbst zu durchschauen. Das Selbst zu*
> *durchschauen bedeutet, als alle Existenz zu erwachen.*
>
> ZEN-PATRIARCH DOGEN ZENJI

Identität ist ein zentraler Punkt in spirituellen Diskussionen, da sie der Dreh- und Angelpunkt ist, von dem viele unserer geistigen Konzepte ausgehen – Vorstellungen wie Göttlichkeit, Erlösung, Belohnung und Bestrafung, Leben und Tod und die grundlegende Natur der Existenz. Eine der Hauptaufgaben bei der Zen-Schulung besteht darin, unterscheiden zu lernen zwischen Konzepten, die gläubig anzunehmen sind, und Postulaten, die man in der weiß-glühenden Schmiede der Praxis und des Lebens überprüfen muss.

Vorstellungen wie die folgende aus dem Bekenntnis der Apostel verlangen Glauben: „Jesus ist von den Toten auferstanden und sitzt zur Rechten des Vaters"[20], während die nächste, die Jesus im Neuen Testament zugeschrieben wird, zu einer eigenen Überprüfung auffordert. „Was ihr für einen meiner geringsten Brüder [die Armen und Ausgestoßenen] getan habt, das habt ihr mir getan."[21] Diese Worte gleichen einem Zen-Koan, bei dem wir über eine Identität nachdenken müssen, die so groß ist, dass sie die Einheit von Jesus, den Ärmsten – und uns selbst einschließt.

Zeilen wie die beiden folgenden Sätze klingen aufgrund ihrer Terminologie vielleicht nach Sekte. Doch könnte es nicht sein, dass sie uns genau auf den Ort hinweisen, an dem wir stehen, und uns auffordern, unser wahres Selbst zu erkennen? „Das Reich Gottes ist (schon) mitten unter euch; das Himmelreich ist nahe"[22] und „Genau dieser Ort ist das Lotusland, sein eigener Körper, der Buddha."[23]

Wir interpretieren solche Aussagen entsprechend der Auffassung von unserer eigenen Identität. Solange wir nicht lernen, über solche Gedanken zu kontemplieren und festzustellen, ob wir sie ausprobieren und übernehmen können, werden wir sie vermutlich so interpretieren, dass wir weiterhin in einer engen Identität steckenbleiben. Blicken wir der Tatsache ins Auge: Ein großer Teil dessen, was wir als unser wahres Selbst betrachten, besteht aus geistigen Konstrukten. Deshalb werden wir die Identität als eine Unterkategorie der mentalen Dimension betrachten.

Das, was das Ego (das Selbst, oder lateinisch „Ich bin") ausmacht, unterscheidet sich in der Spiritualität und in der Psychologie zwar ein wenig voneinander. Beide sind jedoch in einem gewissen Maße von einem narzisstischen Festhalten an einem separaten Selbst geprägt. Dieses „Evangelium des Ich-Selbst",

---

20 Episcopal Book of Common Prayer (New York: Church Hymnal Corporation, 1979)
21 Matthäus 25
22 Lukas 17, Matthäus 4
23 Hakuin Ekaku Zenji, Zen Center San Diego Service Book

dem wir immer wieder neues Leben einhauchen, reduziert sich gewöhnlich auf wenig mehr als ein Stückchen Protoplasma mit Geschichte.

Nicht-duale philosophische Modelle wie Zen mögen die Sichtweise vertreten, dass es, aus der voll-leeren Perspektive betrachtet, kein separates Selbst und nichts als das Selbst gibt. Dieses Paradigma besitzt jedoch reichlich Raum für ein provisorisches Selbst, eines, das wir aus praktischen Gründen „ich" nennen können. Wir müssen jedoch bedenken, dass unser „Ich" aus den gleichen nicht greifbaren Aggregaten zusammengesetzt ist wie alles andere auch und seine praktischen Rollen als ein fühlendes, denkendes und erforschendes Instrument par excellence erfüllt. Der Prozess des Erwachens könnte durchaus bestätigen, dass unser Selbst das Bewusstsein selbst und in keinster Weise von der Erde, dem Himmel und dem Meer getrennt ist.

Was brauchen wir, um zu erkennen, dass wir nicht nur eine Fallgeschichte mit vorhersagbaren Mustern sind? Wenn uns Dogen Zenji daran erinnert, dass wir das Selbst studieren müssen, um seine Grenzen zu durchschauen, so ermahnt er uns, *als* gesamte Existenz zu erwachen – die Unbegrenztheit unserer Identität zu erfahren. Wenn wir unsere vielen „Ichs" erkennen, können wir besser wertschätzen, wie Walt Whitman sich zu der Fülle unserer Ichs in seinem Gedicht „Song of Myself" („Gesang von mir selbst") bekannt hat: „Wie? Ich widerspreche mir selbst? Nun gut ... (Ich bin ja umfangreich, ich enthalte Massen.)"[24] Wir erkennen, wie verschiedenartig die Identitäten sind, die wir gegenüber Kollegen, Familienmitgliedern, Autobahnfahrern, Vertrauenspersonen und Menschen, die uns schlecht behandelt haben, annehmen. Einige Identitäten schirmen wir voneinander ab, so dass die eine kaum die Gegenwart der anderen erahnen würde.

Es ist schmerzhaft, in der Venusfliegenfalle unseres Egos gefangen zu sein. Auf einer bestimmten Ebene wissen wir, wie unbe-

---

24 Walt Whitman: *Song of Myself*, Ed. Stephen Mitchell (Boston: Shambhala Publications, 1993); Dt.: Grashalme (Reclam, 1968)

friedigend es ist, immer wieder auch nur das kleinste Selbst aus dem Grabfeld unserer Erinnerungen und strategischen Schachzüge ausheben zu wollen. Auf dem Weg müssen wir uns besonders vor zwei verlockenden Pfaden hüten, die an unserem Weg entlang führen und sich als Sackgassen erweisen: Auf der einen Seite ist da eine Aversion gegen die Erforschung des Egos, welche manchmal in spirituellen Kreisen als Schwelgen in Illusionen oder als Psychologisieren verunglimpft wird. Auf der anderen Seite ist das Gegenteil, nämlich das Bemühen, Belange des Egos zum Hauptgericht auf der spirituellen Speisekarte zu machen. Wenn wir dies tun, reduziert sich der Weg des Erwachens auf wenig mehr als eine meditative Therapie.

Wenn unsere Identitäten mit ihrer „begrenzten Auflage" demaskiert werden, wird das, was echt ist, der Prüfung standhalten. Walt Whitmans Gedicht enthält eine äußerst prägnante Behauptung: „Ich bin ohne Tod" – ein Hinweis auf die Tore, durch die wahre Liebe und Dankbarkeit frei hindurchfließen können.

Die vielen Ichs: eine Bestandsaufnahme der Essenz und der Wesenszüge des Egos

Die folgenden Zusammenstellungen spiegeln viele Eigenschaften wider, mit denen wir uns möglicherweise zu bestimmten Zeiten identifizieren. Wenn wir damit beginnen wollen, unsere enge Zelle zu öffnen, können wir dieses Inventar als einen Regenbogen betrachten, bei dem wir an allen Farben teilhaben. Wir brauchen nicht länger zu behaupten, dass wir nur das Rot seien, während wir jemand anderem nichts als das Blau zuweisen.

Es werden nicht alle Eigenschaften einer Kategorie auf Sie zutreffen, da viele Faktoren bei der Entstehung unserer „Individualität" zusammenspielen. Ihre Reaktionen werden Ihnen Informationen für die Übungen in diesem Abschnitt liefern. Mar-

kieren Sie diejenigen Kategorien, durch deren Eigenschaften Sie sich am besten beschrieben finden.
- Perfektionistisch, überkritisch (sucht immer nach dem, was nicht stimmt), lebt in Übereinstimmung mit den eigenen Werten, ordentlich, legt hohe innere Maßstäbe an sich und an andere
- Fördert, ist hilfsbereit, gelegentlich ein Märtyrer, fürsorglich, „gibt, um zu bekommen", hat ein Helfersyndrom, stellt die Bedürfnisse anderer über die eigenen und vernachlässigt dabei die eigenen
- Sucht Wertschätzung durch Leistung; Ehrgeizling oder Workaholic; motiviert (sich selbst und andere); total mit dem neuesten Projekt beschäftigt
- Empfindsam, ästhetisch, missverstanden, Naturliebhaber, leicht zu verletzen, empathisch, von Gefühlen und Stimmungen motiviert, sieht sich als einzigartig und ist manchmal zum Leiden hingezogen
- Beobachtend, analytisch, begrifflich orientiert, daran interessiert, eine Synthese aus umfassenden Perspektiven herzustellen, ergründet Dinge (einschließlich der Gefühle), exzentrisch, geizt manchmal mit den eigenen Fähigkeiten und Gefühlen
- Loyal, pflichtbewusst, verwirrt, unentschlossen, verantwortungsbewusst, zwiespältig Autoritätspersonen gegenüber (zwischen Respekt und Auflehnung schwankend), stark vom Bedürfnis nach Sicherheit motiviert, oft bekümmert oder bange, entweder ängstlich hinsichtlich offensichtlicher Gefahr oder versucht, sich von ihr faszinieren zu lassen
- Begeistert sich für vieles, reißt andere schnell mit, ist mehr daran interessiert zu suchen, als zu finden, lebt gerne gut, findet Arbeit, Beziehungen und Orte schnell unbefriedigend, stürzt schnell von emotionalen Höhen ab
- durchsetzungsfähiger Boss oder Leiter, der Champion des Underdogs, Gerechtigkeitssucher, Spitzenspieler, in Machtpositionen, „nach meinem Willen oder raus"

- Friedensstifter, an Harmonie interessiert, entspannt, gelegentlich nachlässig, „don´t worry, be happy"-Haltung, gleicht einem Chamäleon, bei tatsächlichen oder eingebildeten Anforderungen ab und zu dickköpfig, kann ja sagen, aber nein meinen, passiv oder passiv-aggressiv, Tagträumer
- etwas anderes

Wesen, Erziehung, Neurose, wahre Natur: die Anatomie eines Selbst erforschen

Das Selbst selbst ist die Welt; das Selbst selbst ist das „Ich"; das Selbst selbst ist Gott; alles ist das höchste Selbst.

Ramana Maharshi

Auf dem Weg vom Kindesalter zu einer eigenen Biographie nehmen wir viele Vorstellungen dessen an, wer wir seien. Die meisten davon lassen sich auf ein Gemisch aus Erinnerungen, Spiegelbildern, Gemütszuständen, Körperfunktionen und Verhaltensweisen reduzieren. Wenn wir kein Bewusstsein von einer unendlichen Identität besitzen, die im Zen mit Wendungen wie „ein weiter Ozean aus blendendem Licht" beschrieben wird, kann es uns wie eine Katastrophe erscheinen, wenn die hohen Wogen eines plötzlichen Ereignisses unser kleines Selbst-Schiff zum Kentern zu bringen drohen. Wir versuchen, das gesammelte Treibgut unserer Identität über Wasser zu halten, und benutzen es als Schwimmhilfe, ohne zu erkennen, dass wir uns bereits mitten im allumfassenden Ozean unseres wahren Selbst befinden.

Erlauben wir uns einmal den Spaß, darüber zu spekulieren, wie diese Sachlage zustande gekommen sein mag. Eines ist nicht zu bezweifeln: Die Beobachtung von Neugeborenen bestätigt, dass diese nicht als Tabula Rasa ankommen, als kleine Computer, die darauf warten, programmiert zu werden. Einige gurgeln und brabbeln vom ersten Tag an und andere scheinen reizbar oder abgehoben anzukommen: „Schon als Baby war er sanft", „sie war von Anfang an kontaktfreudig", „er ist schon immer ein Einzelgänger gewesen". Wenn drei Kinder anwesend sind, wenn Mami das Abendessen an die Wand wirft, wird eines weinen, eines beschwichtigen und eines verschwinden. Wir scheinen ausgestattet mit bestimmten Charakterzügen, die wir *Wesensnatur* nennen wollen, auf die Welt zu kommen.

Es heißt, Babys würden alles als eine Verlängerung ihrer selbst betrachten – fast das Gegenteil vom „nichts als das Selbst" des Zen – so als ob sie die eigene Identität auf alles andere ausweiten oder darauf projizieren, anstatt das Selbst *als* alles zu sehen.

Noch ehe die Kinder zwei Jahre alt sind und nachdem sie sich ein paar Mal den Kopf angestoßen oder geschrien haben, ohne dass jemand zu Hilfe gekommen wäre, beginnen sie eine Grenze zwischen sich selbst und der Welt zu ziehen. Dabei wird der Teil, der verletzt wurde (oder seinen Wille nicht bekam), als das Selbst bezeichnet, und alles, was bedrohlich oder nicht bestätigend wirkt, wird zum Nicht-Selbst – d. h. fast alles andere.

Interaktionen mit Bezugspersonen bilden eine Mischung aus Genetik und Wesensnatur, die wir *Erziehung* nennen wollen: Fürsorge, die gesundheitlichen Bedingungen, Ernährung, Umfeld, sozio-ökonomische Faktoren, Geschlecht und grundlegende kulturelle Konditionierungen. Im Zusammenspiel von Wesen und Erziehung entwickelt das Baby ein Repertoire an Haltungen und Verhaltensweisen, die sich mit der Zeit zu einer regelrechten Karnevalsmaske zusammenfügen, deren Zweck es ist, die Frage zu beantworten: „Wer und wie soll ich sein?" Ergo: das Ego.

Während das noch nicht entwickelte Gehirn über die Dinge nachsinnt, verwandeln sich einige der Faktoren von *Wesen* und *Erziehung* in ein zunehmend künstliches Gefüge, das wir *Neurose* nennen wollen. Das nachdenkliche, einzelgängerische Kind zieht sich immer wieder zurück. Das entspannte Kleinkind driftet in den Äther ab. Kontaktfreudige Kleine beginnen zu manipulieren. Emotional veranlagte Knirpse ähneln gelegentlich dem König oder der Königin in einem Drama. Und nachdenkliche alte Seelen können aussehen, als seien sie der Welt müde. Das alles noch vor dem Alter von drei Jahren.

Wenn wir in den Kindergarten kommen, sind die meisten von uns sicher berechenbar. Ein Durchblättern des Familienalbums lässt klar erkennen, wann die Freude beim Anlächeln eines Erwachsenen zur Suche nach Bestätigung wird. Oder wann die Entschlossenheit, uns die Schuhe ganz alleine zu schnüren, zum grimmigen Beharren darauf wird, alles perfekt zu machen.

Wenn unsere Grundhaltung eher entgegenkommend als zurückgezogen oder aggressiv ist, dann werden wir mit größerer Wahrscheinlichkeit die Muster unserer Eltern in der jungen Familie und die Muster unserer gesellschaftlichen, religiösen und erzieherischen Einflüsse übernehmen. Welche Einflüsse auch immer wir übernehmen, immer wird die Identität unseres Selbst Ähnlichkeiten zu unserem Naturell oder unseren natürlichen Wesenszügen aufweisen, selbst wenn unsere Vorstellung davon, wer wir sind, die Grenzen eines separaten Selbst zu transzendieren beginnt. Unsere Eigenschaften und Fassaden sind mit großer Wahrscheinlichkeit so beständig, dass verschiedene psychospirituelle Systeme und Typologien sie über die Jahrhunderte hinweg kategorisch beschreiben konnten: der tibetische Buddhismus mit seinen Weisheitsenergien, das Enneagramm, die Jung'schen Archetypen, die Astrologie und andere. Trotz ihrer Grenzen können einige dieser Hilfsmittel, wenn sie differenziert verwendet werden, sehr hilfreich sein, indem wir uns objektiv darüber bewusst werden, wie beständig die Strukturen des Egos sind. Ein Beispiel für den potentiellen Nutzen von Hilfsmitteln, durch die wir unsere Anhaftung an die Eigenschaften entlarven können, mit denen wir uns identifizieren, ist folgendes: Selbst nach Jahren der Therapie, als ich zu einer genesenden Therapeutin wurde und mich mit Körperarbeit, Zen und Tausenden von anderen Methoden beschäftigte, war ich ganz ernüchtert, als ich in einem Buch eine Liste von Eigenschaften entdeckte, die ich für einzigartig an mir selbst gehalten hatte. War „ich" denn so durchschaubar?

Man kann bei solch einer Untersuchung leicht vergessen, worum es eigentlich geht, nämlich unser Ego-Gebäude zu durchschauen. Das nagende Gefühl, dass etwas in uns fehle, führt zu der nahezu unwiderstehlichen Versuchung, unsere Kindheit wieder aufzuwärmen oder zu versuchen, unsere jetzigen Umstände bestimmten Ereignissen in unserer Lebensgeschichte zuzuschreiben: „Die Leute sagen zu mir, ich sei übersensibel. Du wärst das auch, wenn du meine Familie gehabt hättest." Solche Behauptungen können unmöglich stimmen, denn sonst hätte jeder, dessen Vater nicht da war, die gleiche Sicht auf das Leben. Und es geht auch nicht jeder, der etwas Tragisches erlebt hat, mit der gleichen Haltung daraus hervor.

Es birgt noch weitere Probleme in sich, wenn man die Vergangenheit heranzieht, um die Gegenwart zu erklären: Unser Gedächtnis ist bekanntermaßen immer mangelhaft, sowohl aufgrund der verflossenen Zeit als auch aufgrund der Filter in unserer kindlichen Wahrnehmung, die mittels eines Gehirns stattfand, das noch nicht abstrakt und reflexiv zu denken vermochte. Unsere Erinnerungen sind nicht nur ungenau, sondern sie berücksichtigen auch nicht, dass Samen des Erwachens wie Empathie und ein beständiges Interesse an anderen der Pflege bedürfen, auch wenn sie angeboren sind. Das bedeutet, dass wir die Dinge mit den Augen eines Kindes gesehen haben, das noch nicht zum Mitgefühl eines Erwachsenen fähig war.

Ich habe einmal eine Technik namens Naikan erlernt, die aus dem Buddhismus des Reinen Landes stammt. Man kehrt zurück zu wichtigen Ereignissen in der Kindheit und bemüht sich, diese durch die Augen unserer damaligen Betreuer zu erfahren. Diese Methode hat zwar ihre Grenzen, doch es war das erste Mal, dass ich über das Offensichtliche nachgedacht habe: nämlich dass die anderen Menschen in meinem Leben eine Wahrnehmung hatten, die sich von der meinen sehr unterschied. Ich erinnerte mich hauptsächlich an meine eigenen Missgeschicke, aber auch andere hatten sehr Schweres erlebt. Wellen von Traurigkeit spülten langsam lange gehegten Groll hinweg. Und dies verstärkte wiederum meine Einsicht, dass der Weg der Dekonditionierung immer weitergehen muss.

Ein persönliches Beispiel für die Energie hinter unserer Ego-Verschanzung ist, dass ich viele Jahre und viel Geld für ein breites Spektrum an verschiedenen Therapien aufgewendet habe. Da ich viel Wert darin sah, erzählte ich einfühlsamen Psychologen immer wieder, dass „meine Liebesbeziehungen besser funktioniert hätten, wenn mein Vater warmherziger gewesen wäre". Stellen Sie sich meinen Verdruss vor, als ein Ausbruch von ungebetenen Erinnerungen eine Menge meiner geliebten Erinnerungen auslöschte. Ich fand bestätigt, dass ich selbst den Kampf gegen meinen Vater begonnen hatte. Meine Mutter beschrieb unsere erste Begegnung, als ich 18 Monate alt war und er bei seiner Rückkehr aus dem Zweiten Weltkrieg aus dem Flugzeug stieg. Er entsprach buchstäblich nicht „meinem Bild", da er 50 kg leichter war als auf dem Foto, das ich überallhin mitnahm, und seine Haut und seine Augen gelbe und schwarze Flecken hatten von Gelbsucht, Malaria und Amöbenruhr – die er sich geholt hatte, als er zum fünften Mal über der nordafrikanischen Wüste abgeschossen worden war und rohes Schweinefleisch gegessen hatte, um zu überleben. Meine Mutter schien sehr an diesem Wesen interessiert zu sein. Ich kreischte zwei Wochen lang mit nicht zu bändigender Kampfkraft, bis ich fast ohnmächtig wurde. Mein Vater hatte auch das, was man heute eine posttraumatische Stress-Störung nennt, und deshalb überrascht es nicht, dass er nach zwei Wochen zu meiner Mutter sagte: „Es ist schön, Vater zu sein. Aber müssen wir sie denn überallhin mitnehmen?"

Wir haben zweifellos leidvolle Dinge erlebt. Dennoch hat uns niemand zu unseren Reaktionen gezwungen. Der Zorn brüllender Kleinkinder, die negativen Gefühlsausbrüche und der untröstliche Kummer im Sandkasten machen klar, dass kleine Menschen mit einer extrem unbeständigen Emotionalität auf die Welt kommen.

Unabhängig von den Umständen besteht der Hauptfaktor, der einen anhaltenden Einfluss auf uns hat, in den *Entscheidungen*, die wir selber über die Ereignisse getroffen haben, und zwar mehr noch als die Ereignisse selbst. Wir brauchen nicht in der Vergangenheit herumzustochern, um zu entdecken, was das für Entscheidungen waren, da die wichtigsten von ihnen immer noch am Werk sind.

Nachdem ich vor meinem zwölften Geburtstag 35 Mal umgezogen war, lauteten einige meiner Entscheidungen: Höre nur auf dich selbst, zeige keine Gefühle und vermeide es, anderen zu nahe zu kommen. Ein anderes Kind hätte vielleicht zu klammern begonnen. Mit vier Jahren traf ich eine Entscheidung, die ein „Hammer" war: Da mein Papa unser Geplauder zu genießen schien, würde ich ihn vielleicht davon abhalten können, uns erneut zu verlassen, wenn ich viel redete und mich klug anhörte. Ein halbes Jahrhundert später rede ich immer noch wie ein Wasserfall. Als meine Mutter hörte, dass ich mich in ein einwöchiges Schweigeretreat begeben würde, sagte sie: „*Du*? Ein Wunder!".

An irgendeinem Punkt sehen wir uns vielleicht zu der Entscheidung getrieben, dass es unsere einzige Möglichkeit ist, aus diesem schlechten Traum zu erwachen. In meinem Falle ist Zen eine glückliche, letzte Zuflucht gewesen, aber auch in anderen Methoden liegt viel Wertvolles. Wie Ezra sagt: „Die Psychologie zeigt uns, was uns bewegt. Der Zen zeigt uns, dass das, was uns bewegt, nicht wir sind." Eine der großen Herausforderungen, mit denen ich konfrontiert war, war der Wunsch, ein „Zen-Ego" zu entwickeln, um etwas an die Stelle meines alten, ausgehöhlten Modells zu setzen.

Da haben wir es: ein halb gares Rezept für ein Selbst.

Es ist nicht notwendig, dass wir aus der engen, stickigen Kiste, in die wir uns gebracht haben, herauszukommen versuchen. Das wäre nur ein Wechsel der Adresse. Wir sollten lieber die Dimensionen und Bestandteile des Egos so gründlich untersuchen, wie wir einen Diamanten prüfen würden. Wir sollten seine Facetten so genau und objektiv wie möglich betrachten, mit allem Staub und allen Fingerabdrücken, die seinen Glanz verdecken. Wenn Bewusstheit unsere Wahrnehmung reinigt, stellen wir fest, dass unser Wesen, unsere Erziehung und unsere Neurosen unsere wahre Natur widerspiegeln wie die alles reflektierenden Facetten eines Diamanten.

Werde erwachsen, erwache: Reifeniveaus

Erwachsen zu werden ist wesentlich, um zu erwachen. Peter Toshs und Bob Marleys Reggae-Bürgerrechtshymne „Get up, Stand up" [„Steh' auf, steh' ein"] wird zu einer Hymne des Erwachens, wenn wir ein paar Wörter abändern: „Werde erwachsen, wach' auf ... wach' auf aus dem Traum." Die meisten so genannten Erwachsenen sind nicht unbedingt besonders erwachsen, und selbst wenn wir ab und zu von Aha-Momenten überwältigt worden sind, wird unser konditionierter Papagei nicht zulassen, dass eine Kostprobe der un-bedingten Wirklichkeit ihn lange zum Schweigen bringt.

In meinen ersten Praxisjahren schrieb ich (im Zen bedeuteten Gedichte viel) Folgendes, als die Mauern meines Egos zum ersten Mal ins Wanken kamen: „Rosen sind rot, Veilchen sind blau; zwei sind eins und eins ist zwei." Es ist nicht gerade Auden [Wystan Hugh Auden, engl. Schriftsteller], aber es weist auf die absolute Natur der relativen Wirklichkeit hin. Kurz danach wurde das Licht schwächer, bevor es einige meiner kindlichen Ego-Trips beleuchtete. Das ließ mich ein zweites Gedicht schreiben: „Rosen sind rot, Veilchen sind blau; ich bin unreif und ich bin's doch."

Jetzt, wo wir uns die Anatomie unseres Egos näher angesehen haben, lassen Sie es uns zu Ebenen der Reife in Bezug setzen. Wenn miteinander streitende Teile wieder auftauchen, was vorherzusehen ist, sehen wir ein Rashomon-artiges Phänomen: Wir ähneln ganz alleine einer kompletten dysfunktionalen Familie.

Die hier aufgelisteten Reife-Ebenen spiegeln keine Entwicklungsphasen wider; es sind vielmehr Charakteristika, die manchmal von spirituell Praktizierenden angenommen werden. Schauen Sie einmal, welche Kategorien für Sie am häufigsten wahr sind und welche sich in bestimmten Situationen zeigen – wie z. B. bei der Arbeit ein Erwachsener und im Urlaub ein Jugendlicher zu sein.

Die Kategorien überschneiden sich etwas mit der Bestandsliste der „vielen Ichs", da sich unsere Identität um Reifefaktoren dreht.

- *Das Kleinkind*: hysterisch, überwältigt, neigt zu Wutausbrüchen oder Untröstlichkeit.
- *Das Kind*: bedürftig, anhänglich, abhängigkeitsorientiert, überzeugt, dass andere seine Bedürfnisse erfüllen müssen, respektvoll Autoritätspersonen gegenüber.
- *Der Jugendliche*: zwiespältig gegenüber Autoritätspersonen, abwechselnd rebellisch und nachgiebig, lässt sich von Gleichaltrigen unter Druck setzen, ist passiv-aggressiv oder aggressiv, gleichgültig, reagiert mit ja-aber oder ist zynisch.
- *Eltern*: autoritär, Betreuer, perfektionistisch oder überkritisch bei der Suche nach Fehlern und beim Versuch, diese zu korrigieren, kümmern sich um die Bedürfnisse anderer, wobei sie vielleicht behaupten, keine persönlichen Bedürfnisse zu haben, erteilen anderen Ratschläge zu „deren Besten".
- *Der/die Erwachsene*: verantwortungsbewusst, schätzt sich selbst und andere gleichermaßen, Teammitglied oder -leiter, je nach Eignung. Noch nicht erwacht, da die voll-leere Dimension nicht bewusst ist, daher ist seine Identität immer noch größtenteils auf das „Ich, mir, mein" beschränkt.
- *Der ältere Mensch*: die Momente, in denen sich das voll-leere Wunder zeigt und die Liebe und die Verwobenheit unserer Natur hervorscheinen lässt.

Erst auf der Reifeebene des älteren Menschen befinden sich unsere Wahnehmungen im Einklang mit der Fülle der Wirklichkeit. Spirituelle Aspiranten setzen sich manchmal die Maske des Pseudo*älteren* auf, d. h. sie versuchen, erwachter zu erscheinen, als sie es in Wirklichkeit sind. Wahrscheinlich haben sich manche von uns als spirituelle Kandidaten für den Doktortitel dargestellt, während das Niveau unseres Erwachens eher dem eines Grundschülers glich.

Im 1. Korintherbrief, Vers 13, heißt es: „Als ich ein Kind war, / redete ich wie ein Kind, / dachte wie ein Kind / und urteilte wie ein Kind. Als ich ein Mann wurde, / legte ich ab, was Kind an mir war." Das geschieht nicht immer. Eine „ehrliche Verpackung" würde von den meisten von uns verlangen, dass wir gelegentlich einen „Kind an Bord" – Sticker tragen, wie man ihn ab und zu an Autoscheiben sieht.

Obwohl Kinder oft wunderbare Einstellungen wie Neugierde, spielerisches Verhalten und Freude zeigen, können sie wohl kaum erwacht sein, da Samen des Erwachens wie Mitgefühl, liebende Güte, empathisches Wohlwollen, Unterscheidungsfähigkeit und klares Erkennen noch keine Gelegenheit gehabt haben zu erblühen. Diejenigen Eigenschaften, die wir an Kindern am meisten bewundern, sind auch typisch für ältere Menschen, die die Bekanntschaft des uneingeschränkten Daseins gemacht haben.

Wenn wir danach streben, ein zunehmend wacheres Leben zu führen, besteht unsere Aufgabe darin, erwachsen zu werden. In der Zwischenzeit können wir auf unsere wechselnden Reifeniveaus achten. Man kann sich nur schwerlich allzu ernst nehmen, wenn man sich dabei beobachtet, wie man abrupt von der kindlichen Forderung „Nimm mich auf den Arm" zu einem jugendlich-rebellischen „Lass' mich runter!" wechselt; von einem bedürftigen, abhängigen „Sag' mir, was ich tun soll" zu einem mit dem Fuß aufstampfenden „Sag' mir bloß nicht, was ich tun soll!"

Reifeniveaus erklären nicht alles, fördern aber den Samen der *innerpersönlichen Bewusstheit* sehr gut, so dass wir unsere Ego-Systeme objektiv sehen. Wir möchten doch nicht, dass auf unserem Grabstein einmal steht: „An schlechten Tagen war sie wie eine Zweijährige, an guten Tagen wie eine Dreijährige."

Es inspiriert, wenn man Zeichen spiritueller Reife sieht. Eines Morgens fuhr ich an der hiesigen Christkönigs-Kirche vorbei, vor der die schwarze Jesus-Statue von mutwilligen Menschen beschädigt worden war. Am Nachmittag hatte jemand der Statue ein Schild in die gebrochenen Arme gelegt mit der Aufschrift: „Wessen Hände willst du hier anbringen?"

12 *Die Standardeinstellung*

Das gleiche alte „Selbst" wieder zusammenbasteln

Wenn das Ego seine Show abzieht, glauben wir,
nicht gut genug zu sein.

T. Head, Hiphop-Herz-Sutra

Als ich Ende Zwanzig war, wurde ich gebeten, einen Vortrag über ein Thema zu halten, über das ich viel zu wissen glaubte. Es war ein abstraktes Thema, und als ich zur Mitte des Vortrags gekommen war, schossen mir folgende Worte durch den Kopf: „Was du sagst, ist alles Theorie und wird niemandem im Leben nützen." Ob sich da nun eine grundlegende Bescheidenheit oder Integrität äußerte – gerade als ich die Teilnehmer nach Hause schicken wollte, kam ein Gegenangebot vom Ego: „Warum nicht den Vortrag zu Ende halten und dann so etwas nie, nie wieder machen?"

Das Selbstbild, das zugestimmt hatte, diesen Vortrag zu halten, war ein *Standardprogramm*, ein sichtlich sehr fest installiertes Programm, auf das Menschen und Computer zurückgreifen, wenn die Mikrochips versagen. Mein Standardprogramm bestand darin, wissend, charmant und charismatisch zu erscheinen. Ich sah überhaupt nicht, was ich tat, denn ein Standardprogramm ist uns näher als unsere eigene Haut. Seine Vertrautheit erlaubt es ihm, ungestraft abzulaufen und vertraute Symbole zu verstärken. Wir sehen das Standardprogramm selten als etwas Künstliches oder vielmehr als etwas Vorfabriziertes, da es nichts Neues mehr ist, sobald wir über zwei Jahre alt sind.

Sie wissen, dass Ihr Standardprogramm läuft, wenn Sie sagen: „So bin ich einfach" oder „so jemand bin ich nicht". Es gibt verschiedene Standardprogramme. Die eine Person stürzt in eine Depression, die andere rast nach Las Vegas. Wir reagieren auf der Grundlage von konditionierten Ego-Mustern auf das Leben, anstatt der jeweiligen Situation angemessen darauf einzugehen. Wenn unser Standardprogramm wie ein Radar nach Beweisen sucht, die die eigenen irrigen Einstellungen bestätigen sollen, wird aus Flexibilität Starre.

Der griechisch-armenische Lehrer Georges I. Gurdijeff hat den Ausdruck *„Hauptwesensmerkmal"* verwendet, um das Standardprogramm zu beschreiben, ein Charakteristikum, das dem Leben nützen oder aber Unbewusstheit verstärken kann. Das Standardprogramm läuft unter dem Titel *Konditionierung*, ein Begriff, der in spirituellen und therapeutischen Traditionen verwendet wird, oder dem Titel *Programmierung*, ein Begriff, der sich sowohl auf Menschen als auch auf Computer (und Papageien) anwenden lässt. Die Programmierung anderer entdecken wir schnell, während unsere eigene, auch wenn sie ganz offensichtlich ist, zumindest uns selbst verborgen bleiben kann, insbesondere dann, wenn unser Standardprogramm zufällig ein gesellschaftlich akzeptiertes ist. Eines meiner Standardprogramme bestand z. B. darin, ständig herumzuhetzen und scheinbar edle Projekte auf die Beine zu stellen, was manchmal eine Maske war, um nicht als unedel entlarvt zu werden.

Es gibt Vertreter verschiedenster Standardprogramme: Leidenssüchtige, Verwirrtheitsjunkys, Nein-Sager, Leithunde, Fehler-Finder, Alles-Wisser, Stoiker und Katastrophen-Apostel. Kennen Sie

Ihre eigenen Standardprogramme? Die Phrasen, die wir auf Lager haben, bieten Hinweise, z. B.: „Niemand sagt mir, was ich zu tun habe" oder „ich bin sensibler als die meisten anderen Menschen." Auch verschiedene Verhaltensstrategien liefern Anhaltspunkte, z. B. anderen gefallen zu wollen, sich zurückzuziehen, sich aggressiv zu verhalten, Dinge aufzuschieben, Ablenkung durch Suchtstoffe oder Aktivitäten zu suchen.

Standardprogramme ähneln Viren oder vielmehr Retroviren, indem sie in unsere Zellen einzudringen und sich unserer Lebenskraft zu bemächtigen scheinen, um zu überleben. Bei Computern ist die Lösung einfach: Man installiert ein Virenschutz-Programm. Auf dem Pfad des Erwachens allerdings besteht unsere Absicht nicht darin, etwas zu löschen, sondern uns einer Programmierung, die bereits am Laufen ist, bewusst zu werden.

Bei der Untersuchung unseres Standardprogramms verwenden wir Werkzeuge aus allen fünf Dimensionen des Herzgeistes. Nehmen wir einmal an, Sie hätten eine neue Bekanntschaft gemacht und möchten gerne, dass diese Person gut über Sie denkt. Sie befürchten jedoch, dass Ihre selbständig agierenden Selbstbilder versuchen, die Führung zu übernehmen. Nehmen Sie sich einen Moment Zeit, um die Gefühle und Bewegungen zu spüren, durch die Ihr Standardprogramm seine „Show abzieht" (physische Dimension). Lauschen Sie den Gedanken, die ein bestimmtes Bild vermitteln wollen (mentale Dimension). Überprüfen Sie, ob gewohnheitsmäßige Gefühlszustände aktiv sind (emotionale Dimension). Konzentrieren Sie sich einen Moment lang auf Ihre Umgebung (offene Dimension).

Solche gelegentlichen Untersuchungen könnten die Zen-Entsprechung zum Defragmentieren einer Festplatte darstellen: Verfügbarer Raum, den wir aus den Augen verloren haben, eröffnet sich uns, und die fragmentierten Dateien unseres dressierten Papageis, diejenigen Dinge, die unser Bewusstsein von Geräumigkeit blockieren, können nicht mehr so unkontrolliert laufen wie vorher. Solch eine fünfdimensionale Bewusstheit kann uns intensiv daran erinnern, wie unbefriedigend ein Standardprogramm in Wirklichkeit ist.

Schlechtes Ich: das geheime Selbst

Kennen Sie die janusgesichtigen Masken, die auf der einen Seite traurig und auf der andern glücklich dreinblicken? Ihre Doppelgesichtigkeit spiegelt zwei vertraute Akteure in unserem Ego-Drama wider: unsere positive Persona, das Gesicht, das wir der Welt zu zeigen versuchen, und die Kehrseite oder das schlechte Ich, das mit Mängeln behaftet ist und das wir weitgehend geheim halten.

Als Kleinkind nahmen wir noch nicht automatisch an, dass uns unartiges Verhalten „schlecht" machen würde. Auf frischer Tat ertappt, sagten wir gewöhnlich „ich böse" als Antwort auf die Frage, wer die fünf angebissenen Schokoladenstücke wieder in die Schachtel gelegt habe. Später gingen wir von „ich böse" zum bösen Ich über, nachdem wir den Schluss gezogen hatten, dass eine schlechte Tat uns zu einem durch und durch schlechten Menschen mache.

Wenn Sie denken, dass Sie kein „schlechtes Ich" besäßen, beantworten Sie schnell die folgende Frage, bevor Ihre positive Persona das Wort ergreift: „Wenn die anderen den tiefsten, schmerzhaftesten Punkt an mir sehen könnten, würden sie sehen, dass ich vollkommen ... bin." Füllen Sie die Lücke aus mit: dumm, inkompetent, ungenügend, fehlerhaft, verlogen, nicht liebenswert, hoffnungslos oder nutzlos.

All dies sind Varianten des Gefühls von Wertlosigkeit. Oft besteht eine Verbindung zwischen unserer Version des schlechten Ichs und unserer positiven Persona. Könnte es einen Zusammenhang geben zwischen meinem Kinderglauben, dass ich dumm sei, und der Tatsache, dass ich drei akademische Titel erwerbe und Universitätsprofessor werde? Wenn wir nicht versuchen, etwas zu verdecken, was sollte uns dann motivieren, eine künstliche Persona zu fabrizieren, anstatt einfach unser Bestes zu tun?

Wenn wir erst einmal den Verdacht hegen, dass wir im Kern unseres Wesens schlecht seien, entwickeln wir Wege, es zu verbergen, angefangen bei der Suche nach Anerkennung bis hin zur Suche nach merkwürdigen Arten von Trost. Aber wenn jemand auch nur eine einzige abfällige Bemerkung über uns macht, stimmt die „unerträgliche Schlechtigkeit unseres Seins" schnell wieder ihr Geheul an.

Gleichgültig welche Faktoren zum Entstehen des „schlechten Ichs" beitragen, das Wichtigste ist, dass wir uns dessen bewusst sind, sonst wirkt das „schlechte Ich" unbemerkt – es sei denn, wir erwachen vollkommen (was unwahrscheinlich ist) oder wir unterdrücken es vollkommen (was möglich ist). Wir könnten schockiert sein, wenn wir feststellen, dass wir fast pervers an unserem „schlechten Ich" festhalten. Manchmal nimmt das die Form von vorbeugendem Leiden, einer Selbstbestrafungshaltung, an: „Wenn ich mich selbst fertigmache, wird es nicht so weh tun, als wenn andere es tun." Schließen Sie so etwas nicht aus, bevor Sie nicht versucht haben, sich an einen Zeitpunkt zu erinnern, an dem Sie zwar wussten, dass eine bestimmte Angewohnheit, eine Einstellung, ein Selbstbild oder eine Beziehung destruktiv waren, Sie diese aber trotzdem fortgesetzt haben.

DIS – Ihr „schlechtes Ich" entdecken: ein Arbeitsblatt

„DIS", die Abkürzung für das englische Wort „disrespect" (dt. mangelnde Achtung) im Straßen-Slang, ist ein Akronym für „decisions" (dt. Entscheidungen; D), Image (I) und Strategien (S), die Komponenten des schlechten Ichs. Setzen Sie Ihre eigene Version ein.

D für „decisions" (*Entscheidungen)*. Was für Schlüsse haben Sie gezogen, wenn es darum ging, dass Sie inakzeptabel seien? („Wenn ich anderen zu nahe komme, werden sie erkennen, dass ich nie gut genug sein werde.")

I für Image. Wie, fürchten Sie, werden andere Sie sehen? Stellen Sie sich einen Schnappschuss vom Gesichtsausdruck und von der Körperhaltung des „schlechten Ichs" vor. Bemerken Sie, wie er sich von Ihrer positiven Persona unterscheidet.

S für *Strategien*. Wie sehen Ihre Spielpläne aus, mit denen Sie Ihr „schlechtes Ich" verstecken? Es könnten konventionell angemessen sein, wie z. B. Gutes zu tun, um vermeintliche Unzulänglichkeiten zu verbergen, oder unangemessene, wie schadenden Aktivitäten nachzugehen oder gezielt ein Image von Inkompetenz zu vermitteln.

Wenn wir uns darüber bewusster werden, wie wir uns selber „dissen", ist die Wahrscheinlichkeit geringer, dass dieses im Verborgenen abläuft und nur von Zeit zu Zeit auftaucht, um uns zu untergraben. Wir können auf die körperliche Anspannung achten, die uns signalisiert, dass unser „schlechtes Ich" in der Zwangsjacke angespannter Muskeln eingesperrt ist. Wenn wir uns umsehen, können wir diese chronische Panzerung schon bei kleinen Kindern bemerken, die keine bessere Lösung für den Umgang mit Schmerz kennen. Und wir selbst sind diese Kinder in Form Erwachsener.

Glücklicherweise können das „schlechte Ich" und auch unsere „positive Persona" nicht unser wahres Selbst sein, wenn wir uns ansehen, wie schnell sie jeweils bei der leisesten Kritik oder dem kleinsten Kompliment hervorkommen oder verschwinden können. Das ist eine starke Lektion in Unbeständigkeit, im Nicht-Vorhandensein eines festen oder dauerhaften Selbsts – ganz gewiss keine schlechte Lektion.

Das Zitronen-Baiser-„Ich": Außerhalb der Torte leben

Wir haben schon festgestellt, wie verwirrend Ego-Identitäten sein können, da dort, wo wir eine Einheit erwartet hätten, eine Vielzahl vorhanden ist. Die Analogie der „Ich"-Zitronen-Baisertorte zeigt, wie sich drei Hauptschichten unserer Identität manchmal in schneller Folge vermischen und abwechseln. Denken Sie, damit die Analogie von Nutzen ist, an eine Beziehung oder eine Situation, in der es einiges Auf und Ab gegeben hat. Erinnern

Sie sich an einen Zeitpunkt, zu dem Sie in Hochform waren: anziehend, kompetent, Herr der Dinge, was auch immer. Das ist das *Baiser*, die Fassade, von der wir hoffen, dass andere sie uns abkaufen. In weniger bewussten Momenten kaufen wir sie uns vielleicht selbst ab.

Beißen Sie jetzt herzhaft in das Tortenstück hinein, dann stoßen Sie auf den *matschigen Boden*. Diese Schicht kommt zum Vorschein, wenn uns eine Ablehnung oder ein Angriff unseres „schlechten Ichs" umgeworfen hat. Der matschige Boden ist der Tiefpunkt in unserem Spiel.

Die dritte Schicht, *die saure Füllung,* zeigt sich vielleicht erst, wenn wir ein mehrmaliges Hin- und Herwechseln zwischen dem Baiser und dem matschigen Boden ertragen haben. So wie das Baiser dient auch sie dazu, unseren matschigen Boden zu verbergen. Das Motto der sauren Füllung lautet: „Wenn das Leben dir Zitronen bietet, dann sauge sie aus!" Zu den sauren Geschmacksrichtungen gehören Groll, Misstrauen, kalter Zynismus, Hartherzigkeit, passiv-aggressives Verhalten, Überdruss gegenüber der Welt und Schuldzuweisungen. Mit zunehmendem Alter ziehen sich Menschen oft immer mehr in die saure Füllung zurück.

Die Menschen gehen unterschiedlich mit diesen Schichten der Ego-Identität um. Manche kämpfen, um das Baiser intakt zu halten, was mit Sicherheit zu einer steifen Künstlichkeit führt. Andere machen ständig eine Saure-Zitronen-Diät. Manche stürzen bereitwillig in den matschigen Boden und in qualvolle Verzweiflung.

Wir würden uns nie dazu getrieben fühlen, ein nasses Baiser zu fabrizieren oder zu der Bitterkeit der sauren Füllung Zuflucht zu nehmen, wenn wir nicht in unserem tiefsten Inneren davon überzeugt wären, dass der matschige Boden die schreckliche Wahrheit über uns sei. Diese scheinbar ungenießbaren Schichten können sich jedoch aufzulösen beginnen, wenn wir mit ihnen in der gleichen Weise umgehen, wie wir es mit einer echten Torte tun würden: sie in uns aufnehmen und verdauen. Das In-uns-Aufnehmen beginnt damit, dass wir feststellen, was sich tatsächlich auf unserem Teller befindet: etwas Steifes, Süßes, Herbes oder Matschiges. Dann kann das Verdauungsenzym der Bewusstheit seine Arbeit leisten: Körperlich verspüren wir Schaudern und Gefühle des Zusammenziehens. Mental beobachten wir den laufenden Kommentar unseres Geistes. Und emotional spüren wir, welche Stimmung oder welcher Ton vorherrscht. Die Dimension des offenen Gewahrseins dient mittels unserer Umgebung als Teller für unsere Torte.

Die Beobachtung zeigt, wie sinnlos der Versuch ist, sich ein festes, dauerhaftes Selbst aus Bestandteilen erschaffen zu wollen, die unbeständig, unvollständig und substanzlos sind.

Teil VI

Liebende Güte:
Die Samen des Herzgeistes erwecken

13 *Liebende Güte*

Eine Meditation

Wie wäre es wohl, wenn man jeden Tag mit der wachsenden Einsicht erwachen würde, dass es wichtiger ist, selbst zu lieben, als geliebt zu werden?

Stephen Levine

Ein orthodoxer Rabbi aus Ungarn, der in Auschwitz gefangen war, wurde in die Gaskammer gebracht. Er dankte den Wachen für ihre Güte und sagte: „Meine Freunde, heute werde ich Ha Shem [einer der Namen Gottes im Judentum] begegnen", und tanzte auf dem Weg in die Vernichtung. Das habe ich von meiner Freundin, der Rabbinerin Mary Jane Newman, gehört, die es vom Enkel des Rabbi erfahren hatte.

In dieser Geschichte geht es um etwas Ähnliches wie bei der von Jacques Luysseran, eines blinden Gefangenen aus der französischen Widerstandsbewegung, der Dankbarkeit dafür äußerte, dass er seinen Kameraden Mut zusprechen durfte, obwohl sie ihm im

Konzentrationslager Buchenwald sein Brot gestohlen hatten.[25]

Ich weiß nicht, was diese Männer zur Liebe und Güte gebracht hat, aber ich kenne keine wertvollere Praxis, um mit dem Unzerstörbaren in Verbindung zu kommen – selbst in zerstörerischen Umständen – als die vom Buddha beschriebene Meditation auf liebende Güte, die in verschiedenen spirituellen Traditionen praktiziert wird.

Die vier Zeilen der Meditation umreißen den verwobenen Weg eines spirituellen Lebens: die liebende Güte zum Erwachen einzuladen, sich dem zuzuwenden, was der liebenden Güte im Weg steht, sich der ganzen Fülle des Augenblicks zu öffnen und den Wunsch auszusenden, dass alles Leben von liebender Güte durchdrungen sein möge.

Liebende Güte: Die Meditation

Lassen Sie den Körper zur Ruhe kommen. Schließen Sie die Augen und richten Sie Ihre Aufmerksamkeit auf die Empfindung des Atems in der klopfenden Mitte der Brust. Es hilft Ihnen, Ihre Bewusstheit dorthin zu lenken, wenn Sie die Fingerspitzen an diese Stelle legen.

Stellen Sie sich beim Einatmen eine Person vor, die Ihnen etwas bedeutet, oder spüren Sie sie – es kann auch ein Haustier sein – einfach damit das Gefühl des Wohlwollens zu fließen beginnt. Atmen Sie deren Bild in die Mitte Ihrer Brust hinein und sagen Sie beim Ausatmen still: „Möge liebende Güte erwachen", und wünschen Sie, dass es ihr gut gehen möge. Stellen Sie sich nun bei den nachfolgenden Einatmungen sich selber vor, wobei

---

25 Jacques Luysseran: *And There Was Light: The Autobiography of a Blind Hero of the French Resistance,* übersetzt von Elizabeth Cameron (Sandpoint, Idaho: Morning Light Press, 2000)

Ihre Aufmerksamkeit immer noch in der Mitte des Brustraums ruht, und sagen Sie beim Ausatmen im Stillen jeweils die folgenden Sätze:

1. Möge liebende Güte erwachen.
2. Möge alles, was die liebende Güte verstellt, Beachtung und Heilung finden.
3. Möge dieser Augenblick erfahren werden, so wie er ist.
4. Möge sich liebende Güte auf alle erstrecken.

Wiederholen Sie diese vier Zeilen einige Male. Denken Sie dann an jemand anderen, der Ihnen am Herzen liegt, und erspüren Sie das Bild von ihm. Wiederholen Sie den Prozess im Hinblick auf diese Person. Bei der vierten Zeile kann die Bewusstheit dann auch die Menschen in Ihrer unmittelbaren Nähe einbeziehen. Wählen Sie dann einen anderen Menschen und machen Sie das gleiche. Manchmal genügen die beiden ersten Zeilen, wenn man an jemand anderen denkt. Denken Sie zum Abschluss an alle lebenden Wesen, wiederholen Sie die Zeilen und widmen Sie sie diesem erweiterten Bewusstsein vom Leben.

Die Bewusstheit wird durch die multisensorische Form gefördert, die diese Version von liebender Güte annimmt: das *Spüren* des pulsierenden Berührungspunktes in der Mitte der Brust, die *Visualisierung* der Person, auf die die Meditation gerichtet ist, und die *Erfahrung* dessen, worauf die einzelnen Zeilen hinweisen. Der Kern ist der Atem im Brustraum, wo sich trennende Gefühle wie Wut und verbindende Eigenschaften wie Einfühlung und Dankbarkeit oft melden. Mit Hilfe dieser Meditation kann man sie hautnah erforschen.

Das Wort „erstrecken auf" wird in ähnlicher Weise wie bei den förmlichen Zen-Sitzungen gebraucht, wo es heißt: „Möge sich dieser Ausdruck von Mitgefühl auf alle Wesen erstrecken, und mögen wir gemeinsam den Weg des Erwachens verwirklichen."

Die Meditation auf liebende Güte stimmt mit dem Bodhisattva-Gelübde im Zen überein, indem darin bestätigt wird, dass wir, da wir mit allem Leben verwoben und nicht getrennt von anderen

Wesen sind, nicht nur für uns selbst erwachen – was sich zeigt, wenn der Vorhang der Täuschung gelegentlich hochgeht.

Liebende Güte wird manchmal als der Versuch missverstanden, gute Gefühle hervorzuzaubern oder uns selbst als liebevoll oder gütig sehen zu können. Sie dient aber dazu, Mitgefühl und Einfühlung, Aspekte unseres Wesens, in uns erwachen zu lassen. Manchmal kommen wir in Geisteszustände, die das Gegenteil von liebend oder von Güte zu sein scheinen: Bei der vierten Zeile, wo man die liebende Güte auf alle Wesen erstreckt, denken Sie möglicherweise: „Hmmm, aber vielleicht nicht auf den-und-den." Wenn das passiert, können Sie zur zweiten Zeile zurückkehren und jegliches stärkere Gefühl oder jeden solchen Gedanken respektvoll in Ihr bewusstes Erfahren einschließen.

Manchmal kommen Gefühle von Wärme, liebevoller Freundlichkeit, Wohlwollen, Toleranz oder Energie auf. Wenn dies der Fall ist, kann man sie beim Ausatmen an eine bestimmte Person, in den eigenen Körper oder in die Umgebung aussenden.

Die Formulierung kann man abändern, solange man die Essenz nicht verändert. Wenn man die Worte gelegentlich ändert, belebt das die eigene Sichtweise; zögern Sie deshalb nicht, liebende Güte durch Wörter wie *Mitgefühl*, *Herzgeist* oder *einfühlsames Wohlwollen* zu ersetzen. All das sind Samen des Erwachens.

In diesen Formulierungen findet sich kein „Ich", denn es ist kein Selbst notwendig, damit liebende Güte aufkommen kann.

Wenn wir uns jemals gewünscht haben, in liebender Güte baden zu können, brauchen wir jetzt nicht länger zu warten. Liebende Güte kann enthüllen, dass wir niemals alleine sind. Das ist die Einsicht, die der Liebe zugrunde liegt.

Wenn liebende Güte auf Menschen in großer Not oder ohne einen spirituellen Weg gerichtet wird, könnte die zweite Zeile lauten: „Mögest du Heilung finden in deinem Leiden" oder „Mögest du frei sein von unnötigem Leiden", um unseren Wunsch zum Ausdruck zu bringen, dass unvermeidbarer Schmerz nicht noch durch schmerzvolle emotionale Reaktionen verschlimmert werden möge. Wenn wir Menschen miteinschließen, gegen die wir immer noch Groll hegen, kann es genügen, im Moment nur die zweite Zeile zu verwenden.

In der oben angeführten Variante von liebender Güte wird das Wort „möge" benutzt, um den tiefen Wunsch, dass der Herzgeist erwachen möge, zum Ausdruck zu bringen. Nun folgt eine Kurzfassung, die einige Übung mit der ersten Variante voraussetzt. Hier sind die Zeilen auf ein einziges Wort reduziert, um den Sprachgebrauch zu minimieren. Die Anweisungen sind die gleichen wie oben.

1. Erwachen (von liebender Güte)
2. Sich zuwenden (allem, was liebende Güte überlagert)
3. Erfahren (diesen Moments)
4. Aussenden (von liebender Güte an alle)

Wichtiger als Worte ist, dass die Meditation auf liebende Güte in unserem Leben Früchte trägt, indem unsere Bitterkeit abnimmt und es zu einer Öffnung des Herzgeistes kommt.

Seien Sie nicht überrascht, wenn Ihnen die ersten Versuche so trocken vorkommen, als versuchten Sie Wasser aus einem ungenutzten Brunnen zu schöpfen. Zuerst kommt der Schlamm des Widerstands oder des Ärgers hoch, dann schmutziges Wasser, unsere nachtragenden Gedanken oder unser Selbstmitleid. Schließlich quillt dann das saubere Wasser empor, das schon immer dagewesen ist, und es wird weiter fließen, vorausgesetzt, die Quellen der liebenden Güte werden regelmäßig besucht.

Teil VII

Die emotionale Dimension des Herzgeistes

14 Die Begegnung der emotionalen Dimension mit der Meditation

Zen lehrt nicht, dass man alle Impulse, Instinkte und Gefühlsfaktoren ausmerzen soll, die das menschliche Herz ausmachen. Er lehrt nur, dass wir unsere intellektuellen Einsichten von fehlerhafter Beurteilung und ungerechtfertigten Annahmen befreien sollen. Wenn wir das getan haben, weiß das Herz von alleine, wie es die ihm innewohnenden Tugenden zum Ausdruck bringen kann.

D.T. Suzuki

Als ich das erste Jahr am College lehrte, kam Sylver Miller, eine Studentin, in mein Büro und sagte: „Manchmal ähnelt Ihr Lehrstil platten Ausführungen von Binsenweisheiten." Mein Magen reagierte heftig, aber ich lächelte höflich. Bevor sie ging, sagte sie mit einem aufgeweckten Grinsen: „Sie können wirklich gut diese echten Gemeinplätze vom Stapel lassen. Bis bald!"

Sie kannte meine Vorliebe für Vögel und schenkte mir am Semesterende einen Nymphensittich, den jemand ihrem Mann, der keine Vögel mochte, geschenkt hatte. Ich war ganz begeistert über die Aussicht, Pepito zu bekommen, aber dieser band sich sofort an meinen damaligen Mann, der ihm gegenüber völlig gleichgültig war. Ich hingegen war ganz vernarrt in Pepito und tat mein Bestes, um mich bei ihm einzuschmeicheln, aber er konnte mich nicht ausstehen. Das war ein Schnellkurs in den drei Täuschungen, von denen der Zen spricht: der *Anhaftung*, der *Aversion* und der *Gleichgültigkeit* (Unbewusstheit oder bewusstes Ignorieren). Wir alle wissen, wie diese funktionieren: Wenn der Ich-Magnet etwas haben möchte und es anzuziehen versucht, so ist das Anhaftung. Wenn der Ich-Magnet seine Pole umkehrt und versucht, etwas abzustoßen, dann ist das Aversion. Wenn wir etwas als unserer Aufmerksamkeit nicht wert betrachten, ist das Gleichgültigkeit. Diese drei Täuschungen sind wie Grundnahrungsmittel auf dem emotionalen Speiseplan unseres konditionierten Papageis.

Ehe wir fortfahren, erfolgt hier die Arbeitsdefinition von „Emotionen", die wir verwenden werden: Sie sind ein Gemisch aus Gedanken, von denen wir sehr stark überzeugt sind, aus intensiven körperlichen Empfindungen und aus einer „Ich"-Vorstellung, an der wir kraftvoll festhalten. Wir werden uns auf die inneren Komponenten von Gefühlen konzentrieren und die Worte, Handlungen und Interaktionen, die aus der Emotion entspringen, eher als Ausdruck dieser Emotion betrachten denn, technisch gesehen, als Bestandteil derselben.

Es gibt nicht viele Informationen über die emotionale Mühsal bekannter spiritueller Persönlichkeiten aus der Geschichte. Das erscheint merkwürdig, wenn man bedenkt, dass Emotionen zu den vorrangigen Früchten gehören, die aus dem Schoß des Egos hervorgehen. Es ist meines Wissens auch nicht viel darüber gesagt worden, welche Praxis man bei emotionalem Aufruhr direkt anwendet. Ich bin dankbar, dass zwei japanische Anhänger aus dem 18. Jahrhundert, Menzan Zuiho Zenji und Hakuin Ekaku Zenji, Emotionen zur Sprache gebracht haben. Menzan Zenji fasst die Dinge wunderbar zusammen: „Wenn du denkst, du hättest die illusorischen Gedanken abgeschnitten, anstatt zu klären, wie emotionale Gedanken schmelzen, werden die emotionalen Gedanken wiederkommen, als hättest du den Stiel eines Grashalms oder den Stamm eines Baumes durchtrennt und die Wurzel am Leben gelassen."[26]

Hakuin erörterte seine eigenen körperlichen und emotionalen Symptome in dem autobiographischen „Yasenkanna".[27] Als er sich an der Spitze der Zen-buddhistischen Welt befand, suchte er bescheiden Hilfe bei einem Versuch, offensichtliche Unausgewogenheiten nach vielen Jahren harter Praxis zu korrigieren. Es macht Mut, wenn man einen Menschen von seiner Größe bereitwillig zugeben hört, dass es an jedem Punkt in unserer Praxis zu Leiden in den verschiedenen Dimensionen des Herzgeistes kommen kann.

Die Zen-Praxis muss die Seelenqualen erhellen, die sonst die Ekstase überschatten. Bei meinem ersten Sesshin bewies Soen Roshi sein Geschick auf diesem Gebiet, als ich bei unserem ersten Gespräch einen kleinen Wutausbruch hatte. Das Retreat wurde während einer Hitzewelle mit 40° Celsius abgehalten und 25 Frauen mussten auf dem Boden eines flohverseuchten Raumes übernachten. Vor der Morgensitzung musste man wählen, ob man sich die Zähne putzen oder zur Toilette gehen wollte, und ich hatte mich für die Toilette entschieden. Bald darauf fand ich mich in den Fängen eines beschämenden Wutanfalls in Soen Roshis Sprechzimmer wieder und beklagte mich über das Problem des Mundgeruchs, als ich dem großen Zen-Meister zum ersten Mal begegnete. Soen Roshi zeigte mir improvisierend, wie ich mir die Zähne mit den Fingern putzen könne, und fragte mich, wie ich geschlafen hätte. Gut. Strahlend gab er mir ein Koan mit auf den Weg. Er hatte der Tatsache einen mitfühlenden Spiegel vorgehalten, dass ich nach einer guten Nacht von einer winzigen Kleinigkeit förmlich aus der Bahn geworfen worden war. Nach

---

26 Menzan Zuiho Zenji, in *Shikan Taza*, Ed. und Übersetzung Shohaku Okumura (Kyoto: Kyoto Soto-Zen Publications, 1985)
27 Trevor Legget: *The Tiger's Cave* (London: Routledge & Kegan Paul, 1977)

dem Sesshin gab er mir die fleckenfreie Serviette, die er in dieser Woche bei jeder Mahlzeit gebraucht hatte, und sagte sanft: „Wir versuchen, nicht allzu viel Schmutz zu machen." Ich habe diese Serviette immer noch, als Erinnerung daran, emotionales Überschwappen auf die Serviette der Praxis zu beschränken.

Bei der Praxis geht es nicht darum, Emotionen auszumerzen. Ein japanisches Sprichwort lautet jedoch: „Jedes geringfügige Nachgeben gegenüber der Angst ist ein Schritt weg vom natürlichen Herzen des Menschen."[28] Beachten Sie, dass es nicht heißt, die Angst sei das Problem. Es ist das Nachgeben gegenüber der Angst, das uns in die Irre gehen lässt. Glücklicherweise wirkt Bewusstheit heilend. Dennoch sollten wir besser unseren Sicherheitsgurt anlegen, denn die Fahrt kann wild und holprig werden.

Gemütszustände aus der Nähe betrachtet: ein Arbeitsblatt

> Der Sanskritbegriff *Dukha* weist auf ein Rad hin, das nicht so funktioniert, wie es sollte, und nicht mehr rund läuft – so wie wir reagieren, wenn die trennenden Emotionen aufgewühlt werden. Schauen wir einmal nach, was sich schon alles auf dem Gewürzregal in unserer emotionalen Vorratskammer angesammelt hat.
>
> Kreuzen Sie die stärksten Merkmale an, die Sie am ehesten an den Tag legen. Und fügen Sie nach Belieben jeder Kategorie weitere Begriffe hinzu.
>
> Wenn Sie anfangen möchten, Ihr neu entdecktes Wissen in Ihrer täglichen Praxis anzuwenden, achten Sie auf die angekreuzten Punkte. Sie können untersuchen, wie sich diese in Ihren Beziehungen, an Ihrem Arbeitsplatz und in Ihrer Familie zeigen.

28 M. Strauss: Ed. *Familiar Medical Quotations* (Boston: Little, Brown, 1968)

Die hier angeführten Punkte sind nach Kategorien zusammengefasst, welche Ähnlichkeiten aufweisen.
- *Anhaftung*: Bedürftig, bedürftig und gierig, raffend, klammernd.
- *Aversion* (siehe auch „Wut"): Widerstrebend, angsterfüllt, starr, zweifelnd, herablassend, rücksichtslos, verschlossen, eifersüchtig, neidisch.
- *Gleichgültig*: „Abgehoben", ignorant, in einer Phantasiewelt lebend, ausweichend, pseudo-abgelöst, „nicht ganz da", nachlässig.
- *Erregt*: Unruhig, nervös, genervt, gestresst.
- *Wütend*: Hitzköpfig, reizbar, Schuld zuweisend, aggressiv, mürrisch, kritisch, in Verteidigungsbereitschaft, rebellisch, tyrannisch, frustriert, übelnehmerisch, sich beklagend, passiv-aggressiv, ein Märtyrer, ein Opfer, herablassend, selbstgerecht, ungehalten, erbittert, sich selbst bemitleidend, zänkisch, neidisch, abwehrend, zynisch, schnell verletzt, arrogant, konkurrierend, streitsüchtig, Kränkungen auflistend, rachsüchtig, sarkastisch.
- *Willfährig*: Gefällig, ein Ja-Sager, der immer Gute, respektvoll, höflich, einfühlsam.
- *Deprimiert*: Melancholisch, hoffnungslos, verzweifelnd, verzweifelt.
- *Zweiflerisch*: Verwirrt, unentschlossen, wenn-wenn-wenn, ja, aber.
- *Angsterfüllt*: Panisch, ängstlich, besorgt, entsetzt, eingeschüchtert, paranoid, überwältigt.
- *Gramerfüllt, traurig*: Gequält, verloren, leidend, enttäuscht, verletzt.
- *Führend*: Aggressiv, rechthaberisch, arrogant, ein Alles-Wisser, Kontrolle ausübend, obenauf, konkurrierend, rebellisch.
- *Betäubt*: Starr, im Zustand der Verleugnung, der Welt gegenüber tot.
- *„Etwas Besonderes"*: Einzigartig, überlegen, missverstanden, anders, stolz, arrogant, überempfindlich, herablas-

send, die Ausnahme von der Regel, ein Gefangener seiner Stimmungen.
- *Optimistisch*: Fröhlich, obenauf, ein Schöntuer, immer nett, stoisch.
- *Anderes*: Mitleid erregend, unzulänglich, zwanghaft, komisch, süß; setzen Sie selber etwas ein.

Emotionen als ein Weg des Erwachens: Handlungen, Interaktionen und Reaktionen klären

Es ist möglich, mehrere Gefühle gleichzeitig zu haben, wie ich während eines Cembalo-Konzerts auf einem zweimanualigen Cembalo mit Igor Kipnis entdeckte. Als wir zur letzten Seite eines Bachkonzerts kamen, ging der Feueralarm im Auditorium los. Igor und ich warfen uns einen kurzen Blick zu und spielten weiter. Kaum hatten wir die letzten fünfzehn Sekunden des Stücks zu Ende gebracht, da hörte das Heulen des Alarms auf. Igor wandte sich lässig dem Publikum zu und fragte: „Ist das etwas, worüber wir uns Sorgen machen müssten?" Dann erzählte er dem Publikum, dass er in Wahrheit in Panik geraten sei und nur weitergespielt habe, weil er fand, dass ich so konzentriert ausgesehen hätte. Das Publikum war begeistert. Wahrscheinlich hatte es angenommen, dass ein Künstler, der einen Grammy gewonnen hat, während einer Vorstellung über Ablenkungen oder Panik erhaben sei. Später lachten wir über unsere kaleidoskopartig wechselnden Emotionen: die Freude an der Musik, den Schrecken beim Feueralarm und die Erleichterung darüber, dass niemand in Gefahr gewesen war.

Es macht Mut, wenn eine bekannte Persönlichkeit zugibt, dass sie anfällig für Emotionen ist, da dies es den anderen erleichtert zuzugeben, dass auch sie betroffen sind. Emotionen sind wie eine weltweite Epidemie, angefangen bei Warteschlangen vor der Supermarktkasse bis hin zu Unterhaltungen von Talk Show-

Format: Eine Minute lang wird das Thema angeführt und fünfzig Minuten lang fliegen die Emotionen und Meinungen durch den Raum. Wir können sehen, wie wichtig es ist, dass wir uns mit den Emotionen direkt als einem Teil der förmlichen spirituellen Praxis befassen. Wäre es nicht faszinierend, wenn auf der Stirn von Meditierenden Monitore angebracht wären und diese das Drama senden würden, das sich während bewegungsloser, nach außen hin ruhiger Sitzungen abspielen kann? Es könnte einer Mischung aus einer Seifenoper und der *Twilight Zone* [amerikan. Fernsehserie der 1950er und 1960er Jahre, im deutschen Fernsehen Serie mit den Titeln *Unwahrscheinliche Geschichten* und *Geschichten, die nicht zu erklären sind*] gleichen.

Die meisten von uns besitzen eine gleichbleibende, gut eingeübte Strategie zum Umgang mit Emotionen, die unter eine der folgenden Kategorien fällt.

Verdrängen: Leugnung. „Ach, ich rege mich gar nicht auf. Ich meditiere ja." Verdränger sind sich dessen vielleicht gar nicht bewusst, dass sie sich aufregen. Wenn man sie fragt, ob sie wütend seien oder nicht, sagen sie vielleicht: „Ich bin nicht wütend. Die Leute tun einfach nur nicht das, was sie tun sollten." Bei einer anderen Variante von Leugnung sind wir uns unserer Emotionen recht bewusst, kehren sie aber unter den Teppich. Manche spirituellen Kreise legen großen Wert auf den Anschein von Transzendenz, aber es ist sehr unwahrscheinlich, dass die Anfälligkeit für Emotionen transformiert worden ist, wenn man nicht quasi durch die Hölle gegangen ist. Auch wenn man die Emotionen ignoriert, sind sie da.

Unsere Emotionen denken: im Geiste emotionale Tonbandschleifen wiederholen. Wir nehmen an, dass doch kein Schaden entstehen könne, wenn wir die Emotionen nicht verbalisierten, oder? Falsch. Ein geistiges Suhlen in Emotionen vertieft nicht nur unsere eingefahrenen Reaktionsmuster, sondern es teilt sich anderen auch mit.

Reden über Emotionen: Ein verbales Wiederhochwürgen unseres Gefühlsbreis durch Geschwätz, Jammern, Klagen oder Schuldzuweisen. Wir vertreten unsere Sache und versuchen andere davon zu überzeugen, dass unsere Position die richtige sei, wobei wir heftige Emotionen als Tatsachen des Lebens darstellen: „Ich möchte dich – aus Liebe – nur wissen lassen, *dass du ... mein Leben zerstört hast!*" Hier ist nicht die Rede von Gesprächen zur Klärung emotionaler Reaktionen. Manchmal können therapeutische Gespräche und andere Kommunikationsmethoden hilfreich sein, wenn wir nicht immer von neuem dramatisieren und nicht nach Mitleid heischen. Es ist zwar verständlich, dass man getröstet werden möchte, aber eine Schlüsselkomponente emotionaler Klärung besteht darin, zwischen Mitleid und echtem Mitgefühl unterscheiden zu lernen.

Emotionen ausagieren: Gesten, Schläge, Fußtritte, Stampfen, Werfen und Schreien, wobei der Tonfall, das Vokabular und die Körpersprache zu Waffen werden. Alle hier aufgezählten Punkte sind Handlungen und keine Emotionen. Menschen, die Emotionen ausagieren, glauben vielleicht, sie seien mit ihren Gefühlen in Kontakt, aber das ist unwahrscheinlich. Ausagieren geht in die gleiche Richtung wie das Unterdrücken, wobei die eigene Bewusstheit in Bezug auf körperliche Empfindungen oder sogar in Bezug auf die Umgebung gleichermaßen eingeschränkt ist. Man spricht nicht umsonst von „blinder Wut": „Ich habe nicht nachgedacht. Ich habe einfach rot gesehen, und als Nächstes lag er schon auf dem Boden." Es mögen Zeugen da gewesen sein, aber es war keine beobachtende, objektive Bewusstheit vorhanden.

Gleichgültig ob wir Verdränger oder Stampfer sind, emotionales Missmanagement hat Folgen. Verdrängen verschlimmert Inhalte unter Druck, wie in folgendem Klischee: „Er war so ein guter Junge, so still – bis er anfing zu schießen." Verdrängen kann innerlich geschehen – wenn wir unsere Emotionen denken – oder äußerlich, indem wir über sie reden oder sie ausagieren. Bei beiden Arten kann man das Resultat als eine Giftmüllhalde bezeichnen.

Es gibt aber auch noch einen fünften Weg, in dem wir fast gar nicht geübt sind:

Emotionen erfahren. Dabei spüren wir die physiologischen Komponenten, die unsere emotionale Geschichte begleiten – die Schwere in der Brust und die eingefallene Haltung. Diese Kategorie ist die einzige Alternative, bei der man körperliche Gefühle bewusst fühlt, und Gefühle sind ja per definitionem etwas, das zu fühlen ist. Viele von uns sind mit einem körperlichen Barometer ausgestattet – etwa dem Kopf, der Brust oder dem Magen – das bevorstehendes stürmisches Wetter voraussagt.

Wenn jemand zum ersten Mal davon hört, Gefühle zu *erfahren*, so kann er dies leicht mit dem Unterdrücken von Gefühlen verwechseln, insbesondere wenn er Botschaften erhalten hat, die die Anordnung beinhalten, nicht zu fühlen: „Wenn du weiter weinst, gebe ich dir einen Grund zum Weinen." Aus solchen Botschaften schließen wir vielleicht, dass es potientiell gefährlich sei, Gefühle zu zeigen oder auch nur zu haben.

Die Option des Erfahrens bedeutet aber in keinster Weise, dass man sich hinwerfen und tot spielen solle. Es geht vielmehr darum, unseren Gefühlen zu erlauben, im Körper lebendig zu werden, und zwar vor dem Hintergrund der Umgebungsbewusstheit. Hegen Sie immer noch Zweifel? Prüfen Sie das nächste Mal, wenn ein intensives Gefühl in Ihnen aufkommt, ob Sie wirklich eine umfassende Bewusstheit oder ein innerkörperliches Gefühl aufrechterhalten können, wenn Sie sofort dazu übergehen, das Gefühl zu externalisieren.

Selbst wenn wir schließlich meinen, viel über unsere Gefühle zu wissen, ist es möglich, dass wir urplötzlich wieder reaktiv handeln. Vor kurzem war ein Meditationsneuling wegen einer Operation im Krankenhaus und regte sich so auf, dass die Krankenschwester fragte: „Haben Sie es jemals in Betracht gezogen zu meditieren?"

Häufige Momente des „Durchdrehens" sind Alarmsignale, die darauf hindeuten, dass man mehr auf die eigene gefühlsmäßige Erregbarkeit achten muss. Sonst erzeugt man noch mehr Leid und gibt es weiter. Wenn Ihre Gefühle das nächste Mal hohe Wellen schlagen, beantworten Sie die folgenden Fragen auf einer Skala von eins bis zehn (zehn ist hoch):

1. In welchem Maße glaube ich, dass meine emotionale Reaktion der wichtigste Teil an der Situation ist und dass ich aufgrund dessen das Recht habe, sie ausgiebig auszuleben?

2. Wie sehr wird meine Ego-Identität durch meine Reaktion verstärkt? Welche Identität?
3. Inwieweit bin ich bereit, mit meiner Reaktion zu praktizieren, anstatt sie ausgiebig auszuleben?
4. Inwieweit kenne ich spezifische Praxisvorgehensweisen, die für den Umgang mit emotionaler Aufregung hilfreich wären, und bin ich bereit, diesen Weg einzuschlagen?

Seien Sie nicht überrascht, wenn die Antworten lauten: bei 1. „zehn", bei 2. „elf", bei 3. „eins" und bei 4. „null" und „nein"!

Wenn wir zu den Wurzeln der Gefühlsdimension vordringen, zeigt uns das Nachlassen des Drucks, dass unsere bleierne Reaktivität im Kern aus Gold ist.

Rückkehr zu Reaktionen –
Handlung, Interaktion, Reaktion: eine Meditation

Wenn emotionale Aufregungen aufkommen, während wir gerade mitten in einer Aufgabe stecken oder wenn andere Menschen anwesend sind, ist es besser zu warten als damit herauszuplatzen.

Ein Zurückkehren zu einer Reaktion ermöglicht uns, unsere Reaktion erst einmal zurückzustellen und später auf die Situation zurückzukommen. Wenn wir eine Reaktion zurückstellen, müssen wir unbedingt später zu einer bewussten Auseinandersetzung mit ihr zurückkehren, denn sonst wird sie mit großer Wahrscheinlichkeit in unserem Innern arbeiten und Dampf aufbauen, anstatt ihre voll-leeren Bestandteile zu offenbaren. Das Zurückkehren zu einer Reaktion ist eine geschickte Nutzung unseres Gedächtnisses, eine Möglichkeit, uns an eine Situation zu erinnern und die Konditionierung anzuschauen und zu spüren, die unmittelbar hinter unserer Fassade aktiv gewesen ist. Schließen Sie nach jedem Punkt die Augen, um zu fühlen und zu hören, was die Zeile in Ihnen wachruft.

1. *Erinnern Sie sich an den Auslöser.* Erinnern Sie sich ein paar Atemzüge lang so lebhaft wie möglich an die Situation. Lassen Sie sich dabei von Ihren Gefühlen davontragen, so als seien Sie kein spiritueller Mensch. Visualisieren Sie oder erinnern Sie sich an das, was geschehen ist und wer daran beteiligt war.
2. *Rufen Sie sich die mentalen Aspekte ins Gedächtnis.* Erinnern Sie sich kurz an Folgendes:
   - Was ist gesagt worden?
   - Was haben Sie gedacht?
   - Was war am Entmutigendsten?
   - Ist das ein Ihnen vertrautes Thema?
   - Was ist Ihnen beigebracht worden, in solchen Situationen zu tun oder zu denken?
   - Was hätten Sie gerne gesagt?
   - Was haben Sie gesagt?
   - Welche starken Überzeugungen sind von dieser Situation her immer noch in Ihnen lebendig?
   - Was ist in Bezug auf diese Situation der Gedanke, an dem Sie am stärksten festhalten – das, was Sie am schmerzhaftesten oder am beängstigendsten finden?
   - Was wurde gesagt oder getan, das für Ihre Identität am unangenehmsten oder am schmerzhaftesten war?
3. *Erinnern Sie sich an Ihren Gefühls- und Gemütszustand.* Rufen Sie sich ins Gedächtnis zurück, wie Sie sich gefühlt haben – wütend, traurig, geängstigt oder sonst wie?
4. *Lenken Sie Ihre Aufmerksamkeit auf Ihre körperliche Bewusstheit.* Schieben Sie Ihre Gedanken vorübergehend beiseite.
5. *Spüren Sie Ihre körperlichen Empfindungen.* Spüren Sie ungefähr drei Atemzüge lang Ihre stärksten körperlichen Empfindungen. Wenn sich die Empfindungen Ihnen entziehen, nehmen Sie den Bereich, der scheinbar am gefühllosesten ist. Wenn sich nichts Besonderes zeigt, wählen Sie Ihren Rumpf oder Ihren Brustkorb, weil dort die Atmung und der Herzschlag zu fühlen sind.

Wenn Ihre Empfindungen Ihnen erneut entschlüpfen, denken Sie kurz wieder an die Situation, damit Ihre Reaktion zurückkehren kann, und suchen Sie dann von neuem nach Empfindungen. Wenn körperliche Empfindungen lange Zeit nicht willkommen waren, haben sie Angst, aus der Erstarrung aufzutauen.

6. *Beliebig: Der Triggersatz. Lassen Sie Ihre Empfindungen sprechen.* Wenn eine starke Empfindung auftritt, können Sie fragen: „Möchte mir diese Empfindung etwas sagen?" Es gibt vielleicht ein Triggerwort, das Ihre Empfindungen plastisch beschreibt: Sinken, Schrumpfen, Zusammenzucken, Zittern, sich Zusammenziehen. Kehren Sie dann, gleichgültig ob ein Triggerwort oder -satz hervorschießt oder nicht, zu den Empfindungen zurück, und gehen Sie weiter.
7. *Atmen Sie.* Nehmen Sie Ihre stärksten Empfindungen begleitend zur Atmung wahr und spüren Sie, wie sich beides vermischt.
8. *Wechseln Sie zwischen Ihren Empfindungen und der Umgebung hin und her.* Lassen Sie Ihre Empfindungen durch das Feld der Umgebungsgeräusche und des Umgebungsraums umschließen.
9. *Üben Sie Präsenz.* Nehmen Sie Ihre Verpflichtungen in größtmöglicher Bewusstheit wieder auf.

Wenn noch unangenehme Gefühle übrig sind, gestehen Sie ihnen zu, dass sie, wenn nötig, bei späteren Besuchen wiederkommen dürfen. Wenn Sie kontinuierlich üben, werden sich die körperlichen Empfindungen daran gewöhnen, durch die Atemempfindungen „an die Luft gebracht" zu werden, und Sie können diese Übung gut ins tägliche Leben integrieren.

Sie werden die Rückkehr zu Reaktionen wahrscheinlich oft anwenden, da das Leben immer wieder alte Reaktionen auf neue Situationen hervorruft. Sie können auch einfach nur den Triggersatz benutzen, um Wiederholungen auszulösen. Eine regelmäßige Praxis ermöglicht es uns, die zuvor frustrierenden Situationen mit Neugierde, ja sogar mit Wohlwollen zu begrüßen.

15 *Wut und Angst*

Versuchen Sie, wenn Wut aufflammt, Herzgeist auszusenden, anstatt Öl ins Feuer zu gießen.

M. T. HEAD

Nachdem ich im Alter von drei Jahren einen Streit mit einem Erwachsenen verloren hatte, traf ich eine Entscheidung: Wut ist nicht erlaubt. Ab da kehrte ich meine Wut größtenteils unter den Teppich, nur damit sie dreißig Jahre später, als ich noch eine ziemliche Anfängerin im Zen war, wieder hervorbrechen konnte. Was fällt, muss auch wieder steigen, und die Unterdrückung der Wut hatte das Unvermeidliche nur hinauszögern können. Es war nicht länger zu leugnen: Mit Wut muss man sich im Rahmen einer spirituellen Praxis gezielt auseinandersetzen. Ich bin Ram Dass immer dafür dankbar gewesen, dass er in dem Sommer, als ich drei Monate mit ihm verbringen durfte, zu uns sagte, er habe erkannt, dass das, was er früher für „dharmischen Zorn" gehalten habe, nichts anderes als ganz gewöhnliche Wut sei.

Menschen, die sich zum Zen hingezogen fühlen, halten ihre Wut wahrscheinlich unter Kontrolle, zumindest nach außen hin, aber ihre Freunde und ihre Familie bekommen möglicherweise eine ganz andere Seite zu sehen. Wir sind vielleicht stolz darauf, dass wir nicht wütend werden, neigen aber dazu, uns zu beklagen, Schuld zuzuweisen, zu jammern, uns selbst zu bemitleiden, im Verkehr zornig zu werden oder sogar fremden Menschen aufzuzählen, was uns alles ärgert. All das gehört zur gleitenden Skala der Wut-Familie, von der Frustration bis hin zur Raserei. Es gibt niemanden, der kein Leibeigener der Wut wäre. Es ist keine klinische Diagnose notwendig, damit wir wissen, wie sehr sich unsere Fähigkeiten reduzieren, wenn die Wut die Führung übernimmt.

Wenn wir Wut an Bord haben, müssen wir uns dessen bewusst sein. Das ist jedoch nicht so selbstverständlich wie es klingt, wenn man bedenkt, dass manche Menschen zuletzt in ihrer Kindheit wütend gewesen sind, zumindest offenkundig. Die Trotzphase hat uns nicht zum Chef der Welt gemacht, und wir haben wahrscheinlich schon früh Botschaften über den falschen Umgang mit Wut erhalten – wenn wir z. B. dafür geschlagen wurden, dass wir ein anderes Kind geschlagen hatten, womit genau das verstärkt wurde, was der Erwachsene eigentlich zu verhindern suchte.

Der Brei der Wut wird noch verdickt durch häufig geschlechtsabhängige religiöse und erzieherische Vorschriften, keine Wut zu zeigen: „Brave Mädchen werden nicht zornig" oder „Jungen können ihre Wut anderen Jungen zeigen, aber nicht zu Hause." Eine der unglücklichsten Botschaften im Zusammenhang mit Wut lautet: „Du hast mich sehr wütend gemacht", was ausdrückt, dass andere für unsere Emotionen verantwortlich seien. Diese verbreitete Annahme verstärkt eine entmachtende Opferhaltung, und diejenigen, die verärgert sind, brauchen keine Verantwortung für ihren Gefühlszustand zu übernehmen. Wenn das wahr wäre, könnten Kinder die mächtigsten Familienmitglieder sein, in der Lage, den Gefühlszustand von Erwachsenen zu steuern, indem sie Theater machen. Denken Sie einmal über Folgendes nach: Wenn Sie sehen, wie ein Erwachsener in einem Waschsalon ein kleines Kind misshandelt, müssen Sie dann wütend werden?

Alles, was Sie in Wirklichkeit tun müssen, ist es, Hilfe zu holen, um die Situation auf die günstigste Art und Weise zu beenden.

Wütend zu werden vervielfacht gewöhnlich die Probleme noch. Viele von uns tragen einen unsichtbaren, verdrängten Rest von unerledigten emotionalen Angelegenheiten in sich, der wie die Lava eines Vulkans unter einer scheinbar ruhigen Oberfläche brodelt. Das wird vielleicht nicht ersichtlich, bis unsere Taktik im Umgang mit der Wut, nämlich sie unter Kontrolle zu halten, sie zu projizieren, sie umzulenken, sie abzulehnen oder sie auszuspeien, einmal nicht mehr so gut funktioniert. Wenn dies nicht zu dem Frieden führt, nach dem wir uns in der Tiefe unseres Herzens sehnen, wenden wir uns vielleicht der Spiritualität zu in der Hoffnung, Unerschütterlichkeit zu finden. Wenn es auch stimmt, dass Gleichmut im Allgemeinen durch eine sorgfältige Praxis stärker entwickelt werden kann, sollten wir doch die damit verbundenen Schwierigkeiten nicht herunterspielen.

Manchmal wird Wut als eine Illusion abgetan, die durch Meditation oder besondere Zustände aufgelöst werden könne. Wenn auch Geschichten über spirituelle Wesen erzählt werden, die die Wut überwunden haben – dann doch immer vor langer Zeit und an einem fernen Ort. Das Gegenmittel hierfür findet sich in warnenden Geschichten wie der von einem Zen-Einsiedler, der dafür bewundert wurde, dass er die Wut überwunden habe. Eines Tages sah er auf einem Markt eine Zucchini, die er haben wollte, und als jemand anderer sie nehmen wollte, packte der von Wut freie Einsiedler sie und schlug damit auf den anderen ein!

Wenn wir der direkten Auseinandersetzung mit der Wut aus dem Weg zu gehen versuchen, werden wir schlecht vorbereitet sein, wenn sich die Wut Seitenausgänge sucht, alles überrollt wie eine Dampfwalze oder uns von innen her aufzufressen beginnt. Die Bedeutung von Zen-Geboten in Bezug auf Wut so auszulegen, dass wütende Gedanken und Gefühle niemals auftreten sollten, ist ebenfalls ein Missverständnis. Wir können jedoch die Signale von sich zusammenbrauender Wut erkennen lernen und es unterlassen, sie zu dramatisieren.

Wut und Erwachen

Für den Fall, dass Wut in uns aufkommt, ist hier ein Mantra, das wenig Zeit erfordert: den Mund halten. Zumindest verhindert das das Ausdrücken der Wut durch Schreien, Anschuldigen oder verbale Gewalt – was alles nicht gerechtfertigt ist. Eine Art und Weise, kostbare Momente zur Bewusstwerdung zu gewinnen, besteht darin zu sagen: „Lass' mich später darauf zurückkommen." Das bedeutet beileibe nicht, dass wir unklar bleiben oder klein beigeben. Es ist vielmehr grundlegend diplomatisch und verschafft uns eine Pause, in der uns harmonischere Alternativen einfallen können.

Haben Sie jemals bemerkt, dass Menschen sich, wenn sie spielen, manchmal besser benehmen als im „wirklichen Leben", abgesehen von gelegentlichen Ausnahmen bei Profi-Sportlern oder Fußballeltern? Vielleicht beabsichtigen die Menschen, sich beim Spielen zu vergnügen. Bei Spielen gibt es außerdem eine ganze Reihe von Mitteln, um das Aufkommen von Wut zu dämpfen, wie z. B. Regeln, Fouls, Mannschaftskapitäne, Coaches, Schiedsrichter und Auszeiten.

Auszeiten sind enorm hilfreich, für Eltern ebenso wie für Sportler und Kinder, inbesondere wenn Wut aufflammt. Grundsätzlich erkennen wir vielleicht den Wert von Auszeiten an, weisen aber wenig Konsequenz auf, wenn eine Auszeit am nötigsten wäre. Warum? Weil wir, *wenn wir wütend sind, fast nie denken, dass wir im Unrecht seien*. Das gilt doppelt für diejenigen unter uns, die gerade genesende „Fußabstreifer" sind, die ihre Wut lange in Schach gehalten haben und einen nahezu unwiderstehlichen Drang verspüren können, sich zu empören: „Nie wieder wird mich jemand beiseite schieben, wenn ich wütend bin!" In solchen Situationen stellen wir vielleicht schockiert fest, dass wir, gleichgültig wie viel Übung wir in bewusster Kommunikation und einfühlsamem Zuhören haben, wie ein außer Kontrolle geratener Lastwagen sind, gerade wenn wir diese Hilfsmittel am dringendsten brauchen würden. Aufgeheizt von körpereigenen Nebennierensteroiden stellen wir vielleicht fest, dass wir gerade gar kein Interesse an einer bewussten Kommunikation haben.

Unterschätzen Sie niemals das Suchtpotential von Wut. Anders als Drogen und bewusstseinverändernde Substanzen, die dem Körper von außen zugeführt werden, werden die chemischen Stoffe, die die Wut anfachen, im Körper und im Gehirn des Menschen selbst produziert, auch wenn äußere Ereignisse die Reaktion auslösen. Jeder, der stark zu Wutanfällen neigt, muss begreifen, dass er mit einem Alkoholiker vergleichbar ist, der auf Sauftour geht, wenn er seiner Wut nachgibt.

Etwas Weiteres, das wir noch betonen müssen, ist die Unrichtigkeit einer weit verbreiteten Annahme, nämlich dass Menschen nichts unternehmen könnten oder würden, wenn sie nicht wütend seien. Den Irrtum hierbei können wir erkennen, wenn wir bedenken, was Rosa Parks, Aung San Suu Kyi, Gandhi, Thich Nhat Hanh und Dr. Martin Luther King bewirkt haben: All diese Menschen haben konstruktive Veränderungen auf der Welt geschaffen, ohne auf von Wut gesteuerte Äußerungen oder Taten zurückzugreifen. Diese Menschen haben die Fähigkeit entwickelt, zwischen den Problemen auf der einen Seite und den eigenen emotionalen Reaktionen auf der anderen Seite zu unterscheiden. Wir können das auch. Ihre Fähigkeit, Sachfragen statt Reaktionen in den Mittelpunkt zu stellen, hat ihren Bemühungen, Vorurteilen, Kolonialismus, Hunger, Ungleichheit und Terrorismus entgegenzuwirken, Würde verliehen. Ich habe Rosa Parks und Thich Nhat Hanh persönlich von der Notwendigkeit sprechen hören, der Wut in der Einsamkeit spiritueller Praxis entgegenzutreten.

Wenn wir das nächste Mal denken, etwas würde uns „wütend machen", dann sollten wir innehalten, in unsere Reaktion hineinspüren und dann fragen: „Was ist das Konstruktivste, das ich tun kann, ohne dabei Wut zu zeigen?" Und dann werden wir uns im Rahmen der Meditation der Bestandteile der Wut bewusst.

Es ist kein Wunder, dass Wut die Welt praktisch zu regieren scheint. Wir sind vielleicht nicht eher motiviert, ihre Fangarme zu untersuchen, als bis wir das Elend, das durch unsere eigene Wut verursacht wird, nicht mehr übersehen können. Wenn dies so weit ist, werden wir in der glücklichen Lage sein, differenzieren zu können zwischen der *Situation*, der *Reaktion* und den *Praxis-*

werkzeugen, die uns helfen, inmitten der Wut zu erwachen. Dies wiederum lässt unsere Worte und Taten wirkungsvoller, harmonischer und weniger entzweiend werden.

Wenn sich unsere Wut in ihre Bestandteile aufzulösen beginnt, erkennen wir vielleicht, warum die Klärung von Wut manchmal als ein direkter Weg zur Verwirklichung von *Entschlossenheit* betrachtet wird, jenes Samens des Erwachens, der die Kraft der Wut, aber nicht die nachteiligen Konsequenzen der Wut in sich trägt. Die Abrüstung beginnt bei uns zu Hause.

Wut und Atmung: eine Übung

Übungen, die auf dem Körper basieren, helfen uns, in die Kontraktion der Wut hineinzugehen, damit sich die Wut in reine Energie und Empfindung auflösen kann. Bauchatmungsmethoden (Bauch heißt auf Japanisch „Hara", auf Chinesisch „Dantien") sind in einigen Kampfkunstarten und in der Lin-Chi-(auf Japanisch: Rinzai) Zen-Schule vorherrschend. In Volksweisheit und einigen physiologisch ausgerichteten Systemen wird diesem Körperbereich ein gewisses Maß an Intelligenz bei der Verarbeitung von Wut zugeschrieben.

Beginnen Sie damit, dass Sie sich in einer ausgewogenen Haltung hinsetzen, und machen Sie ein paar tiefe Atemzüge, um die Körperbewusstheit aufzufrischen. Konzentrieren Sie Ihre Atmung ca. eine Minute lang auf den Bauch: Fühlen Sie, wie er sich aufbläht und wieder leert.

Denken Sie dann an eine Situation, die bei Ihnen Wut auslöst, und regen Sie sich bis zu einer Minute lang so richtig auf. Wenden Sie sich dann Ihren körperlichen Empfindungen zu. Lassen Sie Ihre Aufmerksamkeit ein paar Atemzüge lang bei jedem Ausatmen in Ihren Bauch hinuntersickern.

Wenn Ihre Aufmerksamkeit in Ihrem Bauch ruht, spüren Sie

kurz die Empfindungen, die Reaktion und den Atem, als befänden diese sich in einem aufblasbaren Ball in Ihrem Bauch, der sich in aufeinander folgenden Atemzügen füllt und wieder entleert. Lassen Sie Ihren Atem zum Schluss auch in den Rest Ihres Körpers hineinströmen. Dann öffnet sich Ihre Bewusstheit auch für Ihre Umgebung, für den Boden und für den Himmel. In dieser Weite ist Raum für die Nachwehen Ihrer Wut und für alles andere. Wiederholen Sie die Übung nach Bedarf.

Um die Praxis zu intensivieren, können Sie Ihren Beckenboden, den Bereich, der den Damm umgibt, beim Ausatmen kontrahieren und beim Einatmen wieder loslassen. Soen Roshi hat die Varianten, die den Beckenboden einbeziehen, gerne mit blumigen Namen für den Schließmuskel beschrieben. Er sagte, dass Seeleute, die das könnten, weniger in Gefahr seien zu ertrinken, wenn ihr Schiff sinken würde. Dafür benötigen wir die Übung vielleicht nicht. Da die Wut aber auch im übertragenen Sinne unser Schiff zum Sinken bringen kann, ist diese Übung höchstwahrscheinlich ein praktisches Hilfsmittel.

Angst

Angst ist ein großer Starrmacher oder eine der hauptsächlichen Scheuklappen, die den Herzgeist außen vor halten. Auch wenn lieblose Emotionen wie die Wut mehr Schaden auf der Welt verursachen – wie oft ist nicht die Angst ein treibender Faktor? Angst bewirkt, dass wir uns wie eine Schnecke ohne Schneckenhaus fühlen, bange, wehrlos. Tun wir nicht gerade dann, wenn wir uns schutzlos fühlen, jede Menge Schaden bringender Dinge?

Wir scheuen vor der Angst zurück – wie Hot Lips Hoolihan in M*A*S*H* zu sagen pflegte: „Ich mag Angst nicht. Sie macht mir Angst." Kein Wunder, wenn man bedenkt, wie unsympathisch ihre Masken sind: Schrecken, Beklommenheit, Beunruhigung, Panikattacken, nervöse Unruhe, Sorgen, kalte Füße, Unbehagen, böse Vorahnungen und Phobien. „Stress", ein Allround-Begriff, wird hauptsächlich von mit der Angst verwandten Gefühlen bevölkert.

Ironischerweise gestehen die Menschen selten ein, dass sie Angst haben, so unvermeidlich die Angst auch ist. Es ist etwas Ungewöhnliches, Angst unverhüllt zu sehen, außer bei kleinen Kindern, da wir in einem bestimmten Alter anfangen, unsere Angst zu überspielen, indem wir im Dunkeln pfeifen. Wir können eine Barriere von Verdunkelungen so schwarz wie Tintenfischtinte ausspeien in der Hoffnung, unsere Angst unsichtbar zu halten. Auf diese Weise können wir sogar ganz den Kontakt zu vorhandener Angst verlieren, bis sie uns dann kalt erwischt.

Wovor haben wir Angst? Vor fast allem: abgewertet zu werden, nicht liebenswert, machtlos, unsicher, einsam oder wertlos zu sein. Manche Menschen haben Angst, verlassen zu werden. Ich aber fürchtete, so merkwürdig das klingen mag, dass Menschen, die mich nicht mehr liebten, *dableiben* würden anstatt wegzugehen, und mich dadurch immer wieder daran erinnern würden, dass ich nicht liebenswert sei!

Wir überdecken unsere Angst durch zahllose Methoden, z. B. durch *Kampf, Flucht, Erstarren, Phantasieren* oder *falsche Freundlichkeit*. Dies sind alles Reaktionen, die die bereits vorhandene Angst einfärben oder vielmehr entfärben und zu unserer beträchtlichen Bürde noch mehr Leid hinzufügen. Wir versuchen vielleicht, uns von der Angst abzulenken, indem wir uns dauernd beschäftigen und die Anspannung und Sorge verdrängen, die immer größer werden, wenn wir befürchten, dass uns das Angstgespenst überwältigen wird. Es mag sonderbar klingen, dass wir unsere Angst durch nach Angst aussehende Verhaltensweisen verdecken, aber viele Menschen vermeiden oft noch größere Ängste durch zwanghafte Selbstzweifel, Verwirrung, Unentschlossenheit und den Ausdruck von Schwäche oder Schüchternheit.

Einige der Tarnkappen von Angst sind als Teil der gesellschaftlichen Geschlechterkonditionierung akzeptiert worden, wie z. B. das Verhalten der „hilflosen Frau, die beschützt werden muss", das populär war, als ich mit elf Jahren von Utah nach South Carolina zog. Zu meinem Erschrecken waren meine Altersgenossinnen zu der Zeit, als unsere Hormone zu wüten begannen, schon sehr geschickt darin, sogenannte „weibliche Listen" anzuwenden, um Aufmerksamkeit zu bekommen. Ich hörte auf, meine Baseballkappe zu tragen. Obwohl ich schon voller Angst steckte, hoffte ich, ins soziale Leben mit hineinzukommen – aber ich brachte diese Fassade nicht zustande. So wählte ich eine andere Art, meine Angst zu verbergen, indem ich mich bemühte, die klügste und talentierteste Siebtklässlerin zu werden. Ich dachte, dass ich vielleicht aufgenommen werden würde, wenn ich hilfreich genug wäre, indem ich Nachhilfe erteilte, oder unterhaltsam genug, indem ich vor einem Publikum Klavier spielte. Das ist vielleicht schwer vorstellbar, aber vor der versammelten Schülerschaft auf der Bühne zu sitzen und Klavier zu spielen erschien mir weniger angsterregend, als einem dieser Mädchen auf dem Spielplatz gegenüberzutreten.

Es gibt auch nach Zorn aussehende Tarnungen der Angst, wie z. B. die scheinbar undurchdringliche Rüstung von rechthaberischer Empörung, Widerspruchsgeist, Feindseligkeit oder Streitlust. Diese vermitteln einem vielleicht ein falsches Gefühl von Sicherheit, man fühlt sich damit aber genauso unbehaglich wie zuvor, da die Anspannung vor Angst noch durch die Spannungen der Wut verstärkt wird.

Ein anderes Tarngewand der Angst, das manchmal in spirituellen Kreisen zu finden ist, besteht darin, das Beben der Furcht unter dem Deckmantel der Gelassenheit zu verbergen. Wir fühlen uns schließlich, als trügen wir den Chitinpanzer eines Insekts, vertrocknet und nicht mit anderen verbunden.

Ein offensichtlicher Unterschied zwischen Menschen und Tieren besteht darin, dass Tiere, wenn sie Angst haben oder erschreckt wurden, davonlaufen und auf diese Weise ihr angesammeltes Adrenalin abbauen. Gefügige oder zurückhaltende Gattungen hingegen neigen dazu, inaktiv zu bleiben, wenn sie Angst haben. Das aufgebaute Cortisol zirkuliert durch unsere Adern und verursacht Aufruhr in den Zellen. Wenn wir die Wirkung noch verdoppeln, indem wir uns zu viele Gedanken machen über die angsteinflößende Situation, verdichten sich die chemischen Stressbotenstoffe schließlich zu einer unbestimmbaren Angst. Wir haben Angst, ohne dass es dafür eine Ursache zu geben scheint. Während wir den „Worried Life Blues" („Blues eines Lebens voller Sorgen") von Muddy Waters singen, projizieren wir unsere Sorgen auf alles, was uns gefährlich erscheint: auf jenes andere Land, auf den Aktienmarkt, auf die Politik. Und was das Schlimmste ist, wenn wirklich eine konkrete Gefahr droht, kann der Speicher unserer aufgestauten Angst überlaufen, uns mit Panik überfluten und uns unfähig machen, zu reagieren. Wenn wir wie gelähmt sind, können die Folgen schlimmer sein als die Situation, die die Angst hervorgerufen hat.

Wir können einen Punkt erreichen, an dem wir sogar Angst davor haben, glücklich zu sein, weil wir es als ein Vorzeichen dafür betrachten, dass das Beil gleich fallen könnte. Es fühlt sich dennoch elend an, das Leben durch einen Tunnel von Angst zu sehen. Wir holen deshalb unsere Grundwerkzeuge der Bewusstheit heraus, spüren die unangenehmen körperlichen Symptome und erkennen die ursächlichen Gedanken, die unsere Angst auslösen.

Ein Kernpunkt bei der Arbeit mit der Angst besteht darin, immer wieder eine elementare Frage zu stellen, nämlich: „Was ist?" Die Frage lautet *nicht*: „*Worum* geht es?". Das führt zu einem Wiederkäuen von Geschichten. Die Antwort auf die Frage „Was ist?" ist immer körperlicher Art. Nehmen wir zum Beispiel an, wir hätten Angst davor, dass uns ein neuer Bekannter/eine neue Bekannte abschreibt. Anstatt uns zurückzuziehen oder auf charmant zu machen, nehmen wir uns einen Moment Zeit, um unsere Nackenverspannungen und unsere zitternden Hände zu spüren, und bleiben bei dem, was gerade ist, dabei.

Die Bestandteile der Angst umfassen die physische, die mentale und die emotionale Dimension des Herzgeistes. Deshalb sind die Checklisten aus den entsprechenden Bereichen nützlich, um unsere Angst zu enttarnen. Die Dimension des offenen Gewahrseins ist besonders hilfreich, da sie unserer Angst Raum zum Atmen bietet, so dass sie hervorkommen und sich zeigen kann, anstatt durch die verengte Aufmerksamkeit nicht beachteter Angst eingesperrt zu bleiben.

Direkt in die Angst hineinzugehen mag uns genauso schaurig vorkommen, wie wenn wir spät in der Nacht in unsere Wohnung kommen und etwas an unserem Arm entlangstreicht. Panik! Wenn wir dann das Licht anmachen, sehen wir, dass uns unser Winterschal am Haken neben der Tür sanft an der Schulter streichelt. Die dämmerigen Ecken des Bewusstseins können uns genauso vorkommen, bis wir genauer hinsehen. Unsere Angst anzunehmen gehört zum Einssein mit allem Seienden dazu. Nicht untersuchte Angst löst einen Sturzbach anderer tödlicher Unworte aus: von *Angst* über *Hass* zu etwas Gefürchtetem, das wir das *Böse* nennen, und weiter bis zur Rechtfertigung zu *töten*. Wenn dieser Kreislauf nicht unterbrochen wird, weitet er sich aus zu Verbrechen des Hasses, zu Religionskriegen und unvorstellbaren Grausamkeiten. Angst ist das harmloseste unter diesen Wörtern, und alles, was sie von uns verlangt, ist das, was Freunde gewöhnlich verlangen, nämlich dass wir der Angst ein wenig respektvolle Aufmerksamkeit schenken und ihrer Stimme mitfühlend lauschen.

Man sagt, Angst sei das Gegenteil von Liebe. In Wahrheit hat die vollkommene Liebe kein Gegenteil und kann sogar die Angst in ihren liebenden Kreis miteinschließen. Wenn wir die nötigen Babyschritte machen, um unsere Angst zu erfahren, bringen wir dadurch unseren Wunsch zum Ausdruck, in der Offenheit und Ernsthaftigkeit der Liebe leben zu wollen.

16 *Entmutigung*

Graue Tage und dunkle Nächte

> *Wenn wir begreifen, dass wir im Leben keine andere Stabilität finden können, als die, das Leben zu leben, wie es ist, werden wir die Begründung des Leitgedankens verstehen können, uns von unserem Schmerz und unserem Leiden zu befreien, indem wir einfach beschließen, sie zu durchleben, wie sie sind.*
>
> Kosho Uchiyama

Wenn wir selbst noch nie in tiefste Verzweiflung geraten sind, verstehen wir vielleicht nicht, wie jemand depressiv werden kann, nur weil er an einem sonnigen Tag in den Himmel blickt, oder wie er dazu kommt, die gesamte Menschheit als ein missglücktes Experiment zu betrachten. In solchen Zeiten stellen wir vielleicht fest, dass uns Hilferufe von den Lippen kommen, die auf die Religion unserer Kindheit zurückgehen – „Bitte hilf mir, lieber Gott" – und die sich vielleicht an eine Gottheit, das Unbekannte, eine höhere Macht oder an momentan nicht erreichbare Aspekte unseres Gesamtwesens richten.

Wir müssen schon ziemlich tief unten sein, um zu erkennen, dass unser Ego nicht zu mitfühlender Aufmerksamkeit fähig ist, wenn unsere Tröstungen und Kompensationen wegfallen wie Blätter von einem Baum im Herbst. Hier versagt die eigenmächtige Willenskraft.

Die Entmutigung, das tiefe Ende der emotionalen Dimension, führt uns in zunehmend leidvollere Tiefen, angefangen mit Ausgebranntheit, wo wir immer noch das Gefühl haben, etwas Kraft zu besitzen, ein paar Zähne, um damit ins Leben zu beißen. Im Gegensatz dazu steht das zunehmende Gefühl von Hilflosigkeit und Leblosigkeit, wenn wir durch die Bestürzung, die Depression und die Verzweiflung hinabrutschen und schließlich den absoluten Tiefpunkt erreichen.

Der Entmutigung ins Gesicht zu schauen und sie anzunehmen scheint eine notwendige Voraussetzung dafür zu sein, mit Empathie leben und sich selbst wirklich in anderen sehen zu können. Es scheint kein Weg um das herumzuführen, was Pema Chödrön den „ganzen stinkenden Misthaufen" nennt. Es überrascht nicht, dass Menschen, die mitfühlende Beiträge zum Wohle vieler geleistet haben, oft Begegnungen mit den „schwarzen Nächten der Seele" erwähnen. Wenn wir wissen, dass dies ein Teil des Weges ist, können wir besser verstehen, warum Viktor Frankl sich verpflichtet fühlte niederzuschreiben, was er im Konzentrationslager durchgemacht hatte: Er glaubte, dass es verzweifelnden Menschen helfen würde. Dazu gehören wir alle manchmal.

Die förmliche Zen-Praxis hat im gefährlichen Strom der Entmutigung vieles zu bieten. Wenn es unsere Gesundheit erlaubt, kann eine regelmäßige Praxis mit Formen von Bewegungsmeditation wie Chigong, Tai Chi und Yoga ein Segen sein, da diese das Instrument unseres Körpers stärken und widerstandsfähig machen. Unterschätzen Sie auch niemals den Wert einer intensiven Praxis, z. B. von Meditationsretreats. Diese nützen uns durch ihr paradoxes Element von *gewolltem Leiden* oder bereitwilligem Aufuns-Nehmen von freiwilligen Unannehmlichkeiten. Das ist nicht etwa masochistisch, sondern beweist uns unsere Fähigkeit, in den unvermeidlichen Härten, die uns das Leben auftischt, auszuharren und sie anzunehmen. Wenn uns unsere spirituelle Praxis nicht auf die Begegnung mit einem gewissen Maß an Schwierigkeiten im Leben vorbereitet und uns an den Grenzen unserer Komfortzone nicht einen kleinen Schubs gibt, dann sitzen wir vielleicht hilflos da, wenn unsere Not am größten ist.

Wenn wir unsere eigene spezielle Version von dunkler Nacht nicht mehr leugnen können, könnten wir erwägen, das folgende Koan aufzugreifen: „Was ist die beste Zuflucht in Zeiten der Entmutigung?" Wenn wir uns an das erinnern, was wir in den verschiedenen Dimensionen des Herzgeistes in Erfahrung gebracht haben und uns in dunklen Zeiten davon tragen lassen, werden wir vielleicht entdecken, dass dem Ausatmen der Verzweiflung ein Einatmen des Staunens und der Dankbarkeit folgen kann.

Ausgebranntheit und leuchtende Leidenschaft

Manchmal gleicht unsere Leidenschaft einer hell leuchtenden Flamme. Im Überfluss des Lebens teilen wir gerne unsere Begeisterung und wollen dem Leben etwas zurückgeben. Doch plötzlich tritt Dürre ein. Ausgebranntheit. Eine ausgedörrte Landschaft lässt das pralle Leben dahinwelken, und Dinge, an denen wir vorher Geschmack gefunden haben, sind jetzt herb und bitter geworden: Wir sind ausgezehrt und werden passiv-aggressiv, sarkastisch, leblos, abweisend, verächtlich. Unsere Resignation und unser Groll lassen den Glanz des Lebens matt werden.

All diese Symptome haben einen gemeinsamen Nenner: nicht erfüllte Erwartungen. Die Dinge haben sich nicht so entwickelt, wie wir es gerne gehabt hätten. Hier ein Beispiel aus der Mitte der achtziger Jahre, als ich die im Zen-Zentrum lebende Nonne war, in meiner Phase der „fliegenden Nonne" mit flatterndem Gewand, überall gleichzeitig und dafür sorgend, dass alles klappte. Wahrscheinlich haben mich einige Leute ernst genommen; mit Sicherheit habe ich selber es getan. Dann kam jemand, der offen Missfallen an mir fand und wahre und falsche Gerüchte über mich verbreitete.

Das Grundthema: Ich allein sei verantwortlich für den Niedergang des Zen im Westen. Ich war wie vom Blitz getroffen – war „ich" nicht diejenige, die so lange Zeit so vieles für so viele getan hatte? War „ich" nicht die emsigste kleine Biene im Zen-Zentrum? Ich, ich, ich. Hören Sie da ein kleines bisschen Märtyrertum heraus?

Eines Morgens brannte bei mir die Sicherung durch. Ich hatte es satt, die Glocke zu den Meditationen zu läuten und mitten in der Nacht die Tür zu öffnen. Ich wollte mir nicht mehr so viel Mühe geben und dabei trotzdem noch herabgesetzt werden! Offensichtlich hatte die Methode des „Gedankenechos" in meiner Praxis noch nicht gegriffen. Ich schoss mein vorgebliches Mitgefühl in den Wind und machte eine Pause vom täglichen Programm. Davor hatte ich niemals auch nur eine einzige Meditationssitzung versäumt. Aber genau zu diesem Zeitpunkt bekam ich eine Lungenentzündung und hoffte, dass nun jeder erkennen würde, wie unentbehrlich ich sei. Ich fühlte mich ein kleines bisschen erleichtert darüber, dass mein Fehlen nun legitimiert wäre.

Es wurden dringliche Treffen abgehalten, um zu beraten, wie man das Zentrum am Laufen halten könne, und eine Woche lang kamen Menschen vorbei, um zu sehen, wie es mir ginge, oder um einen Arbeitsablauf zu erlernen. Die nächsten drei Wochen kam das Zentrum wunderbar ohne mich aus. Es war, als läge ich im Sterben und beobachte, wie das Treiben auch ohne mich weiterging.

Ein Vorfall während meiner einmonatigen Einschränkung durch meine Lungenentzündung löste eine kleine existentielle Krise bezüglich Kontrolle und Loslassen in mir aus. Es war ein Cembalo-Konzert anberaumt mit mir und Anthony Newman, einem preisgekrönten Humanisten, Musiker und intensiv spirituell Praktizierenden. Ich war ganz versessen darauf, zu spielen, und versuchte alles nur Vorstellbare, um wieder zu Kräften zu kommen. Schließlich war es nicht mehr zu leugnen, dass ich viel zu krank war, um das riesige Repertoire bewältigen zu können, das wir geplant hatten. Es war mir ja fast nicht möglich, mich aufzusetzen. Ich benachrichtigte Tony und nur zwei Tage nach meinem Bescheid zauberte er Bachs gigantische Goldberg-Variationen aus dem Ärmel und gab eine brillante Vorstellung.

Diese Episode erschütterte meinen falsch begründeten Glauben, dass ich so ungefähr alles schaffen könne, was ich mir in den Kopf gesetzt hatte – ein Überbleibsel meiner langjährigen Kontroll-Strategie. Dabei hatte ich das Netz der vielen miteinander verwobenen Einflüsse nicht berücksichtigt. Ich musste einigen Tatsachen des Lebens ins Auge blicken: Krankheit, Stress, Ehrgeiz, Erschöpfung, Burnout. Welchem meiner vielen Selbste konnte die Lungenentzündung zugeschrieben werden? Welches konnte sie nicht wieder loslassen und das Konzert spielen?

Das „Ich" fälschlicherweise an die Stelle Gottes zu setzen ist mit Sicherheit ein Vorspiel zu einem Burnout. Loszulassen stand ganz offensichtlich nicht in meiner Macht. Die beste mir verbleibende Möglichkeit war die, „sein zu lassen" oder „dableiben zu lassen". Beide Begriffe sind Übersetzungen von *Upeksha*, ebenso wie „Gleichmut", ein unschätzbar wertvoller Same des Erwachens. Gleichmut entwickelt sich, wenn wir jeglichen Gästen, die momentan in unserem Zuhause sind, Gastfreundschaft entgegenbringen.

Einige unerkannte Glaubenssätze, die ich in die Zen-Praxis mitgebracht hatte, erwiesen sich ebenfalls als Omen für ein Burnout: „Wenn ich mich mehr anstrenge als alle anderen, werden sie mich wertschätzen müssen." „Wenn ich im Zen gewinne, wird dieser Erfolg meinen Herzschmerz lindern." „Wenn ich so tue, als spielte ich das Spiel ganz hervorragend, entdecken sie vielleicht nicht, dass ich das Spiel gar nicht beherrsche". Am Ende verstand ich Benjamin Franklins Kommentar, dass die Verzweiflung einige Menschen ruiniert, falsche Annahmen aber viele.

Ich war schon seit einiger Zeit auf den Burnout zugeschlittert. Dieser kann sich in subtiler Weise aufbauen, da sich viele der damit verbundenen Glaubensmuster wie der amerikanische Traum anhören: „Wenn man das Richtige tut, führt das zu positiven Resultaten", und „sinnvolles Tun wird ein geringes Selbstwertgefühl erhöhen". Was passiert, wenn wir all die richtigen Dinge tun und dennoch nicht die Resultate erlangen, die wir uns wünschen? Oder wenn wir bekommen, was wir wollen, und uns dennoch unzulänglich fühlen?

Die Menschen reagieren unterschiedlich, wenn die Hoffnungen schwinden. Manche machen weiter wie die Roboter. Bei anderen kann die Vorstufe des Burnouts einer brennenden Sehnsucht gleichen – wir hängen uns vielleicht vermehrt an Rituale oder Lehrer oder übertreiben es mit unserem Engagement: „Ich bin so damit beschäftigt, hier alles am Laufen zu halten, dass ich keine Zeit zum Meditieren habe." Möglicherweise bemerken wir gar nicht, dass wir versuchen, vor Gefühlen der Entmutigung davonzulaufen, die uns immer mehr einholen.

Willenskraft, „Nichtwollens"-Kraft und Gewilltheit

Wenn die glühende Leidenschaft langsam erlischt und Burnout einsetzt, äußern manche Menschen die Ansicht, dass sie von ihrer Praxis im Stich gelassen worden seien. M. T. Head sagt: „Man kann nur im Stich gelassen werden, wenn man sich vorher auf etwas gestützt hat." Worauf versuchen wir uns zu stützen – auf Menschen, auf eine verzerrte Sicht davon, was eine spirituelle Praxis bieten kann, oder auf einen irrtümlichen Glauben an unsere eigene Willenskraft? Das Problem mit der Willenskraft ist, dass man dabei nicht mit der Kraft des „Nichtwollens" rechnet, mit dem Widerstand, der sich aufbaut, wenn wir erkennen, dass unsere Strategien nicht die Wirklichkeit bestimmen können. M. T. Head drückt es folgendermaßen aus: „Wenn das Ego involviert ist, ist da, wo ein Wille ist, auch ein Nichtwollen."

Zusätzlich zu dem Gedanken, enttäuscht worden zu sein, kommen manche Leute, wenn der Burnout zunimmt, zu dem Schluss, dass eine Zen-Praxis zu hart sei. Aber wo liegt die Härte wirklich? Könnte die Härte in uns selber liegen – Dickköpfigkeit, Hart-näckigkeit, Hartherzigkeit? Die Annahme, die Zen-Praxis sei zu hart, könnte eine Mischung sein aus der Kraft des „Nichtwollens", der Kraft des Etwas-Wollens (des Bedürftig-Gierigen), dem „schlechten Ich" und der „sauren Füllung".

Die Willenskraft ist ebenso wie die „Nichtwollens"-Kraft ein Ego-Hybrid der Gewilltheit, eines der Samen des Erwachens. Zu echter Gewilltheit findet man am besten, wenn man bewusst durch das Dorngestrüpp der „Nichtwollens"-Kraft geht, wodurch paradoxerweise die Aktivierung von Gewilltheit in Gang gesetzt wird.

Ehe wir nicht erkennen, was zu einem Burnout führt, werden wir wahrscheinlich dessen Symptome noch verstärken. Während wir immer wieder über die Großbrände auf der Welt reden – ob es irgendein berechtigtes Anliegen gäbe, bei dem unsere Hilfe von Nutzen wäre – sind wir vielleicht passiv und bewegungsunfähig und klagen über Leute, die nichts Konstruktives tun können oder tun wollen. Und wir sind genauso.

Das praktische Vorgehen, um sich über einen Burnout klarzuwerden, beginnt mit der bewussten Entscheidung, den Monolog des Burnouts weder zu unterdrücken noch hemmungslos bei ihm mitzumachen. Die Methode des Widerspiegelns der Gedanken als Echo funktioniert wie ein mentaler „Teleprompter", der das Drehbuch des bevorstehenden Burnouts kenntlich macht, diesen unterschwelligen Dialog im Geiste, der so ähnlich abläuft wie die Textbanderole am unteren Rand des Fernsehbildschirms bei Nachrichtenprogrammen. Wenn wir in der physischen Dimension geerdet bleiben, kann der Erfahrende in uns erfahren, und ein offenes Gewahrsein ermöglicht es dem Beobachtenden, die Dinge im Auge zu behalten.

Bevor sich ein Burnout zu chronischem Zynismus oder einer Depression verschlechtert, müssen wir uns täglich fragen: Ist mir klar, worum es bei der Praxis geht? Was ist am wichtigsten? Das bedeutet nicht, dass wir herumsitzen und ständig psychisch Temperatur messen, sondern bewusst daran denken, dass unsere Aspiration immer wieder der Erinnerung bedarf.

Ohne den durchdringenden Laserstrahl der Praxis kann unsere glühende Leidenschaft langsam nachlassen und unsere Lebensgeister mit sich nehmen. Ist unser erster Gedanke, wenn wir dies hören: „Welche Lebensgeister?", dann ist unsere Sicht vielleicht schon durch den Ruß des Burnouts getrübt. Trotz des entmutigenden Kommentars unserer brummigsten Bekannten und Gedanken ist Burnout keine angemessene Antwort auf das Leben. Wenn er unerkannt bleibt, kann er unsere Aspiration zu einem Häuflein Asche verkohlen lassen. Eine gewissenhafte, manchmal hartnäckige Praxis düngt jedoch im Laufe der Zeit das Feld, in dem die Samen der Ausdauer und der Inspiration liegen. Wenn wieder Begeisterung aufflammt, kann neue Belebung wie Phönix aus der Asche des Burnouts steigen und den Burnout in glühendes Bestreben verwandeln.

Drei Atemzüge des Gewahrseins: eine Meditation

Ich glaube, es war im *Readers Digest*, wo ich zum ersten Mal auf die Idee stieß, ein paar Mal tief durchzuatmen, wenn man sich gestresst fühlt. Es ist nichts Tiefgründiges. So etwas Einfaches kann aber ein emotionales Kuddelmuddel ausreichend beruhigen, um eine Kollision zu verhindern.

Diese einfache, sehr klare Meditation ist kaum misszuverstehen, selbst wenn wir uns am überfordertsten fühlen. Der Geist ist erstaunlich willig, kurze, intensive Einlagen von Achtsamkeit zu tolerieren. Für die drei Atemzüge finden sich fast unbegrenzte Anwendungsmöglichkeiten. Die hier angeführten können eine Art Sprungbrett für Ihre eigenen Versionen sein.

- Nehmen Sie immer dann, wenn Sie stark unter Stress stehen, drei Atemzüge lang Ihre Atemempfindungen und -bewegungen bewusst wahr.
- Machen Sie drei tiefere Atemzüge, um Ihre Körperbewusstheit zu erhöhen.
- Verweilen Sie, wenn Sie sich verärgert oder erregt fühlen, drei Atemzüge lang bei diesem Gefühl.
- Achten Sie, um sich körperlich wieder zu erden, drei Atemzüge lang möglichst auf Ihren gesamten Körper.

- Achten Sie, wenn Sie sich abgelenkt fühlen, drei Atemzüge lang auf das, was wirklich geschieht, sei es nun schmerzlich, erstaunlich oder uninteressant.
- Achten Sie drei Atemzüge lang besonders intensiv auf Dinge, die Sie normalerweise langweilig finden, um bei neutralen Tätigkeiten achtsam zu bleiben.
- Nehmen Sie drei Atemzüge lang Ihre Umgebung bewusst wahr, damit Sie ganz bewusst bei angenehmen Aktivitäten dabeisein können.
- Wenn sich ständig wiederholende Gedanken bei Ihnen dazwischenfunken, lassen Sie Ihre geistigen Tonbandschleifen drei Atemzüge lang in ihrer ganzen Langweiligkeit ablaufen.
- Achten Sie in jeglicher Situation auf das, was Ihre Aufmerksamkeit auf sich zieht, und bleiben Sie drei Atemzüge lang ganz darauf konzentriert.

Richten Sie nach einer Runde der „Meditation der drei Atemzüge" Ihre Aufmerksamkeit drei weitere Atemzüge lang auf Ihre körperlichen Wahrnehmungen, bevor Sie in den nächsten drei Atemzügen die Umgebung mit hinzunehmen. Erleben Sie in einer abschließenden Runde von Atemzügen alles gleichzeitig, so gut es eben geht. Manchmal ist es angebracht, mehr als eine Runde zu machen.

All das kann einen auf alte, sich wiederholende Gedankenmuster aufmerksam machen und diese wissen lassen, dass die Tage, an denen sie ungehindert ablaufen dürfen, gezählt sind. Der kleine Geist nimmt solche Mitteilungen nicht immer willig an, warum also nicht dem griesgrämigen Ego eine kleine Belohnung für die Ausführung der Übung anbieten? Sie können Ihren Geist einladen, sich nach der Übung ein bisschen zu verwöhnen, vielleicht mit einer Tasse Tee. Das Prinzip ist das gleiche, wie wenn man ein widerwilliges Kind (oder einen unwilligen Partner) mit zum Einkaufen nimmt. Wenn ein Trotzanfall droht, sagen wir: „Wie wär's, wenn wir noch drei Regalreihen weitergehen und dann mit deinen Lieblingsfruchtbonbons zur Kasse gehen?" Dies ist nicht etwa eine feige Kapitulation, sondern eine harmlose Methode, um den Geist, der sich nichts sagen lassen will, zum Mitmachen zu bewegen, wobei auf seine kurze Aufmerksamkeitsspanne Rücksicht genommen wird. Manchmal, wenn wir dem Ego die Zügel ein bisschen lockern, verweigert es sich und stampft wie ein zweijähriges Kind auf den Boden: „Nicht dann, wenn es *dir* passt." Warum lassen Sie Ihrem Geist nicht etwas freien Lauf und warten ab, was passiert? Als ich dies zum ersten Mal ausprobierte, waren sie plötzlich da: genau die Ruhe und Stille, um die ich mich so sehr bemüht hatte!

17 Der innerste Schmerz

*Jeder schwierige Moment besitzt das Potential,
mir Augen und Herz zu öffnen.*

MYLA KABAT-ZINN

Haben Sie jemals eine Schwere, ein Gefühl des Fallens oder einen „brennenden Speer" gespürt, der Sie wie aus dem Nichts völlig unvorbereitet traf? Sind Sie je plötzlich zusammengezuckt, als jemand genau das gesagt oder getan hat, was Sie nicht ertragen zu können meinten? Es kommt zu einer Welle von Angst und Schmerz, die man nicht unterdrücken und der man nicht davonlaufen kann. Wenn Ihnen das bekannt vorkommt, befinden Sie sich in der Nähe des innersten Schmerzes. Menschen, die zu Betäubtheit oder Verleugnung neigen, glauben vielleicht, dass all das ihnen nicht widerfahren würde. Selbst diejenigen unter uns, die den Verdacht hegen, dass sie diesen Schmerz in sich tragen, hoffen vielleicht, dass er sich durch einen Lehrer, eine Tradition oder eine bestimmte Technik im Handumdrehen beseitigen ließe.

Manchmal scheint ein lange gemiedener innerster Schmerz, wenn er wieder an die Oberfläche dringt, intensiver zu sein, als es die Ereignisse im Moment eigentlich rechtfertigen – zumindest für Außenstehende. Was unserem innersten Schmerz so viel Kraft verleiht ist die Tatsache, dass wir ihn so lange nicht beachtet haben. Wir wären gut beraten, ihn als tickende Zeitbombe zu sehen.

Nachdem wir all die Ausweich- und Beseitigungsmöglichkeiten, die uns einfallen, ausprobiert haben, kommt ein Punkt, an dem es nicht mehr zu leugnen ist: Unser innerster Schmerz ist unser Langzeitbegleiter. Selbst flüchtige Begegnungen mit dem Absoluten beseitigen seinen Stachel nicht dauerhaft, und wenn er nach Aufmerksamkeit schreit wie ein entzündeter Blinddarm kurz vor dem Durchbruch, so müssen wir uns mit ihm befassen. Die Menschen reagieren unterschiedlich, wenn ihr innerster Schmerz hervordrängt. Manche vergehen vor Scham, andere tragen ihren Schmerz so zur Schau, als liebten sie nichts mehr als ihn – den innersten Schmerz, der das Einzige zu sein scheint, worauf man sich wirklich verlassen kann. Cool auftretende Menschen mögen immun dagegen wirken, aber blicken Sie einmal tiefer: Wie oft schlägt nicht unter der harten Schale eines Zynikers das gebrochene Herz eines Romantikers?

Der innerste Schmerz ist so inakzeptabel, gesellschaftlich so tabu, dass er, außer in Momenten der Verzweiflung, nur selten erwähnt wird. Die Gedichte des heiligen Johannes vom Kreuz zittern von der schwarzen Nacht der Seele, dem Brennen existenziellen, innersten Schmerzes.

Wenn wir uns das Vorhandensein unseres innersten Schmerzes einmal eingestanden haben, können wir uns vielleicht gar nicht mehr an eine Zeit erinnern, in der er uns sein Dasein nicht leise flüsternd mitgeteilt hätte. Man kann ihn bei kleinen Kindern sehen, die niedergeschlagen dasitzen, als dächten sie: „Es tut so weh, wenn sie auf mir herumhacken (oder mich anschreien, sich über mich lustig machen oder mich ignorieren). Warum machen sie das nur? Ach, ich weiß schon! Es ist sicher so, weil ... man mich nicht lieben kann, weil ich ... es nicht wert bin, ... nicht gut genug bin." Sehen Sie, was gerade passiert ist? In Wahrheit bestärkt das Kind den Schmerz noch in seinem Versuch, ihn zu verstehen, indem es ihm einen angenommenen Grund aufsetzt –

gewöhnlich in Form einer negativen Ich-Identität. Dieser Vorgang verdoppelt den Schmerz. Jetzt fühlen wir uns nicht nur schlecht, sondern wir glauben, wir *seien* schlecht, irgendwie von Grund auf mit einem Makel behaftet. Kleine Kinder können so viel Schmerz nicht ertragen, deshalb versinkt er aus ihrem Blickfeld wie die Ruinen von Yucatan, wird überdeckt von einem Dschungel aus Schutzmauern und Ausflüchten. Bei diesem Vorgang verblasst das leuchtende Staunen im Kindergesicht, das wir so bewundern. Und wenn wir heranwachsen, ist unser Geheimnis unter dem Dickicht der Sozialisierung begraben.

Im Laufe der Zeit wird es immer schwieriger für uns, unsere Verschleierungen aufrechtzuerhalten. Selbst wenn wir fühlen, dass da etwas ist, was Beachtung benötigt, fürchten wir vielleicht, dass wir uns eventuell nie wieder fangen würden, wenn wir uns darauf einließen. Vermeidung verstärkt also unsere Isolierung und lässt unseren innersten Schmerz zu einem noch größeren Tabu werden. Schließlich beginnt dieser an die Oberfläche zu kommen und hebt jetzt die Granaten, die im Dschungel in der Erde lagen, mit in unser Leben.

Sich dem innersten Schmerz erfahrend zuwenden

Es kommt ein Punkt, an dem wir keine andere Wahl mehr haben, als uns mit unserem innersten Schmerz auf bewusste und heilende Weise zu beschäftigen. Da haben wir Glück, in Meditationen verwurzelt zu sein, die das Herzzentrum als wichtigsten Anhaltspunkt haben – ein körperlich spürbarer Trost für den leidenschaftlichen Schmerz, der vielleicht in der Mitte unseres Körpers aufwallen wird.

Manchmal zeigt sich unser innerster Schmerz in Momenten, wo wir uns nicht sofort mit ihm beschäftigen können. Wenn das passiert, ist es fast immer möglich, den Schmerz für eine Weile beiseite zu schieben und später mittels Meditationen aus dem Bereich der emotionalen Dimension zu ihm zurückkehren. Es ist für uns ja ein bekanntes Vorgehen, unseren innersten Schmerz auf ein Wartegleis zu schieben; das tun wir unbewusst schon seit vielen Jahren. Jetzt können wir bewusst auf die gleiche Weise damit umgehen wie in einer Situation, in der wir uns um mehrere Aufgaben gleichzeitig kümmern müssten. Wir müssen allerdings später zu ihm zurückkehren und ihm erlauben, sich durch unser Erfahren aufzulösen, weil er sonst wieder in die Quelle unerlösten Leidens eingehen wird.

Meditierende gehen manchmal davon aus, dass man sich mit etwas, das in diesem Moment nicht auftritt, nicht zu befassen brauche. Bei dieser Art zu denken unterschätzt man aber die Kraft des konditionierten Papageis, der tief in unserem Inneren versteckt ist und vielleicht nicht andauernd schreit.

Ehe wir nicht erkennen, dass dieser zentrale Schmerz tief in uns selbst lauert, werden wir unseren über-wachsamen Blick nach außen gerichtet halten, weil wir einen Angriff von irgendwo da draußen befürchten. Wir erkennen nicht, dass wir den tiefsten Schmerz nicht von uns abhalten können, da er sich ja schon in uns befindet. So lauert er und taucht von Zeit zu Zeit auf wie ein Hai, der sich Stücke aus unserer Lebendigkeit herausreißt.

Um zu heilen, befasst man sich am besten mit allen fünf Dimensionen des Erwachens – der körperlichen, der geistigen, der emotionalen, der des offenen Gewahrseins und der voll-leeren, da unser tiefster Schmerz sie alle berührt. Was finden wir vor, wenn wir die Grube öffnen? Einen Haufen Elend aus leidvollen physischen, geistigen und emotionalen Bestandteilen, die während jahrelanger Nicht-Beachtung vor sich hin gegoren haben.

Wenn der Atem unseren innersten Schmerz durchdringt, spüren wir, dass er keine nicht zu ertragende Gefängniszelle darstellt. Wenn wir uns der Umgebung bewusst werden, bietet sich unserem innersten Schmerz ein ihn tragender Raum. Was könnte er sich mehr wünschen, als dass wir ihm mit der barmherzigen Güte begegnen, die wir einem verängstigten Tier oder einem anderen Menschen unter ähnlichen Umständen entgegenbringen würden? Können Sie nicht das leise Wispern hören: „Könntest du mir bitte ein bisschen Einfühlung schenken?"

Da wir unseren Schmerz in einem solchen Maße sich selbst überlassen haben, müssen wir ihn jetzt „adoptieren". Im Hinblick auf diesen innersten Schmerz ist die spirituelle Praxis keine Bypass-Operation, sondern vielmehr eine Überredung zu einem offenen Herzen. Wenn wir uns nun fragen, wo bei all dem die Freude sei, so können wir an die Worte des Philosophen und Zen-Anhängers Alan Watts denken, der oft sagte, dass wir, wenn wir dem Schmerz gegenüber nicht empfindsamer würden, auch Freude nicht tiefer empfinden könnten.

Wenn unser Lebensschiff mit dem Eisberg unseres innersten Schmerzes zusammenstößt, haben wir die Gelegenheit, die Samen von Geduld, Beharrlichkeit und Gewilltheit kennen zu lernen. Eines der größten Geschenke auf dem Pfad des Erwachens ist die Entdeckung, dass sich, wenn wir unseren tiefsten Schmerz mitfühlend annehmen, zu unserer Überraschung die Türe des Herzgeistes öffnet.

Widrigkeiten und Erwachen: eine Meditation zur Heilung tiefen Leids

Die Meditation mit dem Namen „Widrigkeiten-und-Erwachen" bietet eine Alternative zu nicht funktionierenden Vorgehensweisen wie dem Versuch, den Schmerz fallen zu lassen, ihn außen vor zu halten oder, ganz im Gegenteil, Hals über Kopf in ihn hineinzustürzen.

Wir laden etwas in uns ein, das wir quälend finden, etwas, das solch scheinbar unauflösliches Leid wie Verlust, Trauer oder Entmutigung an die Oberfläche bringt.

Bis Sie mit dem Ablauf vertraut sind, ist es hilfreich, die folgenden Anleitungen bei der Meditation neben sich liegen zu haben.

- *Die Körperhaltung*: Fangen Sie damit an, dass Sie Ihren Rücken aufrecht halten und Ihren Brustkorb so weit wie möglich öffnen. Nehmen Sie die Empfindungen in Ihrem ganzen Körper wahr und heben Sie den Kopf und den Oberkörper auf ganz natürliche Weise mit dem Atem an.
- *Das Thema*: Denken Sie an die entmutigende Situation.
- *Die körperliche Empfindung*: Nehmen Sie ein paar Atemzüge lang diejenige körperliche Empfindung wahr, die Sie am wenigsten haben möchten.
- *Der Herz- oder Trauerpunkt*: Richten Sie die Aufmerksamkeit jetzt auf die Mitte der Brust. Einige Fingerspitzen einer Hand können auf der empfindsamen Stelle in der Mitte des Brustbeins ruhen, die der Orientierungspunkt sein wird, auch wenn die stärksten Empfindungen anderswo liegen. Das Herzzentrum fungiert als ein Kanal, durch den alles – die Luft, die übrigen Empfindungen, überhaupt alles – körperlich jeweils beim Einatmen erfahren werden kann. Lassen Sie beim Ausatmen die Dinge sein, wie sie sind, anstatt zu versuchen, etwas zu „machen".
- *Der quälendste Glaubenssatz*: Prüfen Sie, ob es eine starke Überzeugung gibt in Bezug auf Sie selbst, auf eine bestimmte Situation oder auf das Leben im Allgemeinen, und seien Sie sich gleichzeitig der Mitte Ihrer Brust bewusst.
- *Lehnen Sie den inneren Monolog ab*. Nachdem Sie der starken Überzeugung, auf die Sie gerade gestoßen sind, respektvoll gelauscht haben, lehnen Sie das Angebot des Monologs, sich fortzusetzen, ab. Wenn der Fokus nicht auf den Körper gerichtet bleibt, wird der innerste Schmerz verstärkt.
- *Unangenehme Empfindungen*: Nehmen Sie beim Einatmen wieder alle unerwünschten Empfindungen wahr.
- *Beim Ausatmen sein lassen*: Lassen Sie, nachdem Sie alle vorhandenen Empfindungen eingeatmet haben, beim Ausatmen und danach ein paar weitere Atemzüge lang alles so sein, wie es ist. Wiederholen Sie diesen Schritt

mehrmals und wechseln Sie ab zwischen dem Einatmen schmerzlicher Empfindungen samt deren physischer und emotionaler Energie und dem Ausatmen, bei dem Sie die Dinge sein lassen.
- *Der Atem*: Fühlen Sie ein paar volle Atemzüge lang, wie die Gefühle im Körper durch den Atem aufgelockert werden. Laden Sie nochmals alle unerwünschten Empfindungen ein, und schließen Sie sie mit ein.
- *Das Strömen des Atems*: Richten Sie Ihre Aufmerksamkeit jetzt auf das Fließen des Atems, das die Atemluft mit der Luft des Raumes oder der Luft der Umgebung verbindet.
- *Zum Abschluss*: Umfassen Sie mit Ihrer Aufmerksamkeit den Körper, die Geräusche, die Beschaffenheit der Luft und die Formen, die vorhanden sind. Ruhen Sie in der Gesamtheit von Luft-Schmerz-Atem-Raum-Himmel, so lange Sie möchten.

Sie sind vielleicht etwas zusammengesunken, da uns unser innerster Schmerz und unsere Entmutigung in eine gebeugte Haltung ziehen. Fühlen Sie kurz das Zusammengesunkensein und laden Sie dann Ihren Körper durch den Atem ein, sich wieder aufzurichten, sich beim Einatmen in die Länge zu dehnen und beim Ausatmen weicher zu werden, getragen von den Wellen des Atems.

Dieser Vorgang ist zwangsläufig etwas unangenehm, ähnlich wie eine Operation, die anfangs vielleicht alles noch schlimmer aussehen lässt als die Krankheit, gegen die sie helfen soll. Bei diesem Prozess geht es darum, Dinge in einem neuen Licht zu sehen und auf eine neue Weise zu tun. Dabei können einem sogar die Gefühle von Offenheit und Ausgewogenheit etwas beunruhigend vorkommen, wenn man nicht besonders vertraut mit ihnen ist.

Einer der anspruchsvollsten Teile dieses Ablaufs besteht darin, unterscheiden zu lernen zwischen dem Sein-Lassen der Dinge und dem Versuch, sie weggehen zu lassen, das Unerwünschte verschwinden zu lassen, indem man es fallen lässt. Das ist ein verschleierter Versuch, das loszuwerden, womit man nichts zu tun haben möchte, und wenn er funktionieren würde, wären wir längst erwacht und frei. Entgegen dem, was wir gehofft hatten, führt dies jedoch dazu, dass der Schmerz als unauflösbar erscheint. Das müssen wir Hunderte von Malen hören, da es unserer Intuition widerspricht. Das sanfte Annehmen hingegen, bei dem man die Dinge sein lässt, bietet dem, was wir schon so lange ablehnen, einen freundlichen Empfang. Es ist ein wenig, als gäbe man eine Chili-Schote in einen Eintopf, anstatt zu versuchen, sie pur zu essen. Der Chili ist noch da, kommt einem aber nicht mehr vor wie das einzig Vorhandene.

Mit dieser Meditation schließt man ein anstatt aus. Unterschätzen Sie niemals, welche Kraft es hat, wenn man aufhört, dem Vorhandenen Widerstand entgegenzusetzen. Wenn wir uns ganz in den Augenblick hineinbegeben, stellen wir fest, dass schmerzliche Gefühle ebenso durchlässig und substanzlos sind wie alles andere auch.

Diese Meditation ist eine Gelegenheit, „in unserem Leiden geheilt zu werden", wie es in einem der Verse, die wir im ZCSD regelmäßig rezitieren, heißt. Wenn unsere Knoten des Leids mit Raum erfüllt werden und mit unserem Herzschlag mitschwingen, ist das Annehmen, das wir erleben, eine Erinnerung daran, dass wir niemals alleine sind und dass Gleichmut und Mitgefühl in einer ganz anderen Richtung liegen, als wir gedacht hatten.

Am absoluten Tiefpunkt ankommen: Sich in das Meer von Trauer, Verlust und Verzweiflung hinein öffnen

Wie können wir einen Stein vom Grund der Ise-Bucht aufheben, ohne nass zu werden?

ZEN-KOAN

Manchmal scheint das Leben ruhig dahinzufließen, zumindest in unserer kleinen Ecke der Welt. Wenn es in den ersten Phasen unserer spirituellen Praxis so ist, dann fühlen wir uns vielleicht durch Zen-Sätze inspiriert wie „kein Verlust, kein Gewinn", durch Worte, die dem leeren Aspekt der Voll-/Leerheit, dem Absoluten des Zen, Anerkennung zollen. Wenn wir eine philosophische Ader haben oder das Transzendente mögen, leerabsolute Perspektiven, erkennen wir vielleicht noch nicht, dass sich das Absolute in der Kleidung der relativen Formen zeigt, die die volle Seite der Voll-/Leerheit ausmachen. Wenn unsere Perspektive einseitig ist und nur die Leerheit betont, bemühen wir vielleicht, wenn wir jemanden sagen hören, er sei an einem Tiefpunkt angekommen, eine Floskel und erklären, dass es keinen Tiefpunkt gäbe und niemanden, der an einem Tiefpunkt ankommen könne.

Und dann erreichen wir selber einen Tiefpunkt. Es könnte der Tod eines geliebten Menschen sein, eine schwerwiegende medizinische Diagnose, etwas scheinbar Unverzeihliches, das wir getan haben, eine albtraumhafte Veränderung in einer Beziehung oder das Wiederauftreten einer destruktiven Gewohnheit, die wir hinter uns gelassen glaubten. Vielleicht können Sie selbst ein Beispiel anführen.

Wir sind plötzlich aus dem seichten Wasser in einen Strudel gerissen worden, der uns bis zum Grund der Ise-Bucht hinunterzieht. Dieses Koan bezieht sich auf eine Bucht in Japan und wird manchmal als eines von einer Handvoll Zen-Koans gesehen, die einen Hauch von Gefühl vermitteln. Mit oder ohne den Bezug aus dem Koan ruft die Analogie, am Grunde einer Meeresbucht zu sein, unergründliche Tiefen in uns wach, die auch das Sammelbecken von Trauer und Leid beinhalten, welche zu den quälendsten menschlichen Gefühlen gehören.

Als ich zum Zen kam, war meine Reaktion anfangs auf weniger schmerzhafte Dinge die, einen fröhlichen Pragmatismus zu bewahren. Selbst wenn ich mich niedergeschmettert fühlte, war meine verschleierte innere Haltung: „Ich werde ihnen nicht die Genugtuung gönnen zu sehen, wie verletzt ich bin." Ich fand Trost und Erneuerung dadurch, dass ich mich in einige Zen-Koans vertiefte, die sehr bewegend waren, und erkannte gleichzeitig, dass ich auf einer anderen Ebene eine Art Zuflucht in der Natur der Leerheit suchte, entsprechend meinem unreifen und begrenzten Verständnis davon.

Dann ließ mich ein scheinbar unbedeutendes Ereignis in ein Loch der Agonie stürzen. Ich begriff jetzt ohne jeglichen Zweifel, dass die förmliche Praxis bei einem vernichtenden inneren Aufruhr wie diesem anwendbar sein muss. Wie könnten wir sonst die schwersten Zeiten als Formen der Leerheit erkennen?

Ehe wir nicht den Boden unter den Füßen verlieren, wissen wir vielleicht nicht, dass wir auf einer Müllhalde aus unbeachteter Trauer sitzen. Wenn der Boden unter unseren Füßen verschwindet, erkennen wir die Grenzen von Redewendungen wie „die Zeit heilt alle Wunden", da wir mit etwas konfrontiert sind, wovon wir angenommen hatten, dass die Zeit es längst geheilt hätte. Dinge, die wir für sicher gehalten hatten, liegen in Trümmern. Es ist nicht schön, wenn wir vor Qual jammern und uns winden, und unsere pochenden Wunden aufreißen und bloßgelegt werden.

Wenn unsere Sicht der Welt in großem Maße zusammenbricht, kann das vorübergehend unseren Wunsch zu erwachen überschatten. Unser Leid hält an einem isolierten Selbst fest, das seiner gewohnten Egofassade beraubt wurde. Jetzt verstehen wir die Worte Christi am Kreuz, die sich zusammenfassen lassen zu: „Nimm dies von mir".

Das Ego ist ziemlich nutzlos, wenn wir am Tiefpunkt ankommen. Es ist genau genommen das Ego, das am Tiefpunkt ankommt. Das ist jedoch ein Koan, das man selber erleben muss.

Wenn der Schmerz ein wenig nachlässt, können wir uns vormachen, dass das Kasperle wieder heil und ganz sei. Unsere Fassade ist wieder da, und wir eilen zum Medizinschrank voller tröstender Aktivitäten, Stoffe und Ausflüchte. Möglicherweise versuchen wir, einen Tiefpunkt zu umgehen, indem wir um uns schlagen: Wir wollen, dass die anderen, die von unserer Situation mitbetroffen sind, genauso leiden wie wir selbst. Wir verwenden aus Verletztheit Worte oder Taten des Grolls in der Hoffnung, unsere Verzweiflung verbergen und den Schmerz dämpfen zu können.

Schließlich hilft alles Vermeiden nichts mehr. Der Schmerz befindet sich in uns und muss da angegangen werden. Wenn wir ihn nicht untersuchen, wirkt sein Gift wie eine Blutvergiftung und höhlt unsere Lebenskraft aus. Wenn es so weit kommt, dass Trauer und Angst uns kaputt machen oder unsere Gedanken und Stimmungen so freudlos sind, dass wir den Sinn des Lebens hinterfragen, ist es an der Zeit, uns Hilfe zu holen. Wenn wir uns nicht um die Stimmen der Zerstörung kümmern, können sie uns auf gefährliches Terrain führen. Wir sollten nicht allzu stolz sein; in der Tat werden Stolz und Stoizismus in den meisten spirituellen Traditionen als Scheuklappen betrachtet. In solchen Zeiten stellt eine große Vielfalt an geschickten Therapiemethoden eine gute Ergänzung zur formalen Praxis dar. Das ist die Zeit, um mit einem Lehrer oder einem Berater in der spirituellen Praxis zu sprechen, der Erfahrung hat im Umgang mit Widrigkeiten als einem Teil des Pfades des Erwachens. Wenn unser Verstand uns sagt, dass uns nicht mehr zu helfen sei, dann haben wir hoffentlich einen weisen Freund, der uns sanft daran erinnert, dass da der konditionierte Papagei in seiner schlimmsten Form spricht. Im Allgemeinen ist es besser, nicht mit allzu vielen Menschen zu reden, insbesondere nicht mit solchen, die zu verständnisvollen Beteuerungen oder zu Mitleid neigen, da ihre Äußerungen unser Selbstmitleid oder den Glauben, dass wir hilflos seien, verstärken könnten. Wir können wirklich von Glück reden, wenn jemand in unserer Nähe die Fähigkeit besitzt, einfach nur da zu sein und zuzuhören.

Selbst wenn wir am absoluten Tiefpunkt angelangt sind, können uns noch gewisse Hilfsmittel zur Praxis von Bewusstheit, die wir schon kennen gelernt haben, als Verbündete zur Seite stehen. Neben der Meditation des einen Atemzuges, die wir in Kürze erlernen werden, gehören zu den Schlüsselhilfen in solchen Zeiten, dass wir

- um unsere eigenen fixen Überzeugungen wissen;
- uns an das „*und*" erinnern, die aus einem einzigen Wort bestehende Mahnung, die die Aufmerksamkeit auf Bereiche lenkt, die wir aus dem Blickfeld verloren haben, in der physischen *und* in der mentalen *und* in der emotionalen Dimension *und* in der Dimension der offenen Bewusstheit. Das erlaubt es dem Schmerz, der vom Tiefpunkt herrührt, mit einer allumfassenden Bewusstheit zu verschmelzen;
- innehalten, um drei Mal durchzuatmen – eine Praxispause von kurzer und genau festgelegter Dauer;
- „jetzt nicht" zu unseren Gedanken sagen (das wird selten empfohlen, kann aber notwendig sein, wenn quälende Gedanken unsere Verzweiflung nähren);
- das Bewusstsein in die Mitte der Brust lenken: Dieser Anhaltspunkt ist jetzt kostbarer denn je. Er wird als Rettungsanker für das Erwachen inmitten des tiefsten Kummers betrachtet. Interessanterweise meint man in der traditionellen chinesischen Medizin, dass sich Kummer und Freude an dieser zentralen Stelle vereinen.

All diese Übungen sind nicht ortsgebunden; wir können sie das ganze Leben lang mit uns tragen und uns von ihnen tragen lassen. In schweren Zeiten werden wir sie bewusst anwenden müssen, wobei wir dazu vielleicht die Unterstützung anderer brauchen, die uns daran erinnern. Das ist eine der kraftvollsten Funktionen der Anwesenheit einer Gruppe in einem förmlichen Praxisrahmen, wenn man bedenkt, dass sich die Bewusstheit für so ungefähr alles verflüchtigt, wenn sich der Abgrund auftut.

Die Schale, der Schmerz und das Herz: Was bricht?
Haben wir nicht alle schon einmal erlebt, wie schmerzhaft es ist, wenn sich jemand von uns abwendet, wenn es uns schlecht geht? Dennoch wenden auch wir uns regelmäßig von unserem eigenen Schmerz ab und machen ihn dadurch noch größer. In Zeiten intensiven emotionalen Schmerzes hatte ich das Gefühl, dass mir Scherben aus Pein ins Herz stachen, und nannte es „gebrochenes Herz" oder „Herzschmerz". Man könnte zwar sagen, dass sich das auf das „kleine Herz" des Egos bezieht, aber eine wahrheitsgetreuere Beschreibung wäre wohl die, dass es die Schutzschale ist, die wir um unser zartes Herz zu legen versucht haben, welche durchbohrt wird und dadurch den lange angesammelten Schmerz hervorquellen lässt. Jetzt haben wir die Möglichkeit, uns um unerledigte Dinge zu kümmern, die wir verdrängt haben.

Schauen Sie, ob Sie fühlen und sich vielleicht ausmalen können, in welcher Beziehung diese verschiedenen Aspekte zueinander stehen: die schützende Schale oder der Kokon, der Schmerz und das unergründliche weite Herz, das so groß ist, dass es alles in sich aufnimmt, was danach ruft, aufgenommen zu werden. Wenn die Schale aufbricht und wir den Schmerz annehmen, erkennen wir, dass das weite Herz nicht gebrochen werden kann. Es braucht sich auch nicht zu öffnen, denn es ist immer offen.

Ein kostbares Praxis-Koan lautet: „Was hindert uns daran, dem immer vorhandenen weiten Herzen direkt zu begegnen?" Es kann eine Zeit kommen, zu der wir dankbar dafür sind, an einen Tiefpunkt gelangt zu sein, als an einen Wendepunkt zur Wachheit, aber wahrscheinlich erst, wenn wir etwas durchgemacht haben, was sich in gewisser Weise wie ein Tod angefühlt hat. Ohne irgendeinen Spielraum an die Wand gedrängt, schultern wir endlich unsere Last und sind vielleicht überrascht, dass sie, einmal geschultert, leichter ist, als wenn wir sie ablehnen.

Wenn wir, auf eine umfassende Praxis gestützt, in die Tiefen hinabsteigen, stellen wir vielleicht wie durch eine Gnade fest, dass Mitgefühl an den Wurzeln des Kummers wohnt. Jetzt erkennen wir, dass das Ich-Selbst, das nur ein kleines Fleckchen, ein Staubkorn im Auge des Seinsbewusstseins ist, ein Fleck ist, der uns blind machen kann. Nun ergeben die folgenden Worte von Rashani einen Sinn:

> *Es gibt einen leeren Raum,*
> *der zu groß ist für Worte,*
> *den wir mit jedem Verlust durchqueren,*
> *aus dessen Dunkelheit*
> *wir ins Sein gerufen werden.*
>
> RASHANI RÉA, EIGENPUBLIKATION

Möge die Kontemplation darüber, an einem Tiefpunkt angelangt zu sein, unser Streben und unsere Entschlossenheit erneuern, in die Tiefen hinabzusteigen und die Wahrhaftigkeit des Herzgeistes zu bezeugen.

Ein heilender Atemzug:
eine Meditation des Annehmens und Aussendens

> *Wahre Liebe und wahres Gebet werden in der Stunde gelernt, in der die Liebe unmöglich wird und das Herz zu Stein geworden ist.*
>
> THOMAS MERTON

Wenn Umstände auftreten, die uns scheinbar handlungsunfähig machen, sind wir manchmal nur zu etwas extrem Einfachem fähig. Zu einem Atemzug nach dem anderen.

Die Meditation des einen heilenden Atemzugs heilt in dem Sinne, dass sie uns Atemzug um Atemzug zu unserer angeborenen Ganzheit zurückführt. Wir nehmen, was immer an Disharmonie vorhanden ist, mit dem Einatmen auf und erleben es so umfassend, wie es uns möglich ist. Beim darauffolgenden Ausatmen können wir die Disharmonie einfach da sein lassen oder die unten beschriebene aktivere Vorgehensweise ausprobieren.

Die Meditation des einen heilenden Atemzugs beginnt, indem wir unsere Aufmerksamkeit auf den Atem lenken. Wir lassen unseren gequälten Geist wissen, dass seine schwersten Gedanken entweder ein paar Augenblicke lang ruhen oder sich vom Atem miteinschließen lassen können, vorausgesetzt sie drängen sich nicht in den Vordergrund. Dann folgen:

Annehmen: Atmen Sie beim Einatmen Ihr gesamtes Leidensgefühl so umfassend wie möglich ein, entweder in den ganzen Körper oder in die Mitte der Brust, fast wie einen umgekehrten Seufzer. Es könnte hilfreich sein, wenn Sie anfangs einige tiefere Atemzüge machen.

Aussenden: Lassen Sie beim Ausatmen Ihre Bewusstheit und Ihren Atem Ihr ganzes Wesen in so großem Maße wie möglich durchfluten.

Wenn es Ihnen passend erscheint, können Sie jeweils beim Ausatmen einen Satz oder ein Mantra sagen, in sehr schlimmen Momenten auch jedes Mal beim Einatmen. Ich habe die nachfolgenden Worte hilfreich gefunden, um eine gewisse Präsenz und Motivation aufrechtzuerhalten: „Möge Mitgefühl erwachen" oder „Ganzheit" oder „Gnade" oder „Einssein". Es hat jedoch auch andere Zeiten gegeben, in denen mir nur ein nonverbaler Schrei möglich war. Die Stelle im Korintherbrief 12,9: „In meiner Schwäche liegt meine Stärke" ist ein Koan, das man in der Meditation des einen Atemzugs vielleicht lösen kann.

Wenn in uns der Wunsch aufkommt, dass Heilung (Gesundheit und Ganzheit) unser Leiden durchdringen möge, kann dieser mittels einmaligen Ausatmens ebenfalls in unseren ganzen Körper oder in jede andere Richtung ausgesendet werden.

Verzweiflung ist so geartet, dass wir zu solchen Zeiten leicht unsere Verbundenheit aus den Augen verlieren und in ein Gefühl von Getrenntheit und Alleinsein verfallen. Die Meditation des einen heilenden Atemzugs bietet da eine Brücke ins Geöffnetsein.

Man kann die Meditation des einen heilenden Atemzugs auch weitere Male wiederholen: erst einen Atemzug, dann einen weiteren, dann noch einen. Wenn einem Worte nicht möglich sind, genügt es, den Atem zu spüren.

Die Meditation des einen heilenden Atemzugs kann in gewisser Weise ein Gelübde darstellen: eine physische Erinnerung an unseren Wunsch, aus dem Traum von einem Selbst zu erwachen, der an der Wurzel von so vielem Leiden liegt. Dieser Wunsch findet seinen Widerhall in förmlichen Zen-Andachten: „Möge Mitgefühl an alle Wesen ergehen". In schweren Zeiten, wenn eine Heilung für unser Leiden unwahrscheinlich zu sein scheint, sehnen wir uns nach dem heilenden Bewusstsein, unserer Vollständigkeit zu begegnen.

In meinen vielen Praxisjahren hat es Zeiten gegeben, als die Praxis des einen heilenden Atemzugs derjenige Weg war, auf dem ich zu der Erinnerung daran zurückkehrte, dass „mein Leiden" auch *das* Leiden ist – das universelle Leiden aller Wesen. Es ist ein Weg, der zu Empathie und dem Gefühl von Verbundenheit führt und der vielleicht bei Menschen in ähnlichen Umständen beginnt und sich dann allmählich auf alle Wesen erstreckt.

Die Ähnlichkeit zwischen der Meditation des einen heilenden Atemzugs und den beiden ersten Zeilen der Meditation über liebende Güte macht die liebende Güte zu einem lohnenswerten nächsten Schritt, wenn die Dinge sich allmählich etwas beruhigen. Man wird wie von einer unsichtbaren Kraft dazu hingezogen, die Samen des Herzgeistes zu erwecken.

Teil VIII

Die voll-leere Dimension des Herzgeistes

18 Versöhnung, Sühne, Vergebung

Die Tempelwächter an den Toren der voll-leeren Dimension

> *Ich bitte um Vergebung für all das Leid, das ich anderen absichtlich oder unabsichtlich zugefügt habe. Ich vergebe mir selbst all das Leid, das ich mir selbst bewusst oder unbewusst zugefügt habe. Ich vergebe den anderen das Leid, das sie mir absichtlich oder unabsichtlich zugefügt haben.*
>
> Worte der Sühne, Zen Center von Los Angeles

Bis jetzt sind wir der Voll-/Leerheit mit Hilfe von Erfahrungsübungen nur indirekt begegnet. Unser indirektes Herangehen ähnelt der Art und Weise, wie man einem kleinen Kind begegnet oder einer Katze. Anstatt direkt auf sie zuzugehen, hält man sich in ihrer Nähe auf und beschäftigt sich mit etwas anderem, schnuppert an Blumen oder hört dem vorüberfahrenden Verkehr zu. Am Ende kommen sie her und untersuchen einen.

Die Voll-/Leerheit ist auch so. Direkt auf sie zuzugehen oder zu früh zu viel über sie zu reden ist, als hielte man jemandem die Hand vor die Nase und sagte: „Ist das nicht erstaunlich? Das ist eine Hand!" Die Person würde einen fragend ansehen angesichts der Tatsache, dass sie etwas so Naheliegendem Aufmerksamkeit schenken solle, als wäre es etwas Außergewöhnliches. Eine Hand ist etwas Natürliches, und die Voll-/Leerheit ebenfalls, ob wir das erkennen oder nicht. Während wir die anderen Dimensionen erforschen, kommt die voll-leere Bewusstheit vorsichtig herbei wie die Katze oder das Kind. Sie nähert sich wie auf Katzenpfoten, angelockt von der sprießenden Katzenminze des Herzgeistes.

Damit Mitgefühl und Weisheit gedeihen können, müssen wir besonders auf die schädlichen Samen achten, die bereits Sprösslinge hervorgebracht haben – die Ego-Hybride des Grolls, des Tadels, der Scham und der Eifersucht. Diese können unüberwindlich erscheinen, ehe sie nicht erwärmt werden im Lichte der Versöhnung, der Wiedergutmachung und der Vergebung im Einklang mit den Prinzipien bzw. Richtlinien zu einem Leben, als-sei-man-erwacht.

Durch achtsame Untersuchung, offene Bewusstheit und liebende Güte können wir nun beginnen, die ganze Mahlzeit wertzuschätzen, die wir bisher nur gekostet haben. Während wir uns langsam der Zielgeraden nähern, können wir zu folgendem Koan zurückkehren: „Was könnte in diesem Augenblick die Fülle des Augenblicks wirklich blockieren?" Fragen wie diese, die eine erfahrende Kontemplation erfordern, können helfen, die uns innewohnende Weisheit hervorzulocken, damit sich die immer gegenwärtige Voll-/Leerheit und das stets vorhandene Mitgefühl im Kern unseres Wesens offenbaren.

Von all den Gebieten, die wir bei einer lebenslangen Zen-Praxis durchqueren, gehört die Versöhnung zu den schwersten. Sie hat zwei Aspekte: Wiedergutmachung dort, wo wir uns dessen bewusst sind, dass wir nicht richtig gehandelt haben, und Vergebung dort, wo wir einem anderen Menschen Schuld zuweisen. Diese Zwillingspfosten sind quasi die Tempelwächter am Tor zu unserem wahren Zuhause.

Ehe wir diese Wächter nicht grüßen und uns mit ihnen anfreunden, kann das torlose Tor verschlossen erscheinen durch die Geister vergangener Ereignisse, einschließlich derer, die sich nie ereignet haben, wie etwa bei einem Groll, der auf einem Missverständnis beruht. Schauen wir einmal, ob sich uns nicht eine grundlegende Wahrheit der Praxis enthüllt, wenn wir diese trostlosen Breiten betreten, nämlich die, dass der Zugang zum Reich der Voll-/Leerheit niemals blockiert gewesen ist.

Wiedergutmachung

*Gib dich niemals selbst auf, dann wirst du auch
nie jemand anderen aufgeben.*

PEMA CHÖDRÖN

Als mein Ex-Ehemann noch ein Teenager war, lief ihm ein zwölfjähriger Junge vor den Wagen und war sofort tot. Es war vollkommen unvermeidbar gewesen, und doch hat diese Szene meinen Ex-Mann im Leben immer wieder quälend heimgesucht. Wahrscheinlich sind bei uns allen schon Erinnerungen an etwas aufgeblitzt, das wir nie getan hätten, wenn wir ganz bei uns gewesen wären. Wogen der Scham oder der Schuld lassen uns die Frage stellen, ob wir jemals Vergebung erfahren werden. Dass wir selbst uns am wenigsten von allen vergeben, erkennen wir kaum.

Niemand hier ist ohne Fehl und Tadel. Wir alle tragen etwas in uns, das nach Versöhnung ruft. Die meisten spirituellen Wege enthalten Bräuche, die dem empfundenen Bedürfnis nach Reue oder Sühne Rechnung tragen: Ramadan, Yom Kippur, die Beichte, die Fastenzeit, das 12-Schritte-Programm und die buddhistischen Vollmond-Zeremonien. Beim Zen beinhalten größere Übergänge im Leben wie etwa Hochzeiten eine Wiedergutmachungszeremonie, bei der sich die Worte über das Persönliche hinaus auf das Leben im Allgemeinen beziehen. Darin heißt es: „alles Leiden" anstatt nur „von mir verursachtes Leiden", als Erinnerung an unsere grundlegende Verbundenheit. Wirklich rührt ein Großteil des Leids, das wir verursachen, daher, dass wir uns selbst als separate Einheiten betrachten. Deshalb besteht eine der wichtigsten Aufgaben der spirituellen Suche darin, zu untersuchen, inwiefern wir der Entzweiung ihren unrechtmäßig erworbenen Platz überlassen, von dem aus sie eine falsche Oberherrschaft über unser Leben beansprucht.

Einssein bedeutet nicht, dass wir das spezielle Leid, das wir verursacht haben, übersehen dürften. Deshalb müssen wir mit dem anfangen, was sich auf unserem eigenen Tablett befindet. Das, was nach Wiedergutmachung ruft, kann von einem Verbrechen bis zu einer scheinbar harmlosen Tat reichen, etwa wenn wir das „Guten Tag" eines Obdachlosen ignorieren, weil wir vermuten, dass er etwas von uns wolle.

Wenn wir daran gewöhnt sind, uns selbst zu bestrafen, verwechseln wir vielleicht Sühne mit Selbstgeißelung, oder wir betrachten uns selbst wiederum als im Grunde gut und stellen es in Frage, dass wir etwas wieder gutmachen müssten. In beiden Fällen sollten wir das folgende Zitat von Stephen Levine betrachten, um festzustellen, ob uns etwas darin anspricht: „Ich bitte dich um Verzeihung für alles, wodurch ich dir in der Vergangenheit Schmerz zugefügt haben mag: durch meine Wut, meine sexuelle Begierde, meine Angst, meine Unwissenheit, meine Blindheit, mein Zweifeln, meine Verwirrung. In welcher Weise auch immer ich dir vielleicht Schmerz zugefügt habe, bitte ich dich, dass du mich wieder in dein Herz einlässt."* Diese kurze, aussagekräftige Zusammenstellung von Arten und Weisen, wie wir anderen Leid zufügen, spiegelt die Bezugnahme des Gebetbuchs der Episkopalkirche wider auf Dinge, die man getan, und Dinge, die man unterlassen hat.

Wenn wir die Neigung gehabt haben, auf der Grausamkeit anderer herumzureiten – möglicherweise mit ganzen Geschichten, die wir uns gemerkt haben – erkennen wir jetzt, dass auch wir Täter gewesen sind. Unsere Neigung, Schuld zuzuweisen, ist auf ihren Urheber zurückgefallen.

Wenn wir erkennen, welch gewaltiges Unheil wir angerichtet haben, können Schuld- und Schamgefühle in uns aufwallen, doch das führt nicht in Richtung Heilung. Schuld und Scham treiben den Pfahl des Schmerzes nur noch tiefer. Wenn wir sehen, wie viel Schuldgefühle wir mit uns herumtragen, verstehen wir, wie Schuld in manchen Familien und Religionen einen festen Platz bekommen kann. Dennoch könnte uns kein Teufel darin das Wasser reichen, wie hart wir uns selbst und andere bestrafen.

Aktiv eine Praxis der Sühne ausführen
Wenn wir das Gebiet der Sühne betreten, besteht unser primäres Unterfangen darin, uns mit dem Leben direkt zu versöhnen. Es besteht nicht darin, persönliches Verdienst zu mehren, reinen Tisch zu machen, Schuld zu löschen oder das Konto durch Buße auszugleichen. Reue und Gewissen drängen uns zur Aussöhnung, und wir können uns entscheiden, die Sühne in unsere Meditationspraxis mit einzuschließen. Wir wollen etwas wieder gutmachen, wissen aber vielleicht nicht, wie. Vielleicht wissen wir nicht, wo ein bestimmter Mensch jetzt wohnt. Es könnte unangebracht sein, die alten Wunden einer anderen Person wieder aufzureißen. Möglicherweise lebt diese Person auch nicht mehr. Was tun?

Wenn wir verschiedene Möglichkeiten kennen, wie wir an die Sühne herangehen können, beleben sich Rituale neu, und Gefühle tauen auf, die wir vielleicht eingefroren haben. Das ist eine geeignete Zeit, um zu den fünf Dimensionen des Herzgeistes zurückzukehren. Setzen Sie sich still hin, schließen Sie die Augen, erinnern Sie sich an eine Situation, die Ihnen leid tut, und achten Sie darauf, was Ihnen die fünf Dimensionen mitteilen können.

Die *physische Dimension:* Spüren Sie im Körper die Auswirkungen von Jahren des Ausweichens und der Anspannung, insbesondere wenn Schuldgefühle vorherrschen.

Die *Dimension der offenen Bewusstheit:* Seien Sie sich auch der Atmosphäre der Umgebung bewusst, um traurige Erinnerungen durch die Decke der gegenwärtigen Wirklichkeit wärmen zu können.

Die *mentale Dimension:* Achten Sie auf jegliche sich wiederholende Gedanken, die besonders demütigend oder beschämend sind.

Die *emotionale Dimension:* Nehmen Sie wahr, was für Gemütszustände und Stimmungen Ihrer Reue und Ihrer Bestürzung zugrunde liegen.

Die *voll-leere Dimension:* Wie können Sie Ihre eingewurzelten, begrenzenden Vorstellungen von einem Selbst hinterfragen – jene Wurzeln, die den schädigenden Einstellungen und Handlungen zugrunde liegen, die all diesen Kummer verursacht haben? Ein sehr heilsames Mittel ist die Fähigkeit, unmittelbar zu begreifen, dass wir uns quasi selbst den Arm abschlagen, wenn wir jemand anderen verletzen. Diese Worte mögen übertrieben klingen, aber ihre Botschaft bildet ein Gegengewicht zu unseren sturen entgegengesetzten Ansichten.

Neben der angewandten Achtsamkeit stellen auch Versöhnungszeremonien oft einen Bestandteil der förmlichen Praxis dar, darunter auch Gelübde und Verhaltensrichtlinien wie etwa die im nächsten Kapitel vorgestellten Leitlinien zu einem Leben, als sei man erwacht. Die Zen-Lehrerin und Autorin Diane Rizzetto hat ein besonders leicht anwendbares Wunschgebet verfasst, das sich allgemein auf das Unterlassen von Diebstahl bezieht: „Von nun an nehme ich nur, was mir freiwillig gegeben wird, und gebe großzügig von allem, was ich geben kann."[29] Ihre Formulierung spornt uns an, tief darüber nachzudenken, wo wir uns frei fühlen, Dinge zu fordern, die uns nicht angeboten werden, und auch darüber, in welcher Weise wir beim Geben zurückhaltend sind – vielleicht aufgrund eines Mangelbewusstseins.

Gelegentlich probiere ich neue Formulierungen aus, wie die folgende Kombination aus einem Zen-Wortlaut, einer Formulierung aus den 12 Schritten (Schritt Nummer 10) und einer meiner Lieblingsgedächtnisstützen, „den getanen und unterlassenen Dingen" aus dem Gebetsbuch der Episkopalkirche[30]: „Ich gestehe das Leid ein, das ich durch meine ungeschickten Gedanken,

---

29 Diane Rizzetto: *Waking up to what we do* (Boston: Shambhala Publications, 2005)
30 The Episcopal Book of Common Prayer (New York: Church Hymnal Corporation, 1979)

Worte und Taten verursacht habe, bereue es und beabsichtige, es wieder gutzumachen. Außerdem gelobe ich, die Anregungen und Hilfen anderer bereitwillig anzunehmen, eventuelle blinde Flecken zu untersuchen und Dinge, die ich getan oder unterlassen habe, schnell wieder gutzumachen." Diese Zeilen bringen mein Gedächtnis gewöhnlich auf bestimmte Bereiche, die ich ansonsten übersehen würde.

Ein weiteres Hilfsmittel sind Reue- und Sühnekreise. Die Teilnehmer bringen das zur Sprache, was ihrer Meinung nach ihre Aufmerksamkeit fordert und nach Auflösung ruft, sowie mögliche Schritte, die sie unternehmen könnten, so dass ihre spirituelle Praxis Früchte tragen kann. Die anderen Gruppenmitglieder schenken ihre Präsenz und hören schweigend zu. Das Gebot der Verschwiegenheit verlangt, dass alles, was ausgesprochen wurde, in der Gruppe bleibt. Ein nachfolgendes Reden auf der Terrasse über das, was in der Gruppe stattgefunden hat, untergräbt die Wirkung von Reue- und Sühnekreisen.

Manchmal befürchten die Menschen, bloßgestellt zu werden oder in den Augen anderer minderwertig zu erscheinen. Aber verspüren nicht auch Sie Wohlwollen Menschen gegenüber, die ehrlich zugeben, was sie getan haben, und den Wunsch nach Versöhnung und Vergebung zum Ausdruck bringen? Das ist so viel weniger schmerzhaft als uns zu isolieren, Beziehungen abzubrechen oder uns zu rechtfertigen.

Andere Mittel, Reue zu zeigen, sind heilendes Handeln und Aussöhnung. Das bedeutet, dass wir Dinge tun, die unseren Wunsch zum Ausdruck bringen, nutzbringend zu leben. Solche Handlungen können sich auf eine bestimmte Situation beziehen, in der wir unsere aufrichtige Reue aussprechen, gleichgültig ob die andere Person sie annimmt oder nicht. Wir können unser Bedauern und unsere Entschlossenheit, einen Neuanfang zu machen, auch symbolisch zum Ausdruck bringen, indem wir in Gedanken an diese Person anderen etwas Gutes tun oder etwas als Opfer darbieten.

Etwas, womit wir uns immer wieder werden auseinandersetzen müssen, ist das ernüchternde Gebiet der Beziehung zwischen unserer Selbstverachtung und dem Leid, das wir anderen zugefügt haben. Nur wenige Dinge, die uns Leid bringende Taten begehen lassen, sind noch stärker als die Negativität, die wir uns selbst entgegenbringen. Da die Geringschätzung, mit der wir uns selbst begegnen, sehr ansteckend ist, müssen wir massive Maßnahmen ergreifen, um den Teufelskreis von Selbsthass und den daraus resultierenden Leid bringenden Handlungen zum Stillstand zu bringen.

Die Eigenschaft der Vergebung ist wesentlich, damit Sühne zu einer lebendigen Kraft wird. Der Prozess muss fortlaufend, gründlich und mitfühlend sein. Die Sühne muss bis in unsere Moleküle einsickern, wo unsere alten Muster eingraviert sind. Das erfordert, dass wir einige der am wenigsten schmackhaften Dinge auf unserem Teller ganz schlucken – jene herzzerreißenden Probleme, die Thich Nhat Hanh den Wunsch äußern ließen, dass die Tore zu unserem Herzen offen bleiben mögen.

Aussöhnung erfordert Geduld. Sie erfordert unsere ganze Bemühung, und zwar solange wir leben. Das ist nur ein kleiner Preis verglichen mit den Kosten reueloser Lieblosigkeit oder äußerster Verzweiflung. Wer kann sagen, was erforderlich ist, damit sich der ausgetrocknete, verhärtete Wall um unser Herz herum erweicht? Gewöhnlich ist es viel Gießen, oftmals in der Form von Tränen. Wenn wir sehen, welcher Schmerz durch unsere eigenen falschen Schritte verursacht worden ist, öffnen wir uns für Mitgefühl mit anderen – unserem größeren Leib. Wenn eine Aussöhnung schließlich erfordert, dass wir uns von dem, was andere getan haben, abwenden und dem zuwenden, was wir selbst getan haben, dann werden wir wahrscheinlich eher auf die Erkenntnis stoßen, dass genau die Person, die wir für den anderen gehalten haben, wir selber sind.

Vergebung

Vergebung ist der Duft, den das Veilchen
an den Absatz verströmt, der es zertreten hat.

Mark Twain

Manchmal hören wir im Rahmen des Zen Sätze, die besagen, dass wir niemandem Schaden zufügen könnten und uns auch nicht von jemand anderem geschadet werden könne. Konventionell gesehen können wir aber sehr wohl Leid bringende Dinge tun und zweifelhafte Taten begehen.

Worin besteht nun die Praxis, wenn wir am „empfangenden" Ende von Haltungen und Handlungen gewesen sind, die von unsensibel über lieblos bis zu gewalttätig reichten? Was hilft uns, uns an unseren Wunsch zu erinnern, im Einklang mit dem Mitgefühl und der Verbundenheit unserer wahren Natur oder dem, was wir Liebe nennen könnten, zu leben? Wenn diese Frage nicht eine der schwierigsten in unserem Leben wäre, dann sähe die Welt ganz anders aus. Bei der Vergebung ist das Szenario umgekehrt wie bei der Sühne. In diesem Falle glauben wir, dass jemand anderer Leid verursacht habe, oft uns selbst oder einer uns nahe stehenden Person. Nach einem Zerwürfnis, das unser ganzes Leben erschüttert, oder einer Beziehungskrise oder -veränderung halten wir vielleicht an Gefühlen des Grolls fest.

Unversöhnlichkeit kann sich in Situationen zeigen, die von Gedankenlosigkeit über Interessenskonflikte bis hin zu Schwerverbrechen reichen. Hier ist nicht von Hitler die Rede. In diesen Situationen geht es gewöhnlich um Menschen, die wir kennen oder gekannt haben, und wo irgendeine Tat oder Dynamik zu einem Bruch in der Beziehung geführt hat. Vorübergehend geben wir jeden Wunsch nach Wiederversöhnung auf und rezitieren unsere Litanei an Klagen, als sei sie ein Schutzamulett, das weiteres Leid fernhalten soll. Nie wieder wollen wir uns so fühlen. Der andere hätte sich besser verhalten können, aber er hat es nicht getan. Er hätte niemals tun sollen, was er getan hat, aber er hat es getan. Wenn wir ihm vergeben, so befürchten wir, werden wir ihn freisprechen, sein Verhalten entschuldigen und vielleicht sogar eine Wiederholung zulassen.

Wir sinnen möglicherweise über Rache nach – wir möchten, dass der andere genauso leiden möge wie wir selbst. Wenn sich der Kreislauf lange unvermindert so fortsetzt, werden wir das Saatbeet, aus dem Krieg und Gewalt in der Familie entsprießen, aus der Nähe kennen lernen.

Lassen Sie uns, bevor wir weitergehen, klarstellen, dass Vergebung nicht heißt, uns selbst als unfehlbar darzustellen. Vergeben heißt auch nicht, uns Situationen auszusetzen, die eine Wiederholung des destruktiven Verhaltens praktisch garantieren. Am besten verschiebt man die Wiederherstellung persönlicher Nähe, bis der Vergebensprozess gute Fortschritte macht. Manchmal müssen bestimmte Vereinbarungen, sogar gesetzlich bindende, getroffen werden, insbesondere wenn Uneinigkeit oder Gewalt möglich ist. Das soll nicht legalistisch klingen, sondern dafür sorgen, dass Beziehungen so harmonisch wie möglich bleiben.

Aktiv Vergebung praktizieren: eine Übung

Wenn unsere Wut groß ist, müssen wir uns der Vergebung vielleicht auf Umwegen annähern und die emotionale Dimension umgehen. Sachte vorzugehen ist besser als die Dinge zu übereilen. Wenn wir über die Möglichkeit nachdenken, unsere Waffen abzulegen, befürchten wir möglicherweise, dann schutzlos zu sein: Was ist, wenn wir unseren Schutzwall abbauen und kein Alarmsystem mehr haben, das uns warnen könnte? Werden wir dann wieder zur Seite gestoßen und an dem Schmerz zerbrechen? Zumindestens werden wir wahrscheinlich unser Radarsystem intakt halten und unser unzureichendes Sicherheitssystem wieder aufrüsten, indem wir eine falsche Zuflucht suchen in der Rolle des Richters und der Geschworenen.

Obwohl wir vielleicht glauben, nicht noch mehr Schmerz ertragen zu können, vertieft unsere Isolation in Wirklichkeit unser Elend noch. Hier können Meditationen gegen große innere Beunruhigung nützlich sein.

An diesem Kreuzungspunkt müssen wir vielleicht zugeben, dass wir noch nicht bereit sind zu vergeben. Uns dies einzugestehen ist besser als so zu tun, als würden wir vergeben. Das verstärkt noch unsere Barriere gegenüber wahrer Vergebung.

Hier ist eine Möglichkeit, wie wir überprüfen können, ob es uns zu diesem Zeitpunkt möglich ist, aktiv den Prozess des Vergebens anzugehen. Machen Sie eine Pause, setzen Sie sich still hin und denken Sie an die Person, um die es geht. Nehmen Sie alle körperlichen Empfindungen wahr, die aufkommen, wenn Sie an diese Person denken. Lassen Sie Ihren Körper, nachdem Sie diese ein paar Atemzüge lang gefühlt haben, auf die Frage antworten: „Ist mir Vergebung zu diesem Zeitpunkt möglich?" Wenn Sie zusammenzucken oder eine andere heftige negative Reaktion erleben, schauen Sie, ob Sie einen intensiven Gedanken aufspüren können, der Ihnen durch den Kopf geht. Wenn nichts auftaucht, dann fragen Sie: „Was würde ich dieser Person am liebsten sagen?" Wenn Ihnen sofort etwas in den Sinn kommt, so ist das der Gedanke, den Sie wie ein Echo wiederholen müssen. Hören Sie ihn respektvoll, ohne weitere Gedanken hinzuzufügen, damit Sie nicht im Sumpf der Unversöhnlichkeit stecken bleiben. Spüren Sie noch einige weitere Augenblicke, was auf körperlicher Ebene in Ihnen rumort, und verweilen Sie abschließend kurz im offenen Gewahrsein in dem Wissen, dass die Vergebung im Moment noch wird warten müssen.

Aus den seichten Gewässern in die Tiefen der Vergebung und zurück

Nachdem wir eine Zeitlang im Sumpf des Unwillens festgesteckt sind, kann ein Punkt kommen, an dem wir nicht mehr länger an unserer Verletztheit und unserem Groll festhalten wollen. Selbst wenn unser Schmerz schon ein wenig die Farbe von Märtyrertum angenommen hat, beginnen wir vielleicht Botschaften aus dem Untergrund zu bekommen, Nachrichten darüber, dass wir auf einem Grabhügel von Traurigkeit und Verlust sitzen. Wenn sich die Schwere unseres Herzens nicht länger leugnen lassen will, fühlen wir uns vielleicht still und leise angetrieben, uns in Richtung Vergebung zu bewegen.

Gehen Sie sanft vor. Denken Sie wieder an die Person, um die es geht. Werden Sie sich vorsichtig Ihrer Empfindungen bewusst und lauschen Sie respektvoll jeglichen leisen Gedanken. Bleiben Sie eine Weile dabei, und zwar ein paar Atemzüge länger, als es sich angenehm anfühlt. Schließen Sie wie vorhin ab, indem Sie in offener Bewusstheit verweilen.

Wenn eine zunehmende Bereitschaft zu vergeben aufkommt, lenken Sie Ihre Aufmerksamkeit auf die Mitte Ihrer Brust, jenen weiten Kelch. Fühlen Sie dort Ihre Atmung und stellen Sie sich beim Einatmen die Person vor oder spüren Sie sie. Verweilen Sie ein paar Atemzüge lang bei ihr in dem Entschluss, sich nicht von den Resten Ihrer Verletztheit einfangen zu lassen, an denen festzuhalten Sie versucht sein mögen.

Während sich der Prozess des Vergebens mit seinem Wechsel von Offenheit und Widerstand vertieft, besteht einer der heilsamsten Wege darin, mit der eigenen Sühnepraxis fortzufahren. Nur weniges ist derart hilfreich dabei, das Schuld zuweisende Denken zu mildern und unsere Toleranz zu erhöhen, als in den Spiegel zu blicken und zu sehen, dass uns genau jene Eigenschaften entgegenblicken, die wir an einem anderen Menschen verurteilt haben. Uns unsere eigenen Verfehlungen und unsere Unversöhnlichkeit einzugestehen hilft uns, etwas zu verstehen, das wir nur schwer erkennen können, wenn wir verletzt sind: dass nicht nur unsere eigenen ungeschickten

Angewohnheiten von einer quälenden Konditionierung kommen, sondern dass andere Menschen im gleichen Boot sitzen wie wir – einschließlich der Person, der wir absolut nicht vergeben wollten.

An diesem Punkt könnten wir es in Betracht ziehen, im Kontext meditativer Bewusstheit Worte wie die folgenden auszusprechen: „So wie meine Lieblosigkeit und meine verletzenden Handlungen von einem Ort des Schmerzes und einem verschlossenen Herzen kommen, erkenne ich an, dass das Gleiche bei dir der Fall sein könnte. Ich strebe danach, meine eigene Geisteshaltung und mein Handeln in Einklang zu bringen und von Mitgefühl geleitet zu leben." Bleiben Sie, nachdem Sie das gesagt haben, noch ein paar Atemzüge lang still sitzen. Das kann die Flamme der Empathie heller werden lassen oder aber eine Woge des Grolls auslösen, die unseren Entschluss auf die Probe stellt.

Wenn wir uns das Schneckentempo unserer eigenen Transformation ehrlich ansehen, wie können wir dann erwarten, dass sich andere schneller voranbewegen als wir? Wenn wir jemanden aus unserem Leben verbannen, lässt uns das selbst ebenfalls in der Verbannung zurück.

Auch wenn wir uns der Vergebung entschlossener zuwenden, sollten wir nicht erwarten, dass wir über Nacht zu einem wahren Vorbild an Wohlwollen werden. Wir entdecken vielleicht plötzlich pervertiert edle Gedanken bei uns wie etwa „Ich verzeihe dir, egal wie niederträchtig du bist, weil ich großmütiger bin als du." Das ist keine Vergebung, sondern Größenwahn.

Der Weg des Vergebens ähnelt dem Stromaufwärtsschwimmen des Lachses im Interesse neuen Lebens. Es wird Wildwasser und Stromschnellen geben, manchmal Turbulenzen, die uns in Versuchung führen, wieder den alten Wegen zu folgen. Der Weg des Vergebens ist lang und gewunden.

Wir müssen vielleicht erst viel durchmachen, ehe wir Mark Twains Überlegung akzeptieren können, dass wir nicht nur das zertretene Veilchen und der am zermalmenden Absatz hängen gebliebene Duft sind, sondern manchmal auch der Absatz selbst. Diese schmerzliche Erkenntnis vertieft unser Verständnis, dass Mitgefühl ohne Schmerz unwahrscheinlich ist.

19 Eins-Sein leben

Alles was nötig ist, damit die Negativität triumphiert, ist, dass gute Menschen nichts sagen und nichts tun, wenn schlimme Dinge geschehen.

MAHATMA GANDHI

In meinen ersten Praxisjahren, als ich von ein paar anfänglichen Erfahrungen und von meiner Versenkung in das Koan-Studium glühte vor Begeisterung, nahm ich mir ein Sabbat-Jahr von meiner Lehrtätigkeit an der Universität, um in einem Zen-Zentrum zu leben. Als ich in der ersten Nacht in dem kurz zuvor erworbenen alten Gebäude in meinem Zimmer das Licht anmachte, stellte ich fest, dass es in dem Raum von Tausenden von Kakerlaken wimmelte. Ich lief hinaus und schlief im Meditationsraum. Als ich mich am nächsten Tag fragte, was ich tun solle, dachte ich über eines der Zen-Gebote nach, welches lautet: „Du sollst nicht töten." Hmmm, gilt das auch für Kakerlaken? Dann fand ich einen Koan-Kommentar, dass man mit dem, was stirbt, mitsterben solle, und das klang wie die Art von Nicht-Dualität, die mir gefällt. Es war also offensichtlich, dass es erleuchtet wäre, mit ihnen im Stile des Koans zu sterben, indem ich sie mit meinen bloßen Händen töten und gleichzeitig das Herz-Sutra singen würde, das eine der wichtigsten Schriften (Sutren) war, die in diesem Zen-Zentrum rezitiert wurden. In jener Nacht zerdrückte ich die Kakerlaken im Dunklen mit meinen bloßen Händen, wobei ich versuchte, sie sofort zu töten, damit sie nicht leiden mussten. Mein Chanten konnte jedoch die Geräusche ihrer winzigen Körper beim Zerdrückt-Werden kaum übertönen. Am dritten Tag hatte ich genug und kaufte mir eine Kakerlakenspritze.

Was in Wirklichkeit zusammen mit den Tausenden meiner kleinen Zimmergenossen starb, war meine Annahme, bereits irgendwie erwacht zu sein. Natürlich war ich nie auf die Idee gekommen, die Kakerlaken mit in die Sühnezeremonie miteinzubeziehen, die ein Teil meiner regelmäßigen Praxis war. Bis dahin hatte meine Sichtweise von Zen ein Ungleichgewicht zugunsten des Absoluten, oder der Leerheit, gehabt, ein Symptom der Täuschung angesichts der unauflöslichen Verwobenheit der absoluten und der relativen Dimension, was das Gehen, Reden und Leben betrifft.

Diese Situation war, wenn auch nicht für die Kakerlaken, ein relativ gemäßigtes Beispiel dafür, wie man die spirituelle Praxis fehlinterpretiert, um einer ich-bezogenen Perspektive zu dienen. Das ist das Gegenteil von Mitgefühl. Es handelt sich hier um eine Neigung zum Narzissmus oder möglicherweise zu soziopathischem Denken als Rechtfertigung für jene Menschen, bei denen Gewissen und Güte schlummern.

Falsch angewandte Praxis

Gibt es bei all unseren Anleitungen zum richtigen Praktizieren überhaupt so etwas wie falsch angewandte Praxis? Mit Sicherheit. Bei einem Praxismissbrauch werden spirituelle Prinzipien zugunsten der Interessen des Egos verzerrt, oder unser individuelles Ego wird durch ein spirituelles ersetzt. Dann ist da noch das Festhalten an einem „wahren Glauben", die Erwartung, dass uns gesagt wird, was wir denken und tun sollen, in der Hoffnung, dazuzupassen oder umsorgt zu werden. Dieses Bestreben lässt eine verkehrt angewandte Praxis von schlechtem Verhalten zu einem Verbrechen anwachsen, wenn Teilnehmer wegschauen, wenn sie etwas passieren sehen, wofür man einen Unternehmenschef verhaften würde. Wenn es in einer spirituellen Gruppe einen Verdacht gibt, dass Leitende oder Teilnehmer allgemein gebilligte Verhaltensstandards „transzendiert" hätten, oder wenn zweifelhafte Handlungen als Belehrung dargestellt werden, die wir noch nicht verstünden, oder gar als „verrückte Weisheit", wozu sollte das gut sein? Wenn uns solche Rechtfertigungen in den Sinn (oder über die Lippen) kommen, braucht unsere vernünftige Urteilskraft etwas Auffrischung. Wir können es uns nicht leisten, unseren gesunden Menschenverstand zusammen mit unseren Sandalen im Schuhregal abzulegen.

Einer der wichtigsten Schritte hin zu spiritueller Reife besteht darin zu lernen, wann es an der Zeit ist, mit unseren Füßen abzustimmen. Spirituelle Gruppen haben den Auftrag, eine heilsame Umgebung zu bieten, wobei die Leitung ein Vorbild darstellen sollte. Das erste Zen-Gebot spiegelt den Hippokratischen Eid wider, wenn es fordert: „Richte zumindestens keinen Schaden an." Als meine Mutter von den Schwindeleien in einer Gruppe hörte, sagte sie: „Wie kann so etwas passieren? Interessieren sich Zen-Anhänger nicht angeblich dafür zu erwachen? Das klingt ja, als seien sie genauso unbewusst wie die gewöhnlichen Menschen auf der Straße."

Zen spricht von der Notwendigkeit der Verwirklichung, oder des Erwachens zur Wirklichkeit, in Baby-Schritten, in Riesenschritten und in Null-Schritten. Aber noch wichtiger ist die Umsetzung: ein Leben in Eintracht mit dem, was sich uns an Erkenntnissen auftut. Ein heilsames Leben kann nicht warten. Zu manchen Zeiten sind wir erwachter als zu anderen. Aber was, wenn wir nicht so erwacht sind? Noch nach Jahrzehnten spiritueller Praxis können alte blinde Flecken wieder auftauchen, und wir werden uns neu an den Richtlinien orientieren müssen, damit wir wieder klar sehen können.

Zusätzlich zu den bereits erwähnten Hilfsmöglichkeiten könnten Sie, wenn Sie mutig sind, Ihren Partner oder Ihre Partnerin,

Ihre Mutter oder Ihren Chef nach deren Meinung über Sie fragen. Deren Einschätzungen lassen sich vielleicht nicht als große Weisheit einstufen, sie könnten aber klarstellen, ob unsere mutmaßlichen spirituellen Einsichten ihren Weg von unserem Meditationskissen in unser tägliches Leben finden. Uns ihre Meinung anzuhören ist zudem ein großer Test für unsere Demut!

Um weitere Anleitungen zu bekommen, können wir uns den Zen-Geboten zuwenden.

Gebote:
Richtlinien, um so zu leben, als sei man erwacht

Wenn Sie es nicht leben, ertönt es nicht aus Ihrem Horn.

Charlie Parker

Bis zum Kern der Zen-Gebote vorzudringen wird als solch ein gewaltiges Unternehmen betrachtet, dass die Gebote nach Vollendung des Koan-Studiums in aller Tiefe betrachtet werden. Die Gebote spiegeln das natürliche Verhalten wider, welches sich ergibt, wenn wir die gesamte Existenz als unseren eigenen Leib betrachten. Da aber solche Zeiten wahrscheinlich nicht durchgängig sein werden, ist es ein Segen, wenn wir Spiegel haben, welche Gebiete reflektieren, in denen unsere Sicht noch behindert ist.

Wir brauchen nicht vollkommen erwacht zu sein, um so zu leben, als seien wir erwacht; hier kommen uns die Gebote zu Hilfe. Es wird uns nicht schwer fallen, die Auswirkungen von groben Handlungen wie Töten und Stehlen zu verstehen. Es sind die subtilen Dinge, an die wir uns manchmal nicht halten, wie Abmachungen oder Vertrauenswürdigkeit.

Die Gebote ermutigen uns, auf eine Weise zu leben, die allen dienlich ist. Das Problem ist, dass wir nach Jahren ich-bezogener Wahrnehmung und ich-bezogenen Handelns vielleicht nicht geneigt sind, unsere egozentrischen Verhaltensweisen aufzugeben, selbst wenn wir wissen, dass sie uns Leid bringen.

Wie werden Gebote also von guten Ideen zu einer gelebten Realität? Wir können damit beginnen, dass wir an Punkte in unserem Leben und in unserer Praxis denken, die, zumindest gelegentlich, besonders unklar sind, und ein Gebot auswählen, das uns in einer bestimmten Situation oder im Allgemeinen anspricht. Dann können wir kleinere und größere Disharmonien in unseren täglichen Interaktionen beobachten, in Verbindung mit der Anwendung einer Praxis oder von WIDPIDS (Was ist die Praxis in dieser Situation?), da Richtlinien allein nicht ausreichend sind. Sie müssen durch eine Anleitung, wie man sie umsetzt, ergänzt werden.

Es würde ein ganzes Buch erfordern, um den Geboten Genüge zu leisten, aber es sind hervorragende Bücher erhältlich. Die Herausforderungen sind vielfältig; man ist z. B. versucht, die Gebote als Vorschriften zu formulieren, doch wie Marshall Rosenberg, der Gründer des Zentrums für gewaltfreie Kommunikation und einer meiner langjährigen Mentoren, sagte, ist es ziemlich schwierig, etwas zu tun, was man nicht tun soll.

Die erste Zeile eines jeden Gebotes lautet: „Ich gelobe", was verantwortungsbewusster klingt als „ich habe vor", „ich hoffe" oder „ich werde versuchen". „Ich werde versuchen" bedeutet oft: „Nun ja, ... vielleicht" und lässt uns viel Raum, um auszuweichen. Wir wollen uns aber nicht mit Ausweichmanövern beschäftigen, ehe wir uns überhaupt auf die Sache eingelassen haben. Aber auch eine strafende Haltung wollen wir nicht einnehmen, da es auf Ermutigung ankommt: nicht nur in unseren Handlungen wach zu sein, sondern mit der uns innewohnenden Verbundenheit in Kontakt zu treten, was bedeutet, in Übereinstimmung mit den Geboten zu leben. Die Gebote werden auf allen möglichen Ebenen interpretiert. Wenn unser Handeln aber nicht in Übereinstimmung mit allgemein verbreiteten Vorstellungen von angemessenem und mitfühlendem Verhalten ist, wäre es vielleicht gut, wenn wir uns das, was wir da machen, etwas näher ansehen.

Vielleicht betrachtet man die Gebote, wie sie hier angeführt sind, am besten als Bestrebungen, die uns helfen sollen, uns an das zu erinnern, was am wichtigsten ist. Der Beschreibung eines jeden Gebotes folgt in Klammern eine traditionellere Formulierung.

Die drei Hauptgebote oder -bestrebungen
Diese drei Gebote erinnern uns an die Verbundenheit von allem, was ist, und spornen uns an, die folgenden Tugenden zu beherzigen:
1. *Nicht schaden.* Ich gelobe, mich nicht in schädlichen Gedanken, Worten und Taten zu ergehen. (Füge keinen Schaden zu, wie beim Hippokratischen Eid).
2. *Gutes tun.* Ich gelobe, nutzbringend zu handeln, zum Wohle aller Betroffenen. (Wende dich dem Leben zu und tue Gutes).
3. *Einschließen.* Ich gelobe, zur inhärenten Natur der Existenz zu erwachen und unser uns innewohnendes Eins-Sein bewusst zum Ausdruck zu bringen und ihm zu dienen. (Diene allem Leben).

Die zehn angewandten Gebote oder Bestrebungen
Die folgenden zehn angewandten Zen-Gebote erinnern uns daran, den Herzgeist in allem, was wir sagen und tun, zum Tragen zu bringen:
1. *Das Leben fördern.* Ich gelobe, der Existenz aus einer dem Leben zugewandten Perspektive heraus zu dienen. (Nicht töten und nicht grausam sein).
2. *Empfangen und geben.* Ich gelobe, nur zu nehmen und zu geben, was mir aus freien Stücken angeboten wird und was auf angemessene Weise und offen gegeben oder empfangen werden kann. (Nicht stehlen).
3. *Intimität achten.* Ich gelobe, mich, was Intimität betrifft, physisch und beziehungsmäßig angemessen zu verhalten. (Nicht die Sexualität missbrauchen).
4. *Mitfühlend reden.* Ich gelobe, so zu reden, dass es sachlich richtig, liebevoll gemeint, segensreich für alle Beteiligten, notwendig und vom Zeitpunkt her passend ist. (Nicht lügen).
5. *Ein ungetrübtes Denken bewahren.* Ich gelobe, meine Worte

und Taten auf klares Denken und Sehen zu gründen. (Keine Rauschmittel nehmen).
6. *Das Konstruktive betonen.* Ich gelobe, das Beste in den Menschen zu entdecken. (Nicht über die Fehler anderer sprechen).
7. *Die Gleichwertigkeit anerkennen.* Ich gelobe, mich im Einklang mit der Gleichwertigkeit und der Einheit aller zu verhalten. (Sich selbst nicht erhöhen und andere nicht herabsetzen).
8. *Großzügig sein.* Ich gelobe, großzügig und angemessen von meiner Zeit, meiner Energie und meinen Mitteln zu geben. (Was man besitzt, nicht unnötig zurückhalten).
9. *Gleichmut beweisen.* Ich gelobe, harmonisch zu handeln und zu sprechen, wenn es zu schwierigen Situationen kommt. (Sich nicht in Wut und anderen entzweienden Emotionen ergehen).
10. *Die Einigkeit/Eintracht respektieren.* Ich gelobe, das Bestreben zu ehren, das unterschiedlichen spirituellen Traditionen zugrunde liegt. (Nicht schlecht über Belehrungen in jeglicher Form sprechen).

Kommunikation und Zuhören

Ich habe einmal einen Sommer lang mit Ram Dass praktiziert. Als ihn jemand zur vegetarischen Lebensweise befragte, sagte er: „Was aus deinem Mund herauskommt ist wichtiger als das, was hineinwandert."

Kommunikation – das Zuhören, Fragen und Antworten bei verbalem Austausch – ist einer der Spiegel, der unsere blinden Flecken am besten offenbart. Die Herausforderung ist so groß, dass sich mehr als die Hälfte der Zen-Gebote auf die Rede beziehen. Maezumi Roshi sagte, dass man bei angemessenem Reden die Person, den Ort, die Zeit und die Menge dessen, was man sagt, berücksichtigen muss.

Der Buddha stellte im Abhayarajakumara-Sutta, das ich als Kalligraphie besitze, spezifische Richtlinien auf für eine überlegte, mitfühlende Kommunikation:

> Entspricht sie den Tatsachen?
> Ist sie notwendig?
> Steckt eine liebevolle Absicht dahinter?
> Ist sie für alle Betroffenen segensreich?
> Ist der Zeitpunkt angemessen?

Das Wort *Kommunikation* hat dieselbe Wurzel wie *Kommunion*, was uns daran erinnert, dass Kommunikation unser uns innewohnendes gemeinsames Eins-Sein zum Ausdruck bringen kann – oder aber genau das Gegenteil, je nachdem, wie wir miteinander reden. Wenn wir uns ärgern, sind unsere Klarheit und unsere Bestrebungen getrübt. Wir müssen uns klar darüber sein, was wir in ein Gespräch einbringen, damit unsere Kommunikation so transparent und einfühlsam wie möglich bleibt. Das ist der Grund, warum die geistige und die emotionale Dimension des Herzgeistes, der Nährboden der Identität, diesem Teil des Buches vorausgegangen sind.

Einige allgemeine Regeln können dazu beitragen, eine potentiell schwierige Kommunikation zu entschärfen. Als Erstes prüfen wir uns selbst, um uns darüber klar zu werden, was für Gedanken und Emotionen wir haben, damit diese nicht Amok laufen. Der zweite Punkt ist der, mit dem oder den Beteiligten so geschickt wie möglich zu sprechen. Wenn es dabei zu Schwierigkeiten kommt, reden wir als Nächstes mit jemandem, der ein konstruktiver Helfer sein kann. Unsere üblichen Alternativen, Geklatsche, Meckern oder jemanden fallen lassen, kommen nicht in Frage.

Es kann hilfreich sein, vor schwierigen Gesprächen unsere Absicht zu überprüfen, unseren Wunsch zu erwachen zum Ausdruck zu bringen, angefangen bei dem bevorstehenden Gespräch. Dies könnte in Form eines stillen Praxis-Satzes geschehen, wie z. B.: „Möge diese Kommunikation bewusstes, mitfühlendes

Gewahrsein in unsere Gespräche bringen und unser beider Entschlossenheit inspirieren, aus dem Traum der Selbstbezogenheit zu erwachen."

Eine andere hilfreiche Gedächtnisstütze besteht darin, sich immer der drei Hauptgebote, so wie sie auf die Kommunikation anwendbar sind, bewusst zu sein.

1. Kommuniziere nicht Leid bringend
2. Kommuniziere nutzbringend.
3. Kommuniziere so weit wie möglich auf eine Weise, die unsere grundlegende Verbundenheit widerspiegelt. (Anmerkung: Das bedeutet nicht, dass man zen-haft klingen soll!)

20 *Die Praxis des Dienens*

Sich selbst mit den anderen verbinden

*Die beste Art das Leben zu gebrauchen,
ist, es aufzubrauchen.*

M. T. Head

Dienst am nächsten und Großzügigkeit werden in der Religion schon seit langem als wesentlich betrachtet. Im Judentum sind es die Mitzvahs oder gütigen Taten, im Christentum die Nächstenliebe, im Islam die Verteilung von Almosen an die Armen als eine Säule des Glaubens und im Buddhismus *Dana* oder Großzügigkeit, eine von sechs Qualitäten des Erwachens. Die römisch-katholischen Missionare der Nächstenliebe haben den Dienst an den Ärmsten zu ihrer Berufung gemacht, und ihr Gruppenleiter wird der „erste Diener" genannt. Der Vers, der im Zen zu den Mahlzeiten rezitiert wird, erinnert uns daran, dass wir essen, um jegliches Zufügen von Leid zu beenden, um das Dienen zu üben und um zu erwachen.

Eine der größten Inspirationen für Schüler des Zen, der Wissenschaften und des Lebens besteht darin, das Resultat eines dienenden Lebens zu sehen. Während meiner zehnjährigen Zusammenarbeit mit Mutter Rosa Parks – ob wir nun an internationalen Veranstaltungen teilnahmen, in die Kirche gingen, in unseren Partnerschulen Klassen besuchten oder sogar in meine eigenen College-Kurse gingen – hat sie ihren gelebten christlichen Glauben auf eindrucksvolle Art und Weise gezeigt. Die Verbindung von Charakter, Entschlossenheit, Geduld und liebender Güte ist eine Art von Transformation, die dadurch beschleunigt werden kann, dass man ein hartes Leben mit einer engagierten spirituellen Praxis verbindet. Rosa Parks sprach oft von der Notwendigkeit, die eigene Spiritualität durch den Dienst am Nächsten zu vertiefen, wobei ihre Vision (obwohl sie nicht besonders gut sehen konnte) nicht durch Grausamkeiten wie Todesdrohungen und Brandbomben geschmälert wurde. Nichts konnte sie, trotz ihrer zur damaligen Zeit schwachen Gesundheit, von ihrer unnachgiebigen Entschlossenheit abbringen, der Jugend zu dienen und das Rosa und Raymond Parks Institut zu gründen. Bevor sie in die Stadt kam, vereinbarte ich immer einen Termin bei meinem chinesischen Arzt für sie. Wenn sie dann ankam, sagte sie jedes Mal: „Oh, es geht mir gut, besuchen wir lieber die Kinder."

Eines der bemerkenswertesten Beispiele für ihre Unermüdlichkeit im Angesicht von widrigen Umständen geschah, nachdem ein Crack-Süchtiger bei ihr eingebrochen war, um nach Geld zu suchen, und sie ausgeraubt hatte. Als ich sie am darauffolgenden Tag anrief, sagte sie: „Mein Körper hat zwar blaue Flecken, aber mein Geist ist stark. In ein paar Wochen komme ich wieder zu den Kindern." Als der Einbrecher später der Körperverletzung beschuldigt wurde, bestand sie darauf, dass ihm kein Schaden zugefügt werde, da Rache keine Lösung sei.

Ihr häufig zitiertes Motto „Ich werde, so lange ich kann, so viel tun, wie ich kann, und ich hoffe, dass du das auch tun wirst", spiegelt sich im Motto unseres örtlichen Instituts wider: „Es kommt immer auf das an, was ein einziger Mensch tun kann, und dieser Mensch bist du." Die ehrenamtlichen Musiker des Instituts beweisen dies, indem sie Benefiz-Konzerte in den USA, in Mexiko und in Stammesreservaten der Indianer in der Umgebung von San Diego veranstalten und mit ihrer Musik zu CDs beitragen, deren Erlös an Jugendprojekte gespendet wird. Viele sagen, dass ihre Erfüllung bloße professionelle Anerkennung und Vergütung bei weitem übersteige.

Beliebte Musiker wie Harry Belafonte, die Neville Family und Sting haben ihr Können großzügig eingesetzt und bekamen vom Rosa Parks-Institut die „Artists Who Serve Awards" [auf Deutsch: die Auszeichnung für „Künstler, die dienen"] dafür, dass sie ihre Talente nutzten, um mitfühlendes Handeln auf der Welt zu fördern. Bei der Einweihung der Westküsten-Zweigstelle durch Mutter Parks wurde Cyril Nevilles Lied „Sister Rosa" („Schwester Rosa") von Familienmitgliedern vorgetragen.

Auch andere erstklassige Musiker haben großzügig etwas von ihrer Zeit gespendet. Einmal spielte ich innerhalb von einer Woche in Konzerten mit dem Gitarristen Pepe Romero (der mich in die Meditation eingeführt hatte) und Igor Kipnis, einem langjährigen ehrenamtlichen Mitglied des Rosa-Parks-Instituts. Sie boten mir an, in meine Kurse an der University of California in San Diego zu kommen. Beide hatten sich daran erinnert, wie viel es ihnen selbst als jungen Künstlern bedeutet hatte, wenn renommierte Musiker ein Interesse an ihnen zeigten. Wir hatten viel Spaß und spielten „Chopsticks Slapstick Style" („Essstäbchen im Slapstick-Stil"), und bei Pepes und Igors Anekdoten kugelten sich die Studenten vor Lachen. Die beiden Künstler waren keine Spur arrogant.

Wenn sich die Praxis des Dienens auf Gebiete ausweitet, die wir vorher als tabu betrachtet haben, kann dies eine Herausforderung für unsere Schützhülle sein und sie erweitern. Um das begrenzte Betätigungsfeld meiner eigenen Lebensweise auszuweiten, ließ ich mich nach dem Tode von dreien meiner „Mütter" – meiner eigenen, Ezras Mutter und Mutter Parks – zur ehrenamtlichen Hospiz-Mitarbeiterin ausbilden.

Man sollte das Dienen oder die Praxis in der Gemeinschaft nicht romantisieren. Wäre es ein erfolgssicheres Heilmittel für die Selbstbezogenheit, dann würde dem Begriff „helfende Berufe" nicht so oft das Wort „Burnout" folgen. Es besteht auch eine große Kluft zwischen dem, was man praktiziert, und dem, was man predigt, was Ram Dass in seinem Buch „*How Can I Help*" („Wie kann ich helfen") (Alfred Knopf, 1988) beschreibt. Er erzählt, dass er einmal so in das Schreiben seines Buches vertieft gewesen sei, dass er, als er zu einem Geschäft fuhr, um Schreibpapier zu kaufen, nicht angehalten habe, um einen Anhalter mit nur einem Bein mitzunehmen, weil er zu sehr damit beschäftigt gewesen sei, ein Buch über das Helfen zu schreiben!

Dennoch überwiegen die zahllosen Vorteile des Dienens dessen potentiellen Missbrauch. Albert Schweitzer sagte, dass die Menschen, die wirklich glücklich sein werden, diejenigen sind, die Wege des Dienens suchen und finden. Selbst wenn wir anfangs glauben, wir dienten anderen, geht uns an irgendeinem Punkt auf, dass andere im Mittelpunkt unseres Lebens stehen, denn es gibt keine anderen.

Koans der Identität und der Konditionierung

Acht Jahre lang hat sich meine formale Zen-Praxis auf Koans konzentriert. Während dieser Zeit bin ich davon genesen, meine Emotionen immer verdrängt zu haben, und wurde überschwemmt von dem emotionalen Müll, der jahrelang hinter meiner Fassade vor sich hin gegoren hatte. Ich fragte mich, wie das Studium von Koans zur Bereinigung dieses Chaos' beitragen könne. Von all den 1500 oder mehr Koans in dem von Hakuin entwickelten System, von denen mehr als die Hälfte bereits mein Ego geschluckt hatte, schien nur eine Handvoll klar auf all das emotionale und ichbezogene Zeug anwendbar zu sein, das langjährig Meditierende so gut kennen. Nichtsdestoweniger war der Koan-Prozess von unschätzbarem Wert, und ich beschloss, später wieder zu ihm zurückzukehren, um die Möglichkeit zu untersuchen, wie man Koans nutzen könne, um die Konditionierung und die Identität des dressierten Papageis zu enttarnen. Es ist wichtig, dass wir die Substanzlosigkeit dieser Identität, der Aggregate des Selbst, erleben, und dass wir erkennen, dass dieses „Ich", das so praktisch für die Sprache und die Interaktion ist, genauso leer von Substanzhaftigkeit ist wie alles andere.

Der Koan-Prozess ist, in der hier angewandten Form, eine schneller Weg, der es dem „Ich" erlaubt, seine Rolle als Funktion und als Hilfsmittel wieder zu übernehmen, ohne dass es dabei einem selbst entworfenen Bild entsprechen müsste. Ein Koan, das uns hilft, unsere Identität und Konditionierung zu erkennen, lautet: „Verstecke dich selbst in einer Person", beruhend auf dem klassischen Koan: „Verstecke dich selbst in einer Säule". Nun sind Säulen das eine. Niemand ist je von einer Säule kritisiert worden. Aber wie steht es mit den Menschen? Oder mit uns selbst?

Der Prozess besteht hier wie bei vielen Koans darin, eine bewusste Versenkung in etwas zu erfahren, das wir gewöhnlich als etwas von uns selbst Verschiedenes betrachten. Aber wir werden damit beginnen, dass wir uns in die Person hineinversetzen, die wir am besten zu kennen glauben, nämlich in uns selbst.

Dieses Vorgehen erreicht nicht den vollen Umfang der Koan-Praxis, vermittelt aber sehr wohl einen ersten Vorgeschmack auf das Kontinuum, das sich von der Isolation über die Empathie bis hin zur Nicht-Dualität erstreckt. Voraussetzungen für Koans zu Konditionierung und Identität sind das Wiederholen der Gedanken gleich einem Echo – die Funktion des Beobachters – sowie die Fähigkeit, unsere Haltung, unseren Gesichtsausdruck und unser gesamtes Auftreten physiologisch zu erfassen – die Funktion des Erfahrenden.

Schlüpfen Sie in eine Person hinein: Das Selbst von innen studieren

Nehmen Sie sich für jeden der folgenden Schritte etwa eine Minute Zeit.

1. *Auftreten und Stil*: Stellen Sie sich Sie selbst in dem Ihnen am vertrautesten Selbstbild und Auftreten vor. Schlüpfen Sie in diese Rolle wie ein Charakterdarsteller, der Sie selber spielt, und zwar so objektiv wie möglich.
2. *Geisteszustand*: In was für einer geistigen Verfassung befindet sich diese Persönlichkeit gewöhnlich? Begeben Sie sich, so gut Sie können, in sie hinein.
3. *Körperhaltung*: Nehmen Sie die bekannteste körperliche Haltung dieser Persönlichkeit ein.
4. *Gesichtsausdruck*: Lassen Sie den Gesichtsausdruck dieser Persönlichkeit über Ihre Züge kommen.
5. *Klang der Stimme*: Hören Sie den Tonfall, der für die Redeweise dieser Persönlichkeit typisch ist. Geben Sie ihn wieder, laut oder unhörbar, und hören Sie aufmerksam hin.
6. *Klassische Kommentare*: Was für Bemerkungen wird dieses Individuum wahrscheinlich machen? Geben Sie jetzt eine von sich, laut oder still.
7. *Gesamtes Sein*: Halten Sie kurz inne, um die Gesamterfahrung dieser Persönlichkeit, die sich Sie selber nennt, zu erspüren.
8. *Die Weltbühne*: Beziehen Sie kurz auch Ihre Umgebung mit ein, ehe Sie zu Ende kommen.

Sich gegen eine andere Person austauschen: eine Einfühlungsmeditation

Wenn Sie etwas Erfahrung mit dem vertrauten Terrain Ihrer selbst gesammelt haben, könnten Sie versuchen, sich so weit wie möglich in eine andere Person hineinzubegeben. Es heißt, wir sollten über niemanden urteilen, ehe wir nicht eine Meile in seinen Schuhen gelaufen seien. In Wirklichkeit ist das Leben sehr viel länger als eine Meile, und wir besitzen auch keine übersinnlichen Fähigkeiten. Diese kleine Geste kann uns aber zumindest lehren, wie wenig wir unseren Bruder oder unsere Schwester wirklich kennen.

Sie übernehmen jetzt die Rolle eines mitfühlenden Charakterdarstellers, bei der Sie Ihre eigene Identität beiseite stellen. Wählen Sie für diese Übungen jemanden aus, der Ihnen nicht allzu verwirrend erscheint. Die Übung kann schief gehen, wenn man in subjektive geistige Kommentare über die Person verfällt. Folgen Sie den gleichen Schritten wie zuvor:

1. *Auftreten und Stil*: Stellen Sie sich das typischste Bild und Auftreten dieser Person vor. Übernehmen Sie diese Rolle so objektiv wie möglich.
2. *Geisteszustand*: Was für eine geistige Verfassung ist für diese Persönlichkeit typisch? Versetzen Sie sich, so gut Sie können, in sie hinein, urteilen Sie aber nicht.
3. *Körperhaltung*: Nehmen Sie die vertrauteste körperliche Haltung dieser Persönlichkeit an.
4. *Gesichtsausdruck*: Lassen Sie den Gesichtsausdruck dieser Persönlichkeit über Ihre Züge kommen.
5. *Klang der Stimme*: Schauen Sie, ob Sie sich an den für die Rede dieser Persönlichkeit typischen Tonfall erinnern oder ihn hören können.
6. *Klassische Kommentare*: Was für Bemerkungen wird dieses Individuum wahrscheinlich machen?
7. *Gesamtes Sein*: Halten Sie kurz inne, um die Gesamterfahrung dieser Persönlichkeit zu spüren.

Es hat mich oft überrascht, dass sich das, was sich zeigt, sehr von meinen Vorstellungen über diese Person unterscheidet. Das bedeutet nicht, dass ich mich auf magische Weise mit der Person verbunden hätte. Schließlich sind wir bereits verbunden. Erstaunlicherweise fehlen hier jedoch einige der gewohnten Filter, die ich normalerweise anlege, wenn ich an die Person denke.

Wir werden daran erinnert, andere zu fragen, wie sie die Dinge sehen, anstatt anzunehmen, dass wir das bereits wüssten. Es ist wahrscheinlich am besten, diese Übung den anderen gegenüber nicht zu erwähnen. Von zentraler Bedeutung ist immer die Motivation. Verbindung und Einfühlung stellen den Zweck dieser Übung dar, nicht Analyse oder Kontrolle.

Ununterbrochene Praxis: ernsthaftes Erwachen

Es gibt da einen Witz über jemanden, der nach einer Religion mit den „Zehn Vorschlägen" suchte. Wir haben noch viele mehr auf diesen Seiten gehabt, und jetzt, wo wir uns dem Ende nähern, das ein ewig neuer Anfang ist, ist es an der Zeit, noch einmal jene Dinge durchzugehen, die unser Gewahrsein kontinuierlicher werden lassen können. Kontinuität bedeutet nicht, dass wir uns jetzt das edle Ideal zu Eigen machen, rund um die Uhr bewusst zu sein. Glücklicherweise ist das Leben bereits kontinuierlich, auch wenn es die Bewusstheit nicht ist. Mit ein paar Gedächtnishilfen kann Achtsamkeit beginnen, sich von der Autobahn hin zur Familie, von der Plauderei hin zum Sitzen auszudehnen.

Die folgenden Punkte beruhen auf Vorschlägen aus diesem Text, in grob der Reihenfolge, in der sie in vorausgegangenen Kapiteln erschienen sind:
- Nehmen Sie sich vor, immer daran zu denken, dass einer der Kernpunkte der Zen-Praxis darin besteht, ernsthaft zu all dem zu erwachen, was geschieht.
- Denken Sie an „now, vow, how, bow" (das „Jetzt", das „Gelübde", das „Wie" und die „Verbeugung"): präsent zu sein;

zu geloben, zu unserer mitfühlenden Natur zu erwachen; zu wissen, welche Vorgehensweisen wirkungsvoll sind; und die Fähigkeit der Wertschätzung zu entwickeln.
- Fragen Sie sich, was für das Erwachen hinsichtlich dessen, was am wichtigsten ist, erforderlich ist.
- Pflegen Sie die Samen des Herzgeistes und erkennen Sie, welche etwas Pflege brauchen könnten.
- Praktizieren Sie die Meditation auf liebende Güte, um mitfühlende Verbundenheit zu kultivieren.

Üben Sie sich in dem Gewahrsein, das sich auf die Mitte der Brust konzentriert, und nehmen Sie in diesem Bereich besonders den Atem wahr. Dies stellt einen Willkommensgruß für die Samen des Erwachens dar.
- Entwickeln Sie eine umfassende Praxis und denken Sie daran, dass angewandte Bewusstheit in verschiedenen Situationen unterschiedliche Herangehensweisen erfordert.
- Reflektieren Sie über WIDPIDS (Was ist die Praxis für diese Situation?), das Mantra für eine umfassende Praxis.
- Denken Sie daran, dass Bewusstheit nicht „entweder – oder" bedeutet. Sie ist immer ein *„und"*. Gehen Sie die fünf Dimensionen des Herzgeistes durch, um festzustellen, was Sie außer Acht lassen: die physische, die mentale, die emotionale Dimension, die Dimension des offenen Gewahrseins oder die voll-leere Dimension.
- Lesen Sie den Körper wie ein Barometer. Unser Körper fungiert als ein Wahrnehmungsinstrument. Dennoch sind wir uns des Körpers oder der Sinne vielleicht kaum bewusst, wenn wir in den Angelegenheiten unseres Egos verfangen sind und möglicherweise sogar versuchen, uns durchs Leben zu denken, anstatt uns auf die sensorische Natur des Lebens einzustellen. Dies passiert, wenn wir anderen ein bestimmtes Bild von uns vermitteln möchten. Die Ausgangsfunktion unseres Körpers ist die eines Wahrnehmungsinstrumentes und nicht nur die von ihm übernommene Aufgabe, ein Ego zu beherbergen. Wenn seine Wahrnehmungsfunktion angeregt wird, spielt sich die Symphonie des Lebens durch ihn ab.

- Bleiben Sie beim Körper. Das Koan „Was ist hier und jetzt?" regt unsere Aufmerksamkeit an, zu der körperlichen Natur der Empfindungen und der Sinne zurückzukehren.
- Erinnern Sie sich beim Sitzen an Folgendes:

    Sitzen Sie unbewegt, seien Sie still und verweilen Sie eine Zeit lang gesammelt.
    Streben Sie nach oben und lassen Sie den unteren Teil des Körpers nach unten sinken (harmonieren Sie mit der Schwerkraft).
    Füllen Sie sich mit Luft und lassen Sie die Luft wieder heraus (empfinden Sie Körper, Atmen und Umgebung als Eines.)
    Bewegen Sie sich wie Tang unter Wasser (spüren Sie das unmerklich leichte Hin- und Herschwanken des Körpers).

- Achten Sie auf nahe und ferne Geräusche, die die Aufmerksamkeit dazu einladen, sich in die weiten, offenen Räume hinein auszudehnen, bis hin zum Horizont.
- Seien Sie sich bewusst, dass die Luft unsere Verbündete ist: Wie wäre es, wenn Sie in Momenten, in denen Sie nicht wissen, worauf sich Ihre Bewusstheit richten soll, die Luft miteinbeziehen würden? Die Luft durchzieht sowohl unsere Atmung als auch die Umgebung und ist ein Zeugnis für die Verbundenheit des Lebens.
- Erhalten Sie Ihre Achtsamkeit aufrecht, wenn Sie sich bewegen: Gehen und andere Aktivitäten werden zu Meditation, wenn Bewusstheit zur Stelle ist.
- Halten Sie das offene Gewahrsein aufrecht (wie Sie es mit Hilfe der Meditation des dualen Gewahrseins entwickelt haben), um eine Weite zu bewahren, die Raum bietet für alles, was kommen mag.
- Halten Sie die Praxis praktisch, indem Sie im Kloster des täglichen Lebens geerdet bleiben.
- Achten Sie auf die Tonspur Ihres dressierten Papageis und unterscheiden Sie sie von notwendigem Denken.

- Erkennen Sie den Gedanken, an dem Sie in einer bestimmten Situation am meisten festhalten. Wenn Sie sich nicht sicher sind, dann fragen Sie sich: „Was hätte ich am liebsten gesagt?" oder „Wovor habe ich am meisten Angst?".
- Lernen Sie Ihre vielen Ichs kennen und finden Sie heraus, welches sich im Moment bemüht, die HWO (die Hauptwelle des Ozeans) zu sein. Fragen Sie sich: „Wer glaube ich im Moment zu sein?".
- Werden Sie erwachsen, erwachen Sie. Erwachsen zu werden ist die Voraussetzung dafür, erwachen zu können.
- Entgiften Sie die emotionale Dimension, damit Ihr emotionales Reagieren transparent für Sie wird.
- Praktizieren Sie drei Atemzüge des Gewahrseins, egal wie die Situation ist.
- Erinnern Sie sich daran, dass Verzweiflung ein Weg zum Erwachen sein kann.
- Denken Sie daran, dass falsche Hoffnungen zu falscher Hoffnungslosigkeit führen. Eine mitfühlende Desillusionierung ist notwendig.
- Erklären Sie einen Waffenstillstand im Krieg gegen die Wirklichkeit: Lassen Sie sie zu, lassen Sie sie sein. Das, wogegen wir uns auflehnen, widersteht gewöhnlich unseren Bemühungen, es los zu werden.
- Erinnern Sie sich daran, dass die weite Leerheit, die wir vielleicht suchen, jeden Moment da ist und die Form dessen annimmt, was gerade vorhanden ist.
- Reflektieren Sie über diese Motivationsverstärker, diese Gelübde und diese Praxis-Sätze – und wählen Sie die Dinge aus, die Sie an das erinnern, was am wichtigsten ist. Diese können Sie sich vor dem Meditieren aufzählen, um der Tendenz des Egos entgegenzuwirken, Bequemlichkeit zu suchen und seine Trägheit beizubehalten.
- Seien Sie sich der Wichtigkeit von Wegweisern wie den Geboten bewusst, die uns daran erinnern, dass wir ganzheitlich sein und handeln können, selbst wenn wir es noch nicht verstehen.

- Bedenken Sie, dass wir, wenn wir nach Erleuchtung streben, damit beginnen können, alles ein wenig leichter zu nehmen.
- Unterschätzen Sie niemals die geradezu unfassbare Hartnäckigkeit der Kraft des bedingten Jetzt.

21 Illusion ist Erleuchtung

*Wir würden uns lieber zerstören lassen
als uns zu verändern.
Wir würden lieber in unserer großen Angst sterben,
als auf das Kreuz des Augenblicks zu steigen
und unsere Illusionen sterben zu sehen.*

W. H. AUDEN

Ein Mann fuhr auf einer einsamen Landstraße dahin und hatte eine Reifenpanne. Als er den Reifen wechseln wollte, stellte er fest, dass sein Wagenheber fehlte. In der Annahme, es handle sich um ein Haus, ging er auf Lichter in der Ferne zu und dachte: „Wahrscheinlich haben sie auch keinen Wagenheber." Nach einem Kilometer dachte er: „Vielleicht hetzen sie ihren Dobermann auf mich." Als er in die Einfahrt hineinging, kam er auf den Gedanken, dass dort wahrscheinlich die Mitglieder einer Bürgerwehr wohnen und ihn erschießen würden. Als er anklopfte, öffnete eine Frau die Tür, lächelte freundlich und fragte: „Kann ich Ihnen helfen?" Er schrie: „Sie können Ihren verdammten Wagenheber behalten!"

Das ist Täuschung. Wir beobachten etwas, einen freundlichen Gruß, und nehmen etwas anderes wahr: unseren paranoiden Radarschirm. Täuschung kehrt einen alten Spruch um und verkündet: „Wenn ich es nicht geglaubt hätte, hätte ich es nicht gesehen", was die Rolling Stones auf den Punkt brachten, als sie sangen, dass wir in der Kunst der Täuschung geübt seien. Wenn wir unsere Gedanken, ohne sie näher zu untersuchen, als Tatsachen nehmen, werden sie zu einer Rechtfertigung zum Handeln und schließen den Kreis von irrigem Denken zu irrigem Handeln.

Täuschung ist kein Feind, der vernichtet werden müsste. Sie ist nur ein Schmutzfleck in unserer Sichtweise, der uns aber daran hindert, das zu sehen, was wir vor der Nase haben. Es ist verführerisch zu hoffen, dass wir all dies unterbinden könnten, indem wir erleuchtet werden. Wenn wir aber auf einen Trost hoffen durch das, was wir als einen veränderten Bewusstseinszustand betrachten, erkennen wir vielleicht nicht, dass wir uns bereits in einem solchen befinden! Es ist dieser veränderte Bewusstseinszustand, der unsere Sicht trübt, deshalb müssen wir einen Schritt von der Täuschung zur Ent-täuschung machen und unsere Illusionen sterben sehen.

Glücklicherweise geht es in einem klassischen Zen-Koan um dieses Dilemma: „Täuschung ist Erleuchtung; Erleuchtung ist Täuschung." Es folgt ein Beispiel: Kurz nachdem ich mit der Zen-Praxis begonnen hatte, wurde mir ein unverhoffter „Durchbruch" zuteil, einer jener spontan aufkommenden Momente, in denen Raum und Zeit keine Geltung mehr besitzen. Die mir damals aufgetragene Meditationsmethode bestand darin, die Atemzüge zu zählen, und irgendwo zwischen sechs und sieben landete das Ganze im zahlenfreien Absoluten. Alles Bekannte war mit einem Schlag wie weggewischt, aber dennoch fehlte nichts, nichts war etwas, alles war vollkommen gewöhnlich. Die Lektion dabei war, dass sich Wahrnehmungen in einem einzigen Moment völlig verändern können. In der Tat sagte damals jemand zu mir, dass ich ein Erleuchtungserlebnis gehabt hätte, was mich sehr erfreute. Das ist Täuschung! Man kann nicht sagen, wie es zu solchen Momenten kommt – und wie sie dann wieder verschwinden. Der Weg zum Erwachen scheint zu lauten: „Jetzt siehst du es, jetzt nicht", so als führe man durch eine atemberaubende Landschaft, die gelegentlich durch tief hängende Wolken verdeckt wird.

Ich habe keine andere Erklärung für das gelegentliche Lüften des Schleiers der Täuschung als die der Gnade, da keine persönliche Tugend daran beteiligt ist. Kurze Einblicke in die grenzenlose Existenz kommen, ohne dass man darum gebeten hätte, mit oder ohne spirituelle Praxis, selbst bei jenen, die gar nicht so nett sind. Wie Bodhidharma betont hat, ist auch keine Kenntnis der Schriften notwendig. Wenn unsere Praxis fortlaufend ist, könnten wir solche jedoch selber schreiben, und so sind sie auch entstanden.

Wir können die Bemühungen derer, die in der spirituellen Praxis ausdauernd waren, besser wertschätzen, wenn wir selber weiter den Prozess der Ent-täuschung auf uns nehmen. Unsere Phantasievorstellungen über die Erleuchtung abzulegen verringert in keinster Weise unsere Dankbarkeit und unsere Hochachtung für jene inspirierenden, mitfühlenden Praktizierenden, deren Titel oder Positionen auf spirituelle Einsicht hindeuten. Die normale Beobachtung zeigt, dass manche Menschen wacher sind als andere, und dies über längere Zeit hinweg. Dennoch können wir einem anderen Menschen nicht ins Herz blicken. Bedenken Sie nur, was für eine gewaltige Aufgabe es ist, uns in unser eigenes Herz zu blicken.

Müssen wir, wenn sich gelegentlich der leere Himmel auftut, solche Vorkommnisse benennen? Begriffe wie Erleuchtung, *Kensho* oder Satori, wie edel sie auch sein mögen, bringen das Ego dazu, sich bereitwillig zu verbeugen. Wenn es also aussieht, als gäbe es einen legitimen Grund dafür, solche Vorkommnisse zu erwähnen, warum sie dann nicht „Öffnungen" oder „kleine Einblicke" in die natürliche Ordnung der Dinge nennen? Und da wir schon dabei sind: Wie wäre es denn, wenn wir den Ausdruck „erwachter Mensch" durch „erwachte Augenblicke" ersetzen würden? Einem vergänglichen Zustand oder einem vergänglichen Menschen Dauerhaftigkeit zuzuschreiben kann jede Menge Kummer verursachen. Die Erwachtesten hätten übrigens wahrscheinlich nichts dagegen einzuwenden, wenn wir ihr Erwachen gar nicht erwähnen würden.

Ich fragte einmal einen Lehrer, wie lange ich brauchen würde, um Erleuchtung zu erlangen, und er fragte mich, wie lange ich denn dazu gebraucht hätte, so voll von Illusionen zu werden, wie ich es sei. Dreiunddreißig Jahre. Schmunzelnd sagte er, dass es wahrscheinlich nicht ganz so lange dauern würde. Glücklicherweise ist die Täuschung der Hauptkatalysator, der uns zur Zen-Praxis treibt, und wenn wir nicht ein kleines bisschen Druck verspüren würden, wären wir vielleicht ganz zufrieden damit, für immer Chips zu futtern und fernzusehen – aber wie befriedigend ist das schon als Dauerkost?

Falls und immer wenn es deshalb zu unverhofften „Durchbrüchen" kommt, haben sie einen Preis. Der Preis der Freiheit besteht laut dem Zen-Vorfahren Ikkyu darin, achtsam, achtsam, achtsam zu sein. Wie Zen-Anhänger aus allen Zeiten hat er es drei Mal wiederholt, was sinnvoll ist, wenn man die Vielzahl der Blickweisen der physischen, der mentalen, der emotionalen Dimension, der Dimension des offenen Gewahrseins und der voll-leeren Dimension bedenkt.

Es leichter nehmen

Die Tränen, die ich gestern vergossen habe,
sind zu Regen geworden.

Thich Nhat Hanh

In der ersten Zeit meiner Zen-Praxis suchte ich einmal im heftigen Leid eines Melodrams einen meiner Lehrer auf, den Zen-Vorfahren Maezumi Roshi. Nachdem er meinem Klagelied respektvoll zugehört hatte, sagte er mit einem Mona-Lisa-Lächeln: „Das wäre direkt tragisch, wenn es nicht so komisch wäre." Nie zuvor hatte mir irgendjemand so etwas gesagt, zumindest nicht ins Gesicht. Weitere ähnliche Gespräche haben meine Wertschätzung für die Worte des tibetischen Lehrers Longchenpa aus dem 12. Jahrhundert vertieft, nämlich dass wir, da ja alles Täuschung ist, weil es ist, wie es ist, und nicht beeinflusst wird von unseren eigenen Ansichten, ebenso gut in Lachen ausbrechen könnten. Was für eine erfrischende Alternative zu der Sichtweise, dass Spiritualität ein todernstes Unterfangen sei, denn Tiefgründigkeit und Leichtigkeit des Herzens können durchaus Hand in Hand gehen.

Thich Nhat Hanh erwähnt oft, dass Leiden nicht genug sei, ein Punkt, der durch die Edlen Wahrheiten Buddhas unterstrichen wird. Ein Gegengewicht zur Ersten Wahrheit, welche auf das Leiden und die Unausgewogenheit hinweist, die das Leben prägen, stellen die Dritte und die Vierte Edle Wahrheit dar. Sie erinnern uns daran, dass das Leben auch ganz anders gesehen und gelebt werden kann.

Leiden, Gnade und das Wunder sind nichts voneinander Getrenntes. Deshalb ist es ein wichtiger Aspekt beim Durchschreiten des Kontinuums von der Verdunkelung zu einem erleuchtenden Leben, dass wir unsere unzutreffenden Sichtweisen in Bezug auf das Leben erhellen. Ein älterer Mann wanderte in erbärmlicher Weise mit einem riesigen Sack auf dem Rücken durch die Berge Asiens. Als er eines Tages einen Weisen kommen sah, schrie er: „Kannst du denn nicht sehen, dass ich leide? Bitte hilf mir, Erleuchtung zu erlangen!" Der Weise sagte: „Stelle deinen Sack ab." Der unglückliche Bursche antwortete: „Kommt nicht in Frage! Das mache ich nicht." Wie endet die Geschichte? Die Antwort liegt bei jedem Einzelnen von uns.

Danksagung

Dieses Buch widme ich meinen Eltern, Helen und Clint Hamilton. Mein Vater, der in drei Kriegen als Kampfpilot tätig war, ging in Pension, um für den Frieden zu arbeiten. Jetzt begleitet mich seine Asche zu den jährlichen Veteranen-Retreats mit Thich Nhat Hanh. Die Ermutigung meiner Mutter bei meinem Musizieren hat dazu beigetragen, meinerseits eine Entschlossenheit zu aktivieren, die eine kontinuierliche Praxis und die Bemühungen um dieses Buch sicherstellte. Wie kann Dankbarkeit für das Geschenk des Lebens zum Ausdruck gebracht werden?

Mutter Rosa Parks, der diese Seiten ebenfalls gewidmet sind, hat einen Einfluss ohnegleichen auf mein Leben gehabt. 1955, als sie Stellung bezog, indem sie in einem Bus sitzen blieb, zog meine Familie in den tiefen Süden, wo ich die Rassentrennung aus nächster Nähe kennen lernte. 1992 lud ich Mutter Parks nach San Diego ein, und sie, Elaine Steele, Anita Peek und ich gründeten gemeinsam die West Coast-Mexiko-Zweigstelle des „Rosa and Raymond Parks Institute for Self-Development" [„Rosa and Raymond Parks Institut für eigene Entwicklung"]. Später besuchte Mutter Parks das Zen-Zentrum von San Diego und machte es zum Hauptsitz dieser Zweigstelle, eine typische Geste für den großen Spielraum ihrer christlichen Spiritualität. Viele Übungen in diesem Buch wurden zunächst in den Trainings und Workshops für ehrenamtliche Mitarbeiter des Instituts von Kanada bis Mexiko angewandt.

In der Umgebung meines Zuhauses gehen meine unermessliche Dankbarkeit und Liebe an Ezra Bayda, meinen Praxis-Partner, Ehemann, Lehrer und Spielgefährten. Zusammen zu leben, zu lieben, zu lernen und zu lehren hat die Grenzen zwischen diesen verschwimmen lassen, und Ezras einfühlsame Kommentare sind ein großer Segen für dieses Manuskript gewesen.

Während ich das Privileg gehabt habe, bei vielen großen Lehrern zu lernen, lehrt und schreibt Ezra Dinge, die er durch kontinuierliche Praxis gelernt hat. Er nutzt diese Belehrungen nicht nur, um andere zu unterweisen, sondern auch, um seine eigene fortlaufende Praxis zu vertiefen. Er ist ein „lebenslang Lernender". Eine Freude aus der Verbindung meines Lebens mit dem von Ezra ist das Geschenk unserer Töchter Jenessa und Mollie.

Mein erster, unvergessener, wenn auch nicht ständiger, Lehrer war Soen Nakagawa Roshi. Unser begrenzter Kontakt klingt immer noch in mir nach mit meiner Dankbarkeit für seine liebevoll pointierte, zielsichere Anleitung.

Taizan Maezumi Roshi, ein Zen-Pionier in den Vereinigten Staaten, leitete und förderte meine Anfänger-Paxis und verlieh mir würdevoll die Zen-Gelübde. Er verstand meinen Wunsch, eine dem Leben, der Realität dienende Nonne oder eine Nonne des Lebens zu sein, wie auf diesen Seiten beschrieben.

Unumstößliche Liebe und Dankbarkeit möchte ich meinem Hauptlehrer während zweier Jahrzehnte aussprechen.

Von den vielen wunderbaren Lehrern, mit denen ich im Laufe der Jahre das Privileg hatte zu praktizieren, sind einige, die mich besonders zu Dankbarkeit inspirieren, die folgenden:

Pema Chödrön, mit ihrer unermüdlichen, aber fröhlichen Erforschung aller Ecken und Winkel des Weges. Ihre Bereitschaft, ihren eigenen Prozess als Teil ihres Lehrens mit anderen zu teilen, stellt eine starke Motivation für ihre Schüler dar. Das tat auch ihre begeisterte Teilnahme als Praktizierende an dem Retreat in Gampo Abbey, zu dessen Leitung sie Ezra und mich eingeladen hatte. Ganz gewiss gehört diese Fähigkeit, unaufhörliches Lernen zu demonstrieren, zu den größten Unterweisungen.

Thich Nhat Hanh danke ich für Retreats über viele Jahre hinweg, in Verbindung mit seiner engagierten Spiritualität, die anspornend daran erinnert, wie wichtig es ist, die formalen mit den angewandten Aspekten der Praxis zu verbinden.

Stephen und Ondrea Levines Gegenwart, ihr Vorbild als Team, ihre Bücher und Workshops untermauern meine Erforschung der Praxis des Dienens und von liebender Güte als Hauptsäulen des Weges. Ram Dass öffnet mir immer noch weitere Fenster. Es begann mit einem dreimonatigen Retreat vor einigen Jahren, mit seinen Büchern und seinem beispielhaften Gleichmut unter sich verändernden Lebensumständen. Toni Packers direkte, sokratische Vorgehensweise stimuliert meinen anhaltenden Forschergeist.

Jon Kabat-Zinns Gründung des *Center of Mindfulness in Medicine, Health Care and Society* und Kurse in *Mindfulness Based Stress Reduction* (MBSR) haben meine Lehrtätigkeit und meine ehrenamtlichen Bemühungen inspiriert. Seine persönliche Ermunterung, sein Vorbild in der Familienpraxis mit Myla und seine Beharrlichkeit, außerhalb konventioneller spiritueller Orte zu wirken, sind Katalysatoren, die uns an das ganze Feld der spirituellen Praxis erinnern.

Viele Kollegen und praktizierende Freunde inspirieren mich. Mein besonderer Dank für die jüngste Unterstützung geht an Diane Eshin Rizetto, Gregg Howard, Geoff Dawson, Barry Magid, Roshi Wendy Egyoku Nakao, Roshi Nicolee Jikyo Miller McMahon, Roshi Jan Chozen Bays, Roshi Anne Seisen Saunders, Steve Hagen, Roshi James Ishmael Ford, Josh Bartok, Diana Devitt Dawson und Roshi Nelson Foster. Vater Brian Taylor, ein Priester der Episkopal-Kirche, unterstützte mich bei meiner Erforschung spiritueller Berührungsflächen, indem er mich ermunterte, Retreats mit seiner christlichen Zen-Meditationsgruppe in Albuquerque zu leiten. Meinen Freunden von der *Ordinary Mind Zen School* gilt meine liebevolle Wertschätzung.

Andere, die einen starken Einfluss auf mich gehabt haben, waren Marshall Rosenberg, zehn Jahre lang mein Mentor in mitfühlender Kommunikation; der Häuptling der Onodaga Nation, Joaquisho Oren Lyons, von der Iroquois Federation

(Irokesenbund), der der Demokratie ein inspirierendes Gesicht verliehen hat; Robert Johnson, der mir die entriegelte Tür zur inneren Welt öffnete; Dr. Howard Gardner, dessen Ansatz der multiplen Intelligenz die Schulbildung und meine Lehrtätigkeit auf allen Gebieten verwandelt; Kanzlerin Constanze Carroll für ihre Demonstration dessen, was in der akademischen Welt möglich ist; Dr. David Reynolds, der mich in Naikan und in der Morita-Praxis unterwies; Bill Moyers, ein Empfänger des „Rosa Parks Award"; Donna Varnau; Jim und Lois Lasry; John Ankele und Anthony und Mary Jane Newman.

Viele Chigong-Lehrer haben mir geholfen, das energetische Wechselspiel zwischen Bewegung und Stille lebendiger werden zu lassen. Mein besonderer Dank gilt Sifu Share K. Lew und Carol Elliott, L.Ac.

Meinen Dank an die Hospiz-Gemeinde für ihren Dienst im Leben und beim Sterben sowohl meiner Mutter Helen als auch von Ezras Mutter Mollie und für die beeindruckende Schulung, die sie für die Begleitung der Menschen geboten haben, deren Lebensenergie am Abnehmen ist, kann ich nicht in Worte fassen.

Mein besonderer Dank geht an Barbara Sullivan, Wendy Maland, Linda Dydyk und Jenessa Bayda, die mit dem Inhalt dieses Buches in die Tiefe gehend praktiziert haben. Andere, die den Stoff getestet haben, sind Robert Amedeo, Halifa Ayshegul Ashki Al-Jerrahi, Punit Auerbacher, Robin Cooney, Judy Oberlander, Larry Parker, Jodi Reed, Laura Urquhart, Justin Weaver und weitere, die aus der ganzen Welt zu den Retreats kommen.

Nicht zu vergessen ist M. T. Head, die mir ein Pseudonym geliefert und mich bei gelegentlichen Rap-Bemühungen wie dem „Hiphop-Herzsutra" und dem „Funkadelic Morning Verse" unterstützt hat. Manchmal muss ich M. T. mein „Altar-Ego" nennen, da im Zen Altäre eine wichtige Rolle spielen, und um einen gewissen griesgrämigen und bilderstürmerischen Zug an mir aufzulockern.

Emily Bower ist mehr als eine Lektorin gewesen. Ihre unermüdlichen Bemühungen haben dieser Gabe auf die Welt geholfen, mit Geduld, Ermutigung und einer glücklichen Kombination aus sprachlichem Geschick und einer starken spirituellen Praxis. Diese haben meine Neigung, ein Haiku zur *Ilias* zu machen, gezähmt. Ben Gleasons zusätzliche Bemühungen beim Lektorat und seine gute Laune sind von großer Hilfe gewesen und weit über das Erwartete hinausgegangen. Die im Verborgenen wirkenden Lektoren und die Gruppe der Shambhala-Familie mit ihren konzertierten Anstrengungen haben meine Bemühungen gelenkt, die Einheit der scheinbar rätselhaften Aspekte des Zen und der relativen Wirklichkeit, in die sie gekleidet sind, mit Worten zu vermitteln.

Wie es in einem Essensgebet des Zen heißt: „72 Mühen haben uns dieses Essen serviert. Mögen wir dankbar dafür sein, wie es zu uns kommt." Grenzenlos viele Einflüsse bleiben unerwähnt trotz ihres unentbehrlichen Mitwirkens an der Verwirklichung dieses Unterfangens und unserer gemeinsamen Existenz.

In Dankbarkeit,
ELIZABETH HAMILTON

Verzeichnis der Übungen und Checklisten

Teil I: Die Vorgehensweise
Was ist am wichtigsten? 17
Und – der bunte Reigen der fünf Dimensionen
des Herzgeistes: eine Checkliste 33
Das weite Herz: eine Meditation 43
Umfassende Praxis: eine Analogie zu einem Zopf 50
WIDPIDS: Was ist die Praxis in dieser Situation?
Ein Arbeitsblatt. 54

Teil II: Die physische Dimension des Herzgeistes
Die Feinabstimmung des Sitzens:
eine Meditationsanleitung 75
Der Weltkörper: eine Gehmeditation 84

Teil III: Die Dimension des offenen Gewahrseins des Herzgeistes
BBSTSBB: ein Palindrom 91

Die Meditation des dualen Gewahrseins:
zwei Bereiche der Achtsamkeit, eine Wirklichkeit   95
Duales Gewahrsein: die Meditation   96

Teil IV: Die mentale Dimension des Herzgeistes
Verwirrtes Denken: ein Arbeitsblatt   104
Atemzüge zählen: eine Meditation   111
Gedanken-Echo: Wie wir unseren Papagei
direkt dekonditionieren   116
Gedankenbäume: eine Übung   119
Schreiben, um bewusst zu werden: ein Arbeitsblatt   121

**Teil V: Identität:
Eine Unterkategorie in der
mentalen Dimension des Herzgeistes**
Die vielen Ichs: eine Bestandsaufnahme
der Essenz und der Wesenszüge des Egos   128
DIS – Ihr schlechtes „Ich" entdecken:
ein Arbeitsblatt   143

**Teil VI: Liebende Güte:
Die Samen des Herzgeistes erwecken**
Liebende Güte: eine Meditation   150

Teil VII: Die emotionale Dimension des Herzgeistes
Gemütszustände aus der Nähe betrachtet:
ein Arbeitsblatt   160
Rückkehr zu Reaktionen – Handlung, Interaktion,
Reaktion: eine Meditation   166
Wut und Atmung: eine Übung   174

Drei Atemzüge des Gewahrseins: eine Meditation	188
Widrigkeiten und Erwachen: eine Meditation zur Heilung tiefen Leids	195
Ein heilender Atemzug: eine Meditation des Annehmens und Aussendens	204

Teil VIII: Die voll-leere Dimension des Herzgeistes

Aktiv Vergebung praktizieren: eine Übung	218
Schlüpfen Sie in eine Person hinein: Das Selbst von innen studieren	238
Sich gegen eine andere Person austauschen: eine Einfühlungsmeditation	239

Über die Autorin

Elizabeth Hamilton lehrt und lebt am Zen-Zentrum von San Diego zusammen mit ihrem Mann und Praxis-Partner Ezra Bayda. Sie leitet Zen-Retreats und Programme in den Vereinigten Staaten und auf Hawaii, in Australien und in Kanada. Sie hat zahlreiche Artikel und Dharma-Teachings unter dem Künstlernamen M. T. Head veröffentlicht.

Elizabeth und Mutter Rosa Parks haben 1992 gemeinsam die San Diego-Mexiko Nebenstelle des Rosa-Parks-Instituts gegründet und viele Jahre lang zusammen gearbeitet. Elizabeth hat auch 17 Jahre lang Chigong als Bewegungsmeditation gelernt und praktiziert.

Mehr Informationen über die Teachings von Elizabeth und Ezra und über das Zen Center von San Diego finden Sie unter www.zencentersandiego.org.

Weitere Literatur aus dem Arbor-Verlag

Jon Kabat-Zinn

Zur Besinnung kommen

Die Weisheit der Sinne und der Sinn der Achtsamkeit in einer aus den Fugen geratenen Welt

Unsere Gesundheit und unser Wohlergehen stehen auf dem Spiel, wenn es uns nicht gelingt, in dieser aus den Fugen geratenen Welt wieder zur Besinnung zu kommen, als Individuen und als menschliche Gemeinschaft. Dies ist die zentrale These des bekannten Verhaltensmediziners und Meditationslehrers Prof. Dr. Jon Kabat-Zinn, dessen Programm der „Stressbewältigung durch die Praxis der Achtsamkeit" (MBSR) weltweit in immer mehr Universitätskliniken, Krankenhäusern, Gesundheitszentren, aber auch in wirtschaftlichen und politischen Institutionen erfolgreich praktiziert wird.

Wir haben weitgehend den Kontakt verloren zur wahren Wirklichkeit dessen, was wir in unserer Tiefe und in allen unseren Möglichkeiten sind; ebenso zu unserem Körper und zu den „Körperschaften" unserer gesellschaftlichen und politischen Institutionen. Diese Entfremdung von dem, was wirklich ist, macht uns und unsere Gesellschaft auf die Dauer krank. Das Tor, durch das wir erneuten Zugang zu unserem inneren Potential, zu unserem Körper, unseren Gefühlen, unseren Mitmenschen und unseren Organisationen gewinnen können, ist das unserer Sinne – und zu denen zählt der Autor aus buddhistischer Sicht auch den denkenden Geist.

Der Königsweg zu dieser Belebung der Weisheit der Sinne ist die Achtsamkeit. Ihre heilsame Kraft ist in der buddhistischen Meditationspraxis seit zweieinhalb Jahrtausenden erforscht, erprobt und angewendet worden. Dieses Buch zeigt, wie wir mit Hilfe dieser Praxis wieder zur Besinnung kommen und mit allen Sinnen zu einem gesunden und erfüllten Leben in der Gemeinschaft finden können.

ISBN 978-3-936855-17-3

Pema Chödrön
Geh an die Orte, die du fürchtest

Unsere Lebensumstände können uns verhärten, uns ängstlich und abweisend machen, oder sie lehren uns, sanfter, mitfühlender und freundlicher zu werden. Doch unsere gewohnten Strategien, mit Ängsten, Leiden und Schwierigkeiten umzugehen, sind wenig geeignet, diese zu überwinden – stattdessen zementieren sie diese letztlich nur. „Nicht flüchten, sondern anschauen" ist das Motto dieses praktischen Krisenmanagements für Körper, Geist und Seele. Dabei sind Pema Chödröns Ratschläge oft von provokativer Direktheit und fordern den Leser auf, sich voller Neugier auf das weite Feld seiner Schwierigkeiten vorzuwagen.

ISBN 978-3-936855-67-8

Chögyam Trungpa
Klarer Geist, mutiges Herz

Heldenhaft dem Alltag ein Schnippchen schlagen – 53 Karten, die uns auf dem Pfad des Shambhala-Kriegers begleiten

Seit uralten Zeiten ist der Weg des erleuchteten Kriegers ein kraftvolles und inspirierendes Ideal, das uns zeigt, wie wir die Herausforderungen des Lebens meistern können und Kraft nicht aus Gewalt und Aggression ziehen müssen, sondern indem wir Sanftheit, Mut und Selbsterkenntnis kultivieren. Dieses Shambhala-Kartenset bietet einen einzigartigen Weg, mit den Lehren zur spirituellen Kriegerschaft zu arbeiten, um persönliche Freiheit und Kraft zu gewinnen, negative Gewohnheitsmuster zu überwinden und die Dimension des Heiligen im Alltag zu entdecken.

Die grundlegende Weisheit von Shambhala ist, dass wir in dieser Welt, so wie sie ist, ein gutes und sinnvolles Leben führen können, das auch anderen hilft. Das ist unser Reichtum.

Chögyam Trungpa

Kartenset mit 53 Karten und Begleitheft in einer Box,

ISBN 978-3-936855-45-6

Rigdzin Shikpo
Wende dich niemals ab
Der buddhistische Weg jenseits von Hoffnung und Furcht

Wende dich nicht ab, wenn dich Angst, Trauer oder Scham zu überwältigen drohen. Stelle dich dem Leben und all dem, was es dir zu bieten hat.

Rigdzin Shikpo konfrontiert uns in unausweichlicher Klarheit und Schärfe mit uns selbst. Eindringlich und herausfordernd ist der Pfad offenen, klaren und einfühlsamen Gewahrseins – ein Kennzeichen der Dzogchen-Linie des tibetischen Buddhismus. Wende dich niemals ab ist eine Einführung in die Herz-Essenz der Lehre des Buddha. Diese Lehren sind jedoch nicht etwas, womit wir beginnen und die wir später, wenn wir zu höheren Dingen fortschreiten, wieder vergessen können. Sie stehen im Mittelpunkt des buddhistischen Pfades, vom Anfang bis zum Ende.

Dies ist das erste und einzige Buch von einem der wichtigsten buddhistischen Lehrer unserer Zeit. Ganz in der Tradition seiner Lehrer Chögyam Trungpas und Dilgo Khyentse Rinpoches lädt uns Rigdzin Shikpo ein, uns nicht abzuwenden, an die Orte zu gehen, die wir fürchten und uns voll und ganz für das, was ist, zu öffnen.

ISBN 978-3-936855-78-4

Sharon Salzberg
Metta-Meditation
Buddhas revolutionärer Weg zum Glück

Wie ein goldenes Band durchzieht Metta – nicht-anhaftende Liebe – jede Seite, jedes Wort dieses Buches. Metta Meditation lehrt uns, alle Aspekte unserer eigenen Natur und alle Aspekte der Welt zu akzeptieren, so überwinden wir unsere eigenen engen Grenzen und erfahren, dass wir Teil eines sinnvollen, großen Ganzen sind. Sharon Salzbergs Herzenswärme und ihre tiefe Nähe zum Leben machen dieses Buch zu einem der wertvollsten zeitgenössischen Bücher zur Metta-Meditation. Präzise Erklärungen und eine Vielzahl von praktischen Übungen lassen es zudem zu einem unentbehrlichen Werkzeug auf dem Weg der eigenen Praxis werden. Eine Neuauflage des ursprünglich unter dem Titel „Geborgen im Sein" erschienenen Buches. Mit einem Vorwort von Jon Kabat-Zinn.

„*Dieses Buch ist wie eine Leuchte in der Dunkelheit, wie das Lichten dichten Nebels, wie der Sonnenaufgang an einem wunderschönen Morgen. Allen, die Augen haben zu sehen, erhellt es das Herz der liebenden Güte.*"

Jack Kornfield

„*Sharon Salzberg hat der Welt ein Stück Frieden geschenkt.*"

Alice Walker

208 Seiten, ISBN 978-3-924195-90-8

Gerne informieren wir Sie über unsere weiteren
Veröffentlichungen. Schreiben Sie uns oder besuchen
Sie uns im Internet unter:

www.arbor-verlag.de

Hier finden Sie umfangreiche Leseproben,
aktuelle Informationen zu unseren Büchern und
Veranstaltungen, Links und unseren Buchshop.

Arbor Verlag GmbH • D-79348 Freiamt
Tel. 0761. 401 409 30 • info@arbor-verlag.de